Hans Küng
Jesus

PIPER

Zu diesem Buch

»Gerade meine Kirchenkritik kommt wie die so vieler Christen aus dem Leiden an der Diskrepanz zwischen dem, was dieser geschichtliche Jesus war, verkündete, lebte, erkämpfte, erlitt, und dem, was heute die institutionelle Kirche mit ihrer Hierarchie repräsentiert. Diese Diskrepanz ist oft unerträglich groß geworden. Jesus bei einem triumphalen Pontifikalamt im Petersdom? Oder im Gebet mit dem amerikanischen Kriegspräsidenten und Benedikt XVI. im Weißen Haus?«

Vor Jahren hat Hans Küng in einzelnen Teilen seines Buches »Christ sein« das Bild, das das Christentum von seinem Stifter hat, wieder zum Leuchten gebracht. Neu gefasst bringen diese Texte ebenso den konkreten Jesus von Nazareth zum Vorschein wie seine ursprüngliche Botschaft, die unter jahrhundertelanger Dogmatisierung durch die Kirche gelitten hat. Für Glaubende und Nicht-Glaubende, für Nicht-Mehr-Glaubende oder GernGlauben-Wollende, aber von der kirchlichen Lehre Enttäuschte öffnet dieses Buch einen Zugang zu der Gestalt, die die Geschichte der Menschheit verändert hat.

Hans Küng, geboren 1928 in Sursee/Schweiz, ist Professor Emeritus für Ökumenische Theologie an der Universität Tübingen und Präsident der Stiftung Weltethos. Er gilt als einer der universalen Denker unserer Zeit. Sein Werk liegt im Piper Verlag vor. Zuletzt erschienen von ihm »Was ich glaube« – sein persönlichstes Buch – sowie »Jesus«.

www.weltethos.org

Hans Küng

Jesus

Piper München Zürich

Mehr über unsere Autoren und Bücher:
www.piper.de

Von Hans Küng liegen bei Piper vor:

Große christliche Denker	Erkämpfte Freiheit
Ist die Kirche noch zu retten	Rechtfertigung
Was ich glaube	Friedenspolitik (Hrsg. mit Dieter
Anständig wirtschaften	Senghaas)
Menschenwürdig sterben	Existiert Gott
(mit Walter Jens)	Die Frau im Christentum
Umstrittene Wahrheit	Wissenschaft und Weltethos (Hrsg.
Einführung in den christlichen	mit Karl-Josef Kuschel)
Glauben	Christentum und Weltreligionen
Spurensuche	(mit Heinz Bechert)
Der Anfang aller Dinge	Credo
Denkwege	Christ sein
Das Christentum	Projekt Weltethos
Das Judentum	Theologie im Aufbruch
Der Islam	Ewiges Leben?
Musik und Religion	Jesus

Dieses Buch enthält die überarbeiteten Kapitel B I,1; II,1 – 2; C I-V,2; D II,1 – 2; III,2 des Buches »Christ sein« (1974).

MIX
Papier aus verantwortungsvollen Quellen
FSC® C083411

Ungekürzte Taschenbuchausgabe
April 2013
© 2012 Piper Verlag GmbH, München
Umschlaggestaltung: semper smile, München, nach einem Entwurf von
www.buero-jorge-schmidt.de
Satz: Dr. Stephan Schlensog, Tübingen
Gesetzt aus der Minion Pro
Papier: Munken Print von Arctic Paper Munkedals AB, Schweden
Druck und Bindung: CPI – Clausen & Bosse, Leck
Printed in Germany   ISBN 978-3-492-30226-5

Inhalt

Wie ich mich Jesus annäherte	9

I. Das Besondere des Christentums · 15

1. Was ist christlich?	17
Gefährliche Erinnerung	17
Die Begriffe beim Wort nehmen	21
2. Der geschichtliche Christus	26
Kein Mythos	27
In Ort und Zeit	31
Unsicheres	33
Mehr als eine Biographie	35
Engagierte Zeugnisse	39

II. Das gesellschaftliche Koordinatenkreuz · 43

1. Establishment?	46
Das religiös-politische System	46
Weder Priester noch Theologe	47
Nicht bei den Herrschenden	49
Radikale Veränderung	50
2. Revolution?	54
Die revolutionäre Bewegung	55
Die Hoffnung auf den Befreier	58
Kein Sozialrevolutionär	60
Revolution der Gewaltlosigkeit	63
3. Emigration?	68
Der apolitische Radikalismus	68
Das Mönchtum	71
Kein Ordensmann	74
Statt für die Elite für alle	81

4. Kompromiss?	83
Die Frommen	84
Moralischer Kompromiss	87
Kein Gesetzesfrommer	90
Gegen Selbstgerechtigkeit	95
Provokatorisch nach allen Seiten	99

III. Die Sache Gottes — 103

1. Die Mitte	105
Reich Gottes	106
Apokalyptischer Horizont	108
Zwischen Gegenwart und Zukunft	110
Gott ist voraus	112
Umkehr aus vertrauendem Glauben	114

2. Wunder?	116
Was wirklich geschehen ist	118
Hinweise, nicht Beweise	121

3. Die oberste Norm	126
Weder Naturgesetz noch Offenbarungsgesetz	127
Statt Gesetzlichkeit Gottes Wille	130
Der Sinn der Bergpredigt	134

IV. Die Sache des Menschen — 139

1. Humanisierung des Menschen	141
Das veränderte Bewusstsein	142
Was Gott will	144
Relativierte Traditionen, Institutionen, Hierarchen	146

2. Handeln	150
Gott und Mensch zugleich	151
Der mich gerade braucht	153
Auch die Feinde	156
Die wahre Radikalität	159

3. Solidarisierung	164
Parteiisch für die Benachteiligten	165
Welche Armen?	168
Die moralischen Versager	173
Das Recht der Gnade	177
Rechtfertigung der Sünder?	180

V. Der Konflikt 185

1. Die Entscheidung	188
Ohne Amt und Würden	188
Die Anklage	193
Ein Sach-Walter Gottes und des Menschen	197
2. Der Streit um Gott	199
Revolution im Gottesverständnis	200
Vater der Verlorenen	202
Die nicht selbstverständliche Anrede	207
Sein Vater und unser Vater	210
3. Das Ende	214
Ein letztes Mahl	214
Verhaftung, Prozess, Verurteilung	218
Die Hinrichtung	221
Warum er sterben musste	223
Umsonst gestorben?	228

VI. Das neue Leben 233

1. Der Neuanfang	235
Ist mit dem Tod alles aus?	235
Schwierigkeiten mit dem Auferstehungsglauben	239
Ist Auferweckung historisch, vorstellbar, leiblich?	243
Was also meint Auferweckung?	252
Radikalisierung des Gottesglaubens	257

2. Der Maßgebende 259

Gerechtfertigt 259

Ehrentitel 262

Was meint »Gottes Sohn«? 264

Sturz der Götter 268

VII. Folgen für eine christliche Lebenspraxis 271

Normen des Menschlichen 274

Was meint Nachfolge? 277

Auch Kreuzesnachfolge? 278

Konkrete Person statt abstraktes Prinzip 284

Christliches Ethos und Weltethos 288

Das eine Licht und die vielen Lichter 292

Grundmodell einer Lebensschau und Lebenspraxis 295

Menschsein aufgehoben im Christsein 298

Der Autor dieses Buches 302

Bücher des Autors zur Vertiefung 304

Wie ich mich Jesus annäherte

Wer war jene einzigartige Gestalt, die dem Christentum den Namen gab? Wie ungezählte andere Katholiken vor dem Zweiten Vatikanischen Konzil (1962–65) bin ich aufgewachsen mit dem traditionellen Christusbild des Glaubensbekenntnisses, der hellenistischen Konzilien und byzantinischen Mosaiken: Jesus Christus als thronender »Gottessohn«, ein menschenfreundlicher »Heiland« und früher für die Jugend der »Christkönig«.

Im Katechismusunterricht lernten wir dogmatische Formeln, ohne sie zu verstehen: Jesus Christus sei die »zweite Person der Dreifaltigkeit«, »eine göttliche Person in zwei Naturen«, einer menschlichen und einer göttlichen. Über eine solche »Christologie von oben«, sozusagen vom Himmel hoch, hörte ich dann in Rom eine ganzsemestrige Vorlesung, mitsamt den Häresien, gegen welche Konzilien und Kaiser vorgegangen waren, und dazu die oft wenig überzeugenden Antworten auf die schon damals angemeldeten Schwierigkeiten. Zwar bestand ich all die nicht ganz einfachen lateinischen Examina problemlos – aber meine Spiritualität? Die blieb eher unbefriedigt. Lange Zeit interessierte mich am meisten die geistreiche paulinische Theologie, die Evangelien kamen mir dagegen zu vertraut und eher langweilig vor.

Richtig interessant wurde für mich die Christusfigur erst, als ich sie nach meinen sieben römischen Jahren aufgrund der modernen Bibelwissenschaft »von unten«, sozusagen aus der Perspektive seiner ersten Jünger kennenlernen durfte: als reale Gestalt der Geschichte. Das gründliche Studium der katholischen wie evangelischen exegetischen Literatur im Zusammenhang meiner Vorlesungen, Seminare und Publikationen war angetrieben durch meine ungeheure Wissbegierde nach diesem »unbekannten« irdischen Jesus.

Denn das Wesen des Christentums ist nun einmal nichts abstrakt Dogmatisches, ist keine allgemeine Lehre, sondern ist seit eh und je eine lebendige *geschichtliche Gestalt*: Jesus von Nazaret. Jahre hindurch habe ich mir so das einzigartige Profil des Nazareners aufgrund der überreichen biblischen Forschung der letzten zweihundert Jahre erarbeitet, habe alles in leidenschaftlicher Anteilnahme durchdacht, präzise begründet und systematisch dargeboten. Ja, ich habe sogar über das ganze Markus-Evangelium vom ersten bis zum letzten Vers gepredigt, und anschließend auch über die Bergpredigt.

Seit meinem Buch »Christ sein« weiß ich, wovon ich rede, wenn ich ganz elementar sage: Das christliche *Lebensmodell* ist schlicht dieser Jesus von Nazaret als der Messias, Christós, der Gesalbte und Gesandte Gottes. *Jesus Christus* ist das Fundament echter christlicher Spiritualität. Ein herausforderndes Lebensmodell für unsere Beziehung zum Mitmenschen wie auch zu Gott selbst, das für Millionen Menschen in aller Welt Orientierung und Maßstab wurde.

Wer also ist ein Christ? Nicht derjenige, der nur »Herr, Herr« sagt und einem »Fundamentalismus« huldigt – sei dieser biblizistisch-protestantischer, autoritär-römisch-katholischer oder traditionalistisch-östlich-orthodoxer Prägung. Christ ist vielmehr, wer auf seinem ganz persönlichen Lebensweg (und jeder Mensch hat einen eigenen) sich bemüht, sich an diesem Jesus Christus praktisch zu orientieren. Mehr ist nicht verlangt.

Mein eigenes und so manches andere Leben mit seinen Höhen und Tiefen, und auch meine Kirchenloyalität und Kirchenkritik kann man nur von daher verstehen. Gerade meine Kirchenkritik kommt wie die so vieler Christen aus dem Leiden an der Diskrepanz zwischen dem, was dieser geschichtliche Jesus war, verkündete, lebte, erkämpfte, erlitt, und dem, was heute die institutionelle Kirche mit ihrer Hierarchie repräsentiert. Diese Diskrepanz ist oft unerträglich groß geworden. Jesus bei einem triumphalen Pontifikalamt im Petersdom? Oder im Gebet mit dem amerikanischen Kriegspräsidenten und Benedikt XVI. im Weißen Haus? Oder bei einer aufwendigen Staatsreise des »Stellvertreters« mit im Papamobil? Nicht auszudenken! Frei nach Dostojewskis Großinquisitor würde man ihn wohl überall fragen: »Warum kommst du uns zu stören?«

Am allerdringendsten und befreiendsten für unsere christliche Spiritualität ist es folglich, uns für unser Christsein theologisch wie praktisch nicht so sehr an traditionellen dogmatischen Formulierungen und kirchlichen Reglementierungen zu orientieren, die vielen Menschen abstrakt und existentiell belanglos erscheinen, sondern wieder mehr an der Person Jesu selber, wie sie uns aus den biblischen Zeugnissen entgegentritt.

Das 1974 veröffentlichte Buch »Christ sein« blieb für mich die Grundlage für die Exploration großer Arbeitsfelder, in die ich mich in den letzten vier Jahrzehnten mit aller theologischen Leidenschaft vorgearbeitet habe. Dass dieses umfangreiche Buch bis heute immer neue Auflagen erlebte und in 15 Sprachen übersetzt wurde, bedeutet eine überwältigende Bestätigung dieser Sicht von Christus und Christsein. Nach all dem Segeln in weite theologische Horizonte verspüre ich jetzt gegen Ende meiner theologischen Tätigkeit das Bedürfnis und die Freude, zum Zentrum meiner Theologie zurückzukehren, wo mein Herz schlägt, und es noch einmal ganz deutlich herauszuarbeiten. Ich halte mich bei diesem Jesus-Buch zumeist an die betreffenden Abschnitte meines Buches »Christ sein« (besonders im Teil C) und mache sie leichter lesbar durch zahlreiche Zwischentitel. Doch lasse ich alle nicht notwendigen exegetischen und theologischen Erklärungen ebenso weg wie alle Anmerkungen und Literaturangaben. Wer also die genauen Bibelstellen nachschlagen möchte, wird in den fast zweihundert Fußnoten der betreffenden Abschnitte in »Christ sein« die genauen Angaben finden. So ist ein konzentriertes Buch entstanden, ohne alle theologischen Spekulationen und Erbaulichkeiten.

Man wird mein Jesus-Buch mit den beiden Jesus-Büchern Joseph Ratzingers/Papst Benedikts XVI. vergleichen. In der Tat haben wir beide als Tübinger Dogmatik-Professoren in den 1960er-Jahren unser Jesus-Bild geformt. Und selbstverständlich will ich keinen unversöhnlichen Gegensatz zwischen unseren Jesus-Bildern konstruieren. Aber man sollte wissen: Schon in seiner Tübinger »Einführung ins Christentum« bot mein Kollege Ratzinger von der modernen Jesus-Forschung eine polemische Karikatur, während ich die Auseinandersetzung mit der historisch-kritischen Exegese entschieden aufnahm und so mein Buch »Christ sein« systematisch streng auf dem kritisch eruierten Befund des Neuen Testaments aufbaute. Er hat bei allem Lippenbekenntnis zur historisch-kritischen Methode deren für die Dogmatik unbequeme Ergebnisse ignoriert und mit Zitaten der Kirchenväter und aus der Liturgie geistreich überspielt. Sein Jesus-Bild »von oben« hat er entscheidend vom Dogma der hellenistischen Konzilien des 4./5. Jahrhunderts und von der Theologie Augustins und Bonaventuras inspirieren lassen. Er interpretiert – nicht ohne Zirkelschlüsse – die synoptischen Evangelien vom Johannes-Evangelium her und dieses wiederum vom Konzil von Nikaia (325) aus, das ich meinerseits am Neuen Testament messe. So präsentiert er durchgehend ein stark vergöttlichtes Jesusbild, während ich den geschichtlichen Jesus und seinen dramatischen Grundkonflikt mit der religiösen Hierarchie und der pharisäischen Frömmigkeit herausarbeite – mit allen Konsequenzen.

Für die Kritik an Ratzingers Positionen, von ihm als Papst ausdrücklich gewünscht, verweise ich auf die beiden reichhaltigen von Hermann Häring herausgegebenen Bände

»›Jesus von Nazareth‹ in der wissenschaftlichen Diskussion«
(Berlin 2008) und »Der Jesus des Papstes. Passion, Tod und
Auferstehung im Disput« (Berlin 2011). Meinerseits kann
ich auf große Ergänzungen der Ausführungen in »Christ
sein« verzichten. Selbstverständlich hat sich die exegetische
Forschung in Detailfragen weiterentwickelt. So weise ich
jetzt auf die inzwischen sehr unterschiedlichen Einschätzun-
gen von Qumran hin und präzisiere weitere Punkte. Aber
kompetente Exegeten haben mir bestätigt, dass sich in den
Grundfragen wenig geändert hat und meine systematisch-
theologischen Folgerungen aktuell geblieben sind. Fazit: Wer
im Neuen Testament den dogmatisierten Christus sucht, lese
Ratzinger, wer den Jesus der Geschichte und der urchristlichen Verkündigung, lese Küng. Dieser Jesus ist es, der Menschen damals wie heute betroffen macht, zur Stellungnahme
herausfordert und nicht einfach distanziert zur Kenntnis
genommen werden kann.

Und so kann dieses mit nüchterner Leidenschaft geschriebene Buch zur spirituellen Vertiefung anleiten. Aus meinem
Buch »Christ sein« könne man hundert Predigten machen,
schrieb damals ein Pfarrer. Vielleicht, aber mein Buch selber predigt nicht, sondern zeichnet mit weiten Querbezügen
jene Gestalt, deren Botschaft, Verhalten und Geschick eine
christliche Spiritualität ermöglicht: ein wahres Menschsein
und Christsein. Freilich habe ich dieses Buch nicht geschrieben, weil ich mich selber für einen guten Christen, sondern
weil ich Christsein in der Nachfolge Jesu Christi für eine besonders gute Sache halte.

Leser dieses Buches aber, die eine Erklärung des traditionellen Glaubensbekenntnisses suchen, finden sie, an der
biblischen Botschaft orientiert, in meinem Buch »Credo. Das
Apostolische Glaubensbekenntnis – Zeitgenossen erklärt«.
Wer sich für die Entwicklung der Christologie »von oben«
und Fragen der Präexistenz und Erlösungslehre interessiert,

kann sie in meinem Band »Das Christentum. Wesen und Geschichte« nachlesen.

Dass für Juden die Tora und für Muslime der Koran »der Weg, die Wahrheit und das Leben« ist, respektiere und verstehe ich, aber für mich als Christen ist es dieser Jesus Christus. Mein ökumenisches Interesse in diesem Buch hier war und ist es, auch für den interreligiösen Dialog das allen Christen Gemeinsame, Jesus als den Christus selber, herauszuarbeiten. Von dieser solide begründeten christlichen Basis aus, die mir als Christ geistige Identität vermittelt, konnte und kann ich es wagen, mich in die geistigen Abenteuer des Dialogs auch mit Juden und Muslimen, mit Gläubigen und Nichtgläubigen zu stürzen. Die Basisformel, mit der dieses Buch endet, hat mich durch all die Jahrzehnte begleitet und drückt auch heute und hoffentlich bis zu meinem Ende in aller Kürze mein ganz persönliches »Credo« aus:

In der Nachfolge Jesu Christi
kann der Mensch in der Welt von heute
wahrhaft menschlich leben, handeln, leiden und sterben:
in Glück und Unglück, Leben und Tod gehalten von Gott
und hilfreich den Menschen.

Tübingen, im Januar 2012

Hans Küng

I. Das Besondere des Christentums

1. Was ist christlich?

»Christlich«: weniger ein Schlagwort heute als ein Schlafwort. Christlich ist so vieles, zu vieles: Kirchen, Schulen, politische Parteien, kulturelle Vereine, und natürlich Europa, der Westen, das Mittelalter, ganz zu schweigen vom »allerchristlichsten König« – ein Titel von Rom verliehen, wo man im Übrigen andere Attribute vorzieht (»römisch«, »katholisch«, »römisch-katholisch«, »kirchlich«, »heilig«), um sie ohne alle Umstände mit »christlich« schlicht gleichzusetzen. Wie jede Inflation führt auch die Begriffsinflation des Christlichen zur Abwertung.

Gefährliche Erinnerung

Ob man sich überhaupt noch erinnert, dass das nach der Apostelgeschichte in Antiochien aufgekommene Wort, als es zuerst in welthistorischem Zusammenhang gebraucht wurde, eher ein Schimpfname als ein Ehrenname war?

Damals, als um 112 der römische Gouverneur in der kleinasiatischen Provinz Bithynien, Gajus *Plinius II.*, bei Kaiser Trajan anfragt wegen der vieler Verbrechen angeklagten »Christen«, die nach seiner Nachprüfung zwar dem Kaiser

17

den Kult verweigerten, aber sonst anscheinend nur »Christus als einem Gott« Hymnen sangen (= Glaubensbekenntnisse vortrugen?) und sich auf gewisse Gebote (nicht stehlen, rauben, ehebrechen, betrügen) verpflichteten.

Damals, als ein wenig später ein Freund des Plinius, Cornelius *Tacitus*, an einer Geschichte des kaiserlichen Rom arbeitend, verhältnismäßig genau vom großen Brand Roms 64 berichtet, den man allgemein Kaiser Nero selber zugeschrieben habe, der aber seinerseits die Schuld auf die »Chrestianer« abgeschoben habe: »Chrestianer« hergeleitet von einem unter Tiberius durch den Prokurator Pontius Pilatus hingerichteten »Christus«, nach dessen Tod dieser »verderbliche Aberglaube« wie schließlich alles Schändliche und Gemeine seinen Weg nach Rom gefunden und nach dem Brand sogar eine große Menge Gläubiger gewonnen habe.

Damals, als wenig später und viel weniger genau der Kaiser-Biograph *Sueton* davon berichtet, dass Kaiser Claudius die Juden, die auf Veranlassung des »Christus« beständig Unruhen erregten, aus Rom ausgewiesen habe.

Damals, als – frühestes jüdisches Zeugnis schon um 90 – ebenfalls in Rom der jüdische Geschichtsschreiber dieser Zeit, Flavius *Josephus*, mit offensichtlicher Reserve die 62 erfolgte Steinigung des Jakobus, des »Bruders Jesu, des sogenannten Christus« erwähnt.

So weit die frühesten heidnischen und jüdischen Zeugnisse: Es wäre schon viel erreicht, wenn man sich auch heute erinnern würde, dass Christentum offensichtlich nicht irgendeine Weltanschauung oder irgendwelche ewigen Ideen meint, sondern irgendetwas mit einem Christus zu tun hat. Aber *Erinnerungen* können peinlich sein. Das erfuhr schon manche Partei, die ihr Parteiprogramm revidieren wollte. Ja, Erinnerungen können sogar *gefährlich* sein: Christentum – Aktivierung einer »gefährlichen und befreienden Erinnerung« (J. B. Metz). Das war doch ursprünglich mit der Lesung der neutestamentlichen Schriften, das war mit der Feier des Gedächtnismahles, mit dem Leben in der christlichen Nachfolge, mit dem ganzen vielfältigen Einsatz der Kirche in der Welt gemeint. Erinnerung *an was*? Von dieser offensichtlich beunruhigenden Erinnerung zeugen schon die eben vernommenen ersten heidnischen und jüdischen Nachrichten bezüglich des Christentums, Zeugnisse aus der Zeit der spätesten neutestamentlichen Schriften. Von diesen die Welt verändernden Erinnerungen berichten vor allem die christlichen Zeugnisse selbst. Erinnerung *an was*? Diese grundlegende Frage stellt sich für uns heute vom Neuen Testament wie überhaupt von der christlichen Geschichte her.

Erstens: Man betont oft und zu Recht die Verschiedenartigkeit, Zufälligkeit, teilweise auch die Widersprüchlichkeit der in der Sammlung des *Neuen Testaments* enthaltenen Schriften: Ausführliche systematische Lehrschreiben, aber auch wenig geplante Antwortschreiben auf Fragen der Adressaten. Ein Gelegenheitsbrieflein, kaum zwei Seiten lang, an den Herrn eines entlaufenen Sklaven und die eher langatmige Beschreibung der Taten der ersten Generation und ihrer Hauptfigur. Evangelien, die vor allem von Vergangenem berichten, und prophetische Sendschreiben, die der Zukunft gelten. Die einen im Stil gewandt, die anderen eher ungepflegt; die einen nach Sprache und Gedankenwelt von Juden stammend, die anderen von Hellenisten; die einen sehr früh, die anderen beinahe 100 Jahre später geschrieben …!

Die Frage ist wahrhaftig nicht unberechtigt: Was eigentlich hält die so verschiedenen 27 »Bücher« des Neuen Testaments zusammen? Die Antwort? Sie ist nach den Zeugnissen selbst erstaunlich einfach: Es ist die Erinnerung an einen Jesus, der im neutestamentlichen Griechisch »Christos« (hebräisch »maschiah«, aramäisch »meschiha«: Messias = Gesalbter) genannt wird.

Zweitens: Man betont ebenso oft und zu Recht die Risse und Sprünge, die Kontraste und Widersprüchlichkeiten in der Tradition und überhaupt der *Geschichte der Christenheit*: Jahrhunderte der kleinen Gemeinschaft und Jahrhunderte der Großorganisation, Jahrhunderte der Minorität und solche der Majorität; die Verfolgten werden die Herrschenden und wiederum nicht selten auch die Verfolgenden. Jahrhunderte der Untergrundkirche abgelöst durch die der Staatskirche, Jahrhunderte der neronianischen Märtyrer und Jahrhunderte der konstantinischen Hofbischöfe. Zeitalter der Mönche und Gelehrten und – oft ineinander verschlungen – solche der Kirchenpolitiker; Jahrhunderte der konvertierenden Barbaren im Aufgang Europas und Jahrhunderte des von christlichen Kaisern und Päpsten neu begründeten und auch wieder ruinierten Imperium Romanum; Jahrhunderte der Papstsynoden und Jahrhunderte der auf die Päpste zielenden Reformkonzilien. Das Goldene Zeitalter christlicher Humanisten wie säkularisierter Renaissancemenschen und die kirchliche Revolution der Reformatoren; Jahrhunderte der katholischen oder protestantischen Orthodoxie und Jahrhunderte der evangelischen Erweckung. Zeiten der Anpassung und Zeiten des Widerstandes, saecula obscura und das Siècle des Lumières, Jahrhunderte der Innovation und Jahrhunderte der Restauration, solche der Verzweiflung und solche der Hoffnung …!

Die Frage wiederum erstaunt nicht: Was eigentlich hält die so wunderlich kontrastierenden 20 Jahrhunderte christlicher Geschichte und Tradition zusammen? Und wiederum gibt es auch hier keine andere Antwort: Es ist die Erinnerung an einen Jesus, der auch durch die Jahrhunderte »Christus«, Gottes letzter und entscheidender Gesandter genannt wird.

Die Begriffe beim Wort nehmen

Die Umrisse werden später zu füllen sein. Aber in einer Zeit auch theologischer Vermischung und Vernebelung der Begriffe ist eine klare Sprache notwendig. Der Theologe leistet weder Christen noch Nichtchristen einen Dienst, wenn er die Dinge nicht beim Namen nennt, wenn er die Begriffe nicht beim Wort nimmt.

Christentum ist heute konfrontiert mit den *Weltreligionen*, die ebenfalls Wahrheit offenbaren, Wege zum Heil sind, »legitime« Religionen darstellen, ja, die auch von der Entfremdung, Versklavung und Unerlöstheit der Menschen wie von der Nähe, der Gnade, dem Erbarmen der Gottheit wissen können. Die Frage drängte sich auf: Wenn dem allem so ist, was ist dann noch das Besondere des Christentums?

Die noch umrisshafte, aber doch genau treffende Antwort muss lauten: Nach dem Zeugnis des Anfangs und dem der gesamten Tradition, nach dem Zeugnis der Christen und der Nichtchristen ist das Besondere des Christentums – und wie wenig banal und tautologisch diese Antwort ist, wird sich zeigen – dieser *Jesus selbst*, der in alter Sprache auch heute noch *Christus* genannt wird! Oder stimmt es vielleicht nicht: Keine der großen oder kleinen Religionen, sosehr sie ihn unter Umständen auch in einem Tempel oder ihrem heiligen Buch mitverehren mögen, würde *ihn* als letztlich entscheidend, als ausschlaggebend, als maßgebend für des Menschen Beziehungen zu Gott, zum Mitmenschen, zur Gesellschaft ansehen. Das Besondere, das Ureigenste des Christentums ist es, diesen Jesus als letztlich entscheidend, ausschlaggebend, *maßgebend* zu betrachten für den Menschen in diesen seinen verschiedenen Dimensionen. Und gerade dies war mit dem Titel »Christus« von Anfang an gemeint. Nicht umsonst ist schon damals dieser Titel mit dem Namen »Jesus« gleichsam zu einem Eigennamen zusammengewachsen.

Christentum ist heute zugleich konfrontiert mit den *nach-christlichen Humanismen* evolutiver oder revolutionärer Art, die ebenfalls für alles Wahre, Gute und Schöne sind, die alle menschlichen Werte und mit der Freiheit und Gleichheit auch die Brüderlichkeit hochhalten und die sich oft effektiver für die Entwicklung des ganzen Menschen und aller Menschen einsetzen. Andererseits wollen auch die christlichen Kirchen und Theologien wieder in neuer Weise menschlich und mitmenschlich sein: modern, aktuell, aufgeklärt, emanzipatorisch, dialogisch, pluralistisch, solidarisch, mündig, weltlich, säkular, kurz: human. Die Frage war unausweichlich: Wenn dem allem so ist, oder zumindest so sein sollte, was ist dann noch das Besondere des Christentums?

Die wiederum nur umrisshafte, aber doch schon völlig präzise Antwort muss auch hier lauten: Nach dem Zeugnis des Anfangs und der gesamten Tradition ist das Besondere wieder dieser *Jesus selbst*, der immer wieder neu als *Christus* erkannt und anerkannt wird. Man mache auch hier die Gegenprobe: Keiner der evolutionären oder revolutionären Humanismen, sosehr sie ihn unter Umständen als Menschen respektieren und gar propagieren, würde *ihn* als letztlich entscheidend, ausschlaggebend, *maßgebend* für den Menschen in allen seinen Dimensionen ansehen. Das Besondere, das Ureigenste des Christentums ist es, diesen Jesus als letztlich entscheidend, ausschlaggebend, maßgebend für des Menschen Beziehungen zu Gott, zum Mitmenschen, zur Gesellschaft zu betrachten: in abgekürzter biblischer Formel als »Jesus Christus«.

Aus beiden Perspektiven ergibt sich: Will das Christentum für die Menschen in den Weltreligionen, will es für die modernen Humanisten relevant sein, neu relevant werden, dann jedenfalls nicht einfach dadurch, dass es nachspricht, was die anderen vorsprechen, nachmacht, was die anderen vormachen. Solches Papageien-Christentum wird für die

Religionen und die Humanismen nicht relevant. So wird es irrelevant, überflüssig. Aktualisierung, Modernisierung, Solidarisierung *allein* tut es nicht. Die Christen, die christlichen Kirchen müssen wissen, was sie wollen, was sie selber sich und den anderen zu sagen haben. Sie müssen bei aller unbeschränkten Offenheit für die Anderen ihr Eigenes zur Sprache, zur Geltung, zur Auswirkung bringen. Also: Das Christentum kann letztlich nur dadurch relevant sein und werden, dass es, wie immer in Theorie und Praxis, die *Erinnerung an Jesus* als *den letztlich Maßgebenden* aktiviert: an Jesus den Christus und nicht nur einen der »maßgebenden Menschen«.

Vorläufig sei wiederum ganz umrisshaft angedeutet, dass allein von diesem Christus her die dringenden rundum gefragten Fragen der Christen und Nichtchristen nach der *Unterscheidung des Christlichen* beantwortbar erscheinen. Als Test einige Beispiele.

Das erste: Ist eine in tiefem Gottesglauben vollzogene Mahlfeier von Christen und Moslems in Kabul, bei der Gebete aus christlicher und aus Sufi-Tradition gebraucht werden, eine christliche Eucharistiefeier? Antwort: Eine solche Mahlfeier kann ein sehr echter, ja sehr lobenswerter Gottesdienst sein. Eine christliche Eucharistiefeier jedoch wäre sie nur dann, wenn in ihr spezifisch dieses Jesus Christus gedacht würde (memoria Domini).

Das zweite: Ist ein in Benares am Ganges in letzter Hingabe vollzogenes gottgläubiges Tauchbad eines Hindu gleichzusetzen mit der christlichen Taufe? Antwort: Ein solches Tauchbad ist ein religiös gewiss sehr bedeutsamer und heilsamer Reinigungsritus. Zur christlichen Taufe jedoch würde es erst dann, wenn es auf den Namen Jesus Christus hin geschähe.

Das dritte: Ist ein Muslim in Beirut, der alles im Koran von Jesus Gesagte – und das ist vieles – hochhält, bereits ein Christ? Antwort: Er ist ein guter Muslim, solange für ihn der Koran verbindlich bleibt, und er mag auf seine Weise sein Heil finden. Christ aber wird er erst dann, wenn nicht mehr Mohammed *der* Prophet und Jesus sein Vorläufer ist, sondern dieser Jesus Christus für ihn maßgebend wird.

Das vierte: Ist das Eintreten für humanitäre Ideale, Menschenrechte und Demokratie in Chicago, Rio, Auckland oder Madrid christliche Verkündigung? Antwort: Dies ist ein für den einzelnen Christen und die christlichen Kirchen dringend gebotenes soziales Engagement. Zur christlichen Verkündigung jedoch wird es nur dann, wenn in der heutigen Gesellschaft praktisch und konkret das von diesem Jesus Christus her zu Sagende zur Geltung gebracht wird.

Unter Voraussetzung der in den vorausgehenden Abschnitten bereits erfolgten Klärung und der in den weiteren Teilen zu erfolgenden Konkretisierung können und müssen zur Vermeidung von Konfusion und unnötigen Missverständnissen ohne alle Diskriminierung folgende nüchternen Markierungen – überzeugt, aber nicht überzogen – gewagt werden:

– *Christlich* ist nicht alles, was wahr, gut, schön und menschlich ist. Wer könnte es leugnen: Wahrheit, Gutheit, Schönheit und Menschlichkeit gibt es auch außerhalb des Christentums. Christlich darf jedoch alles genannt werden, was in Theorie und Praxis einen ausdrücklichen positiven Bezug zu Jesus Christus hat.

– *Christ* ist nicht jeder Mensch echter Überzeugung, ehrlichen Glaubens und guten Willens. Niemand kann es übersehen: Echte Überzeugung, ehrlichen Glauben und guten Willen gibt es auch außerhalb des Christentums. Christ dürfen jedoch alle die genannt werden, für deren Leben und Sterben Jesus Christus letztlich ausschlaggebend ist.

– *Christliche Kirche* ist nicht jede Meditations- oder Aktionsgruppe, nicht jede Gemeinschaft engagierter Menschen, die sich zu ihrem Heil um ein anständiges Leben bemühen. Man hätte es nie bestreiten dürfen: Engagement, Aktion, Meditation, anständiges Leben und Heil kann es auch in anderen Gruppen außerhalb der Kirche geben. Christliche Kirche darf aber jede größere oder kleinere Gemeinde von Menschen genannt werden, für die Jesus Christus letztlich entscheidend ist.

– *Christentum* ist nicht überall dort, wo man Unmenschlichkeit bekämpft und Humanität verwirklicht. Es ist einfach wahr: Unmenschlichkeit bekämpft man und Humanität verwirklicht man auch außerhalb des Christentums – unter Juden, Moslems, Hindus und Buddhisten, unter nachchristlichen Humanisten und ausgesprochenen Atheisten. Christentum ist jedoch nur dort, wo die Erinnerung an Jesus Christus in Theorie und Praxis aktiviert wird.

Nun, dies alles sind zunächst Formeln der Unterscheidung. Aber diese *Lehrformeln* sind *keine Leerformeln*. Warum?

Sie beziehen sich auf eine sehr konkrete Person.

Sie haben den christlichen Beginn und die große christliche Tradition hinter sich.

Sie bieten zugleich eine klare Orientierung für Gegenwart und Zukunft. Sie helfen also den Christen und können doch auch die Zustimmung der Nichtchristen finden, deren Überzeugung auf diese Weise respektiert, deren Werte ausdrücklich affirmiert werden, ohne dass sie auf dogmatischem Schleichweg für Christentum und Kirche vereinnahmt werden.

Gerade dadurch, dass die Begriffe für das Christliche nicht verwässert oder beliebig gedehnt, sondern präzise gefasst werden, gerade dadurch, dass die Begriffe beim Wort genommen werden, ist beides möglich: Offenheit für alles Nichtchristliche zu wahren und zugleich alle unchristliche Konfusion zu vermeiden. Insofern sind diese Unterscheidungsformeln, so umrisshaft sie vorläufig erscheinen müssen, von großer Wichtigkeit. In aller Vorläufigkeit dienen sie der Unterscheidung des Christlichen!

Gegen alle oft gutgemeinte Zerdehnung, Vermengung, Verdrehung und Verwechslung des Christlichen sind die Dinge ehrlich beim Namen zu nennen: Das Christentum der Christen soll christlich bleiben! Es bleibt jedoch christlich nur dann, wenn es ausdrücklich an den einen Christus gebunden bleibt, der nicht irgendein Prinzip oder eine Intentionalität oder ein evolutiver Zielpunkt ist, sondern eine – wie noch sehr genau zu sehen sein wird – ganz bestimmte, unverwechselbare und unauswechselbare Person mit einem ganz bestimmten Namen! Das Christentum lässt sich schon von seinem Namen her nicht in ein namenloses, eben anonymes Christentum einebnen oder »aufheben«. Anonymes Christentum ist für den, der bei beiden Worten etwas denkt, eine *contradictio in adiecto*: ein hölzernes Eisen. Gutes Menschtum ist eine honorige Sache, auch ohne kirchliche Segnung und theologische Genehmigung. Christentum jedoch besagt Bekenntnis zu diesem einen Namen. Und auch christliche Theologen dürften sich die Frage nicht schenken: Was, wer verbirgt sich eigentlich hinter diesem Namen?

2. Der geschichtliche Christus

Es ist allen Nachdenkens wert, woher es kommen mag: Offensichtlich ist nach dem Sturz so vieler Götter in unserem Jahrhundert dieser an seinen Gegnern Gescheiterte und von seinen Bekennern durch die Zeiten immer wieder Verratene noch immer für Ungezählte die bewegendste Figur der langen Menschheitsgeschichte: ungewöhnlich und unbegreiflich in vielfacher Hinsicht. Er ist Hoffnung für Revolutionäre und Evolutionäre, fasziniert Intellektuelle und Antiintellektuelle. Er fordert die Tüchtigen und die Untüchtigen. Theologen, aber auch Atheisten ist er ständig neuer Anstoß zum Denken. Den Kirchen Anlass zur ständigen kritischen Selbstbefragung, ob sie sein Grabmal oder seine lebendigen Zeugen sind, und zugleich ökumenisch über alle Kirchen hinausstrahlend bis ins Judentum und in die anderen Religionen hinein. Gandhi: »Ich sage den Hindus, dass ihr Leben unvollkommen sein wird, wenn sie nicht auch ehrfürchtig die Lehre Jesu studieren.«

Umso drängender wird jetzt die Wahrheitsfrage: Welcher Christus ist der wahre Christus? Auch die einfache Antwort »Sei freundlich, Jesus liebt dich« tut es nicht. Jedenfalls nicht auf die Dauer. Das kann leicht unkritischer Fundamentalismus oder Pietismus im Hippie-Gewand sein. Und wo man auf Gefühle baut, kann der Name beliebig gewechselt werden: statt Che Guevara im Jesus-Look jetzt Jesus im Guevara-Look, und wieder umgekehrt. Gestellt zwischen den Jesus des Dogmatismus und den Jesus des Pietismus, gestellt zwischen den Jesus des Protestes, der Aktion, der Revolution und den Jesus der Gefühle, der Sensitivität, der Phantasie, wird die Wahrheitsfrage so zu präzisieren sein: Der Christus der Träume oder der Christus der Wirklichkeit? Der *erträumte* oder der *wirkliche* Christus?

Kein Mythos

Was kann verhindern, dass man einem nur erträumten, einem von uns dogmatisch oder pietistisch, revolutionär oder schwärmerisch manipulierten und inszenierten Christus folgt? Jede Manipulation, Ideologisierung, ja Mythisierung Christi hat ihre Grenze an der *Geschichte*! Der Christus des Christentums ist – dies kann nicht genügend gegen allen alten oder neuen Synkretismus betont werden – nicht einfach eine zeitlose Idee, ein ewig gültiges Prinzip, ein tiefsinniger Mythos. Über eine Christusfigur im Götterhimmel eines Hindutempels können sich nur naive Christen freuen. Der gnädigen Aufnahme ihres Christus in ein Pantheon haben schon die frühen Christen mit allen Kräften widerstanden und oft genug mit ihrem Leben dafür bezahlt. Eher ließen sie sich Atheisten schimpfen. Der Christus der Christen ist vielmehr eine ganz konkrete, menschliche, geschichtliche Person: der Christus der Christen ist niemand anders als *Jesus von Nazaret*. Und insofern gründet Christentum wesentlich in Geschichte, ist christlicher Glaube wesentlich geschichtlicher Glaube. Man vergleiche die synoptischen Evangelien mit der weitestverbreiteten hinduistischen Dichtung Ramayana (großartig vor dem nächtlichen Tempel von Prambanan/Java und auf ungezählten Tempelfresken zur Darstellung gebracht), die in vierundzwanzigtausend Sanskritstrophen beschreibt, wie der hochgesinnte Prinz Rama (der inkarnierte Vishnu), dem seine Gattin Sita vom Riesenkönig Ravana nach Ceylon entführt wurde, mit Hilfe eines Heeres von Affen, die eine Brücke über den Ozean bauten, seine ihm treu gebliebene Gemahlin befreit und schließlich doch verstoßen hat: und man erkennt den ganzen Unterschied. Nur als geschichtlicher Glaube hat sich das Christentum schon am Anfang gegen alle die Mythologien, Philosophien, Mysterienkulte durchsetzen können.

Wenn auch ungezählte Menschen in Jesus übermenschliche, göttliche Wirklichkeit erfahren haben und wenn auch schon von Anfang an hohe Titel von ihm gebraucht wurden, so ist doch kein Zweifel, dass Jesus für seine Zeitgenossen wie auch für die spätere Kirche immer als ein *wirklicher Mensch* galt. Nach allen neutestamentlichen Schriften – und sie sind abgesehen von den genannten wenigen und unergiebigen heidnischen und jüdischen Zeugnissen unsere einzigen verlässlichen Quellen, auch Talmud und Midrasch fallen dafür aus – ist Jesus ein wirklicher Mensch, der zu einer ganz bestimmten Zeit und in einer ganz bestimmten Umgebung gelebt hat. Aber hat er wirklich gelebt?

Die *historische Existenz* Jesu von Nazaret wurde ähnlich wie die Buddhas und andere scheinbar unbestreitbare Tatsachen auch schon einmal bestritten. Die Aufregung war groß, wenn auch unnötig, als im 19. Jahrhundert Bruno Bauer das Christentum als eine Erfindung des Urevangelisten und Jesus als eine »Idee« verstand. Und noch einmal, als Arthur Drews, 1909, Jesus als reine »Christusmythe« interpretierte (ähnlich auch der Engländer J. M. Robertson und der amerikanische Mathematiker W. B. Smith). Aber extreme Positionen haben ihr Gutes. Sie klären die Situation und heben sich meist selber auf: die geschichtliche Existenz Jesu wird seither von keinem ernsthaften Forscher bestritten. Was selbstverständlich unernsthafte Schreiber nicht gehindert hat, über Jesus weiterhin Unernsthaftes zu schreiben (Jesus als Psychopath, als Astralmythos, als Sohn des Herodes, als im Geheimen verheiratet und Ähnliches mehr). Ein wenig betrüblich ist nur, wenn ein Philologe seinen Ruf damit ruiniert, dass er Jesus als Geheimbezeichnung für einen halluzinogenen Fliegenpilz (Amanita muscana) deutet, der angeblich in den Riten der ersten Christen verwendet wurde. Ob man etwas noch Originelleres finden wird?

Wir wissen von Jesus von Nazaret unvergleichlich mehr historisch Gesichertes als von den großen asiatischen Religionsstiftern:

mehr als von *Buddha* (gest. um 480 v. Chr.), dessen Bild in den Lehrtexten (Sutras) auffällig stereotyp bleibt und dessen stark systematisierte Legende weniger einen historischen als einen idealtypischen Lebensablauf wiedergibt;

mehr erst recht als von Buddhas chinesischem Zeitgenossen *Kung-futse* (Meister Kung, gest. vermutlich 479 v. Chr.), dessen zweifellos reale Persönlichkeit trotz aller Bemühungen wegen der Unzuverlässigkeit der Quellen nicht exakt zu erfassen ist und die erst nachträglich mit der chinesischen Staatsideologie des »Konfuzianismus« (einem im Chinesischen unbekannten Wort; sachgemäßer: »Lehre oder Schule der Gelehrten«) verknüpft wurde;

mehr schließlich als von *Lao-tse*, dessen Gestalt, von der chinesischen Überlieferung als real angenommen, wegen der unzuverlässigen Quellen biographisch überhaupt nicht fassbar ist und dessen Lebensdaten je nach Quellen ganz verschieden im 14., 13., 8., 7. oder 6. Jahrhundert v. Chr. angesetzt werden.

Der kritische Vergleich ergibt in der Tat erstaunliche Unterschiede: Die Lehren *Buddhas* sind durch Quellen überliefert, die wenigstens ein halbes Jahrtausend nach dessen Tod niedergeschrieben wurden, als die ursprüngliche Religion bereits eine weitgehende Entwicklung erfahren hatte.

Erst seit dem 1. Jahrhundert v. Chr. wird *Lao-tse* als Autor des Tao-te-king bezeichnet, jenes klassischen Buches von »Weg« und »Tugend«, welches faktisch eine Kompilation aus mehreren Jahrhunderten ist, dann aber für die Formulierung der taoistischen Lehre entscheidend wurde.

Die wichtigsten Überlieferungstexte von *Kung-futse* – die »Biographie« von Szu-ma Chien und die »Gespräche« (Lunyü: eine den Schülern zugeschriebene Sammlung von Aussprüchen Kungs, eingebettet in Situationsberichte) – sind 400 Jahre, das zweite gegen 700 Jahre von der Lebzeit des Meisters entfernt und kaum zuverlässig; authentisch gesicherte Schriften oder eine authentische Biographie Kungfutses gibt es nicht (auch die Chronik des Staates Lu stammt kaum von ihm).

Aber auch wenn man nach Europa blickt: Die älteste uns erhaltene Handschrift der Homerischen Epen stammt aus dem 13. Jahrhundert. Der Text der Sophokleischen Tragödien beruht auf einer einzigen Handschrift des 8. oder 9. Jahrhunderts. Für das Neue Testament aber ist der Abstand von der Urschrift um vieles kürzer, sind die erhaltenen Handschriften zahlreicher, ist ihre Übereinstimmung größer als bei irgendeinem anderen Buch der Antike: Sorgfältige Handschriften der Evangelien gibt es bereits aus dem 3. und 4. Jahrhundert. In jüngster Zeit aber hat man vor allem in der ägyptischen Wüste noch sehr viel ältere Papyri entdeckt: das älteste Fragment des Johannes-Evangeliums – des letzten der vier Evangelien – liegt heute im Original in der John-Rylands-Bibliothek in Manchester, stammt aus dem Beginn des 2. Jahrhunderts und weicht mit keinem Wort von unserem gedruckten griechischen Text ab. Die vier Evangelien haben somit bereits um das Jahr 100 existiert; mythische Erweiterungen und Umdeutungen (in den apokryphen Evangelien usw.) finden sich vom 2. Jahrhundert an. Der Weg führte offensichtlich von der Geschichte zum Mythos und nicht vom Mythos zur Geschichte!

In Ort und Zeit

Jesus von Nazaret ist kein Mythos: seine Geschichte lässt sich *lozieren*. Sie ist keine Wanderlegende wie – betrüblich genug für manchen treuen Eidgenossen – der Schweizer Nationalheld Wilhelm Tell. Sie spielte gewiss in einem politisch unbedeutenden Land, in einer Randprovinz des römischen Reiches. Aber immerhin stellte dieses Land Palästina ältestes Kulturreich im Kern des »fruchtbaren Halbmondes« dar: Bevor sich das politisch-kulturelle Gewicht auf die beiden Spitzen des Halbmondes – Ägypten und Mesopotamien – verlagerte, vollzog sich dort etwa im siebten vorchristlichen Jahrtausend die große jungsteinzeitliche Revolution, in der die Jäger und Sammler sich als Ackerbauern und Viehzüchter niederließen, sich damit zum ersten Mal in der Menschheitsgeschichte von der Natur unabhängig machten und sie selbständig produktiv zu beherrschen begannen, bevor es dann beinahe vier Jahrtausende später auf den beiden Spitzen des Halbmondes – Ägypten und Mesopotamien – zum nächsten revolutionären Schritt kam, nämlich der Schaffung der ersten Hochkulturen und der Erfindung der Schrift, und weitere fünf Jahrtausende später zum vorläufig letzten großen revolutionären Schritt, dem Griff nach den Sternen. Das in der Parabel vom barmherzigen Samariter genannte und in neuerer Zeit wieder ausgegrabene Jericho kann man die älteste stadtartige Siedlung der Welt (zwischen 7000 und 5000 v. Chr.) nennen. Als schmale Landbrücke zwischen den Reichen am Nil und an Euphrat und Tigris schon immer leicht Kampffeld der Großmächte, stand Palästina zur Zeit Jesu unter der Herrschaft der von den Juden gehassten römischen Militärmacht und den von ihr ernannten halbjüdischen Vasallen-Herrschern. Jesus, den manche in der nationalsozialistischen Zeit gerne zum Arier gemacht hätten, stammte zweifellos aus Palästina: genauer aus der nördlich gelegenen Landschaft Galiläa mit einer rassisch freilich nicht rein jüdischen, sondern stark gemischten Bevölkerung, die aber, anders als das zwischen Judäa und Galiläa liegende Samarien, Jerusalem und seinen Tempel als zentrales Kultzentrum anerkannte. Ein kleiner Wirkungsbereich in jedem Fall: zwischen Kafarnaum am lieblichen See Genesaret im Norden und der Hauptstadt Jerusalem im gebirgigen Süden nur 130 km Luftdistanz, von einer Karawane in einer Woche zu durchqueren.

Jesus von Nazaret ist kein Mythos: seine Geschichte lässt sich *datieren*. Sie ist kein überzeitlicher Mythos von der Art, wie sie die ersten Hochkulturen der Menschheit geprägt haben: Kein Mythos des ewigen Lebens wie in Ägypten. Kein Mythos der kosmischen Ordnung wie in Mesopotamien. Kein Mythos der Welt als Wandlung wie in Indien. Kein Mythos des vollendeten Menschen wie in Griechenland. Es geht um die Geschichte dieses einen Menschen, der in Palästina zu Beginn unserer Zeitrechnung unter dem römischen Kaiser Augustus geboren und unter dessen Nachfolger Tiberius öffentlich aufgetreten ist und schließlich durch dessen Prokurator Pontius Pilatus hingerichtet wurde.

Unsicheres

Anderes bezüglich der genauen Lozierung und Datierung bleibt fraglich, ist aber sachlich von geringerer Bedeutung.

a. Welcher *Herkunft*? Der Geburtsort Jesu – von den Evangelisten Markus und Johannes nicht angegeben, nach den in den näheren Angaben voneinander abweichenden Mattäus und Lukas vielleicht aus theologischen Gründen (davidische Abstammung und Prophezeiung des Propheten Micha) Betlehem, nach der Vermutung mancher Forscher Nazaret – kann nicht eindeutig bestimmt werden. Jedenfalls ist, wie im ganzen Neuen Testament belegt, die eigentliche Heimat des »Nazareners« oder »Nazoräers« das unbedeutende Nazaret in Galiläa. Die Stammbäume Jesu bei Mattäus und Lukas treffen sich zwar bei David, gehen aber sonst so weit auseinander, dass sie nicht zu harmonisieren sind. Nach heute wohl allgemeiner Auffassung der Exegeten haben die in manchem legendär ausgeschmückten Kindheitsgeschichten ebenso wie die nur bei Lukas überlieferte erbauliche Geschichte vom Zwölfjährigen im Tempel einen besonderen literarischen Charakter und stehen im Dienst der theologischen Interpretation der Evangelisten. In den Evangelien wird zum Teil ganz unbefangen von Jesu Mutter Maria, seinem Vater Josef wie auch seinen Brüdern und Schwestern gesprochen. Seine Familie ebenso wie seine Heimatstadt haben sich gegenüber seiner öffentlichen Tätigkeit nach den Quellen distanziert verhalten.

b. Welches *Geburtsjahr*? Wenn Jesus unter Kaiser Augustus (27 v. Chr. bis 14 n. Chr.) und König Herodes (27–4 v. Chr.) geboren wurde, dann war sein Geburtsjahr nicht nach 4 v. Chr. Aus dem Wunderstern, der nicht mit einer bestimmten Gestirnkonstellation gleichzusetzen ist, lässt sich ebensowenig etwas ableiten wie aus der Schätzung des Quirinius (6 oder 7 n. Chr.), die für Lukas ein Hinweis auf die weltumspannende Bedeutung des Geburtsgeschehens Jesu war.

c. Welches *Todesjahr*? Wenn Jesus nach Lukas im 15. Jahr des Kaisers Tiberius, also 27/28 (oder 28/29 n. Chr.) von Johannes dem Täufer getauft wurde, was allgemein als historische Tatsache angenommen wird, wenn er bei diesem ersten öffentlichen Auftreten nach Lukas ungefähr dreißig Jahre alt war und nach der gesamten Überlieferung (auch Tacitus) unter Pontius Pilatus (26–36) verurteilt worden war, dann muss er rund um das Jahr 30 den Tod erlitten haben. Für den genauen Todestag, der von den drei ersten Evangelisten und von Johannes verschieden überliefert wird (15. oder 14. Nisan), lässt sich auch im Rückgriff auf den aufgefundenen Festkalender der Qumrangemeinde am Toten Meer keine eindeutige Gewissheit erlangen.

Wenn sich somit die Daten des Lebens Jesu wie viele Zeitpunkte der alten Geschichte nicht mit letzter Genauigkeit errechnen lassen, so ist es geradezu denkwürdig, dass in jenem genügend bestimmten Zeitraum ein Mensch, von dem es keine »offiziellen« Dokumente, keine Inschriften, Chroniken, Prozessakten gibt, der bestenfalls drei Jahre (nach den bei Johannes berichteten drei Passafesten), aber vielleicht auch nur ein einziges Jahr (bei den Synoptikern ist nur von einem Passafest die Rede) oder gar nur wenige dramatische Monate, zumeist in Galiläa und dann in Jerusalem, öffentlich gewirkt hat, dass also dieser eine Mensch den Lauf der Welt in einer Weise verändert hat, dass man nicht ohne Grund die Weltjahre nach ihm zu datieren begonnen hat – den Herrschenden der Französischen Revolution ebenso wie denen der Oktoberrevolution und der Hitlerzeit nachträglich ein

Ärgernis. Keiner der großen Religionsstifter hat in einem so engen Bereich gewirkt. Keiner hat so ungeheuer kurze Zeit gelebt. Keiner ist so jung gestorben. Und doch welche Wirkung: Jeder dritte Mensch, rund zwei Milliarden Menschen werden Christen genannt. Das Christentum steht – zahlenmäßig – mit Abstand an der Spitze aller Weltreligionen.

Mehr als eine Biographie

Eine Einsicht hat sich – trotz zahlloser romanhafter Jesus-Bücher – durchgesetzt: So leicht sich Jesu Geschichte lozieren und datieren lässt – eine *Biographie* Jesu von Nazaret lässt sich nicht schreiben! Warum? Es fehlen dafür einfach die Voraussetzungen.

Da sind die frühen römischen und jüdischen Quellen, die aber, wie wir sahen, über die Tatsache der historischen Existenz hinaus von Jesus kaum etwas Brauchbares berichten. Und da sind neben den in der Kirche von alters her offiziell akzeptierten Evangelien noch die erheblich später, mit allerlei seltsamen Legenden und fragwürdigen Nachbildungen von Jesus-Worten ausgeschmückten, öffentlich nicht benützten, »apokryphen« (= verborgenen) Evangelien, die abgesehen von ganz wenigen Jesus-Worten ebenfalls nichts historisch Gesichertes über Jesus beibringen.

So bleiben denn jene *vier Evangelien*, die nach dem »Kanon« (= Richtschnur, Maßstab, Liste) der alten Kirche als ursprüngliches Zeugnis des christlichen Glaubens für den öffentlichen Gebrauch in die Schriftensammlung des »Neuen Testaments« (analog zu den Schriften des »Alten Testaments«) aufgenommen wurden: eine Auswahl, die sich – wie der neutestamentliche Kanon überhaupt – in einer Geschichte von 2000 Jahren aufs Ganze gesehen durchaus bewährt hat. Doch diese vier »kanonischen« Evangelien liefern nicht den Ablauf des Lebens Jesu in seinen verschiedenen Stadien und Ereignissen. Über die Kindheit wissen wir wenig Gesichertes, über die Zeit dann bis zum dreißigsten Lebensjahr gar nichts. Und das Wichtigste: In den vielleicht nur wenigen Monaten oder bestenfalls drei Jahren der öffentlichen Tätigkeit lässt sich gerade das nicht feststellen, was Voraussetzung für jede Biographie wäre: eine Entwicklung.

Zwar wissen wir im Allgemeinen, dass der Weg Jesu von seiner galiläischen Heimat in die judäische Hauptstadt Jerusalem, von seiner Taufe durch Johannes und der Verkündigung der Nähe Gottes zur Auseinandersetzung mit dem offiziellen Judentum und zu seiner Hinrichtung durch die Römer führte. Aber an einer Chronologie und Topologie dieses Weges waren die ersten Zeugen offensichtlich nicht interessiert. Und ebensowenig an einer inneren Entwicklung: an der Genese seines religiösen, insbesondere seines messianischen Bewusstseins und seinen Motiven, oder gar an Jesu »Charakterbild«, »Persönlichkeit« und »innerem Leben«. Insofern (und nur insofern) scheiterte die liberale Leben-Jesu-Forschung des 19. Jahrhunderts mit ihrem Versuch einer Periodisierung und Motivierung des Lebens Jesu, wie dies Albert Schweitzer in seiner klassischen Geschichte der Leben-Jesu-Forschung feststellt: Eine äußere und insbesondere eine innere, psychologische Entwicklung Jesu lässt sich aus den Evangelien nicht heraus-, sondern bestenfalls hineinlesen. Woher kommt das?

Auch für Nichttheologen ist wichtig und nicht uninteressant zu wissen, wie die *Evangelien* in einem Prozess von ungefähr 50 bis 60 Jahren *entstanden* sind. Lukas berichtet in den ersten Sätzen seines Evangeliums davon. Erstaunlich genug: Jesus selber hatte ja kein einziges schriftliches Wort hinterlassen und hatte auch nichts für die treue Weitergabe seiner Worte getan. Die Jünger gaben seine Worte und Taten zunächst mündlich weiter. Wobei sie selber, wie jeder Erzähler, je nach Charakter und Zuhörerkreis verschiedene

Akzente setzten, auswählten, interpretierten, verdeutlichten, erweiterten. Von Anfang an dürfte es ein schlichtes Erzählen vom Wirken, Lehren und Schicksal Jesu gegeben haben. Die Evangelisten – wohl alles nicht direkte Jünger Jesu, aber Zeugen der ursprünglichen apostolischen Überlieferung – sammelten alles sehr viel später: die mündlich überlieferten und nun zum Teil bereits schriftlich fixierten Jesus-Geschichten und Jesus-Worte, wie sie nicht etwa in Gemeindearchiven Jerusalems oder Galiläas aufbewahrt worden sind, sondern wie sie im gläubigen Leben der Gemeinden, in Predigt, Katechese, Gottesdienst verwendet wurden. Alle diese Texte hatten einen bestimmten »Sitz im Leben«, hatten bereits eine Geschichte hinter sich, die sie mitgeformt hatte, wurden bereits als Botschaft Jesu weitergegeben. Die Evangelisten – zweifellos nicht nur Sammler und Tradenten, wie man eine Zeitlang meinte, sondern durchaus originelle Theologen mit eigener Konzeption – ordneten die Jesus-Erzählungen und Jesus-Worte nach eigenem Plan und Gutdünken: Sie stellten einen bestimmten Rahmen her, so dass sich eine fortlaufende Erzählung ergab. Die Passionsgeschichte, auffällig übereinstimmend von allen vier Evangelisten überliefert, scheint schon verhältnismäßig früh eine Erzählungseinheit gebildet zu haben. Zugleich richteten die Evangelisten, wohl auch selber in der missionarischen und katechetischen Praxis stehend, die überlieferten Texte auf die Bedürfnisse ihrer Gemeinden aus: Sie deuteten sie von Ostern her, erweiterten und passten sie an, wo es ihnen notwendig erschien. So erhielten die verschiedenen Evangelien von dem einen Jesus bei aller Gemeinsamkeit ein sehr verschiedenes theologisches Profil.

Markus, mitten im Umbruch zwischen der ersten und der zweiten Christengeneration, war es gewesen, der kurz vor der Zerstörung Jerusalems im Jahre 70 nach heute verbreitetster Ansicht das erste Evangelium schrieb (Markus-Priorität gegenüber der traditionellen Auffassung von Mattäus als dem ältesten Evangelium). Es stellt eine höchst originelle Leistung dar: dieses »Evangelium« bildet trotz der wenig literarischen Sprache eine völlig neue literarische Gattung, eine Literaturform, wie es sie bisher in der Geschichte nicht gegeben hatte.

Mattäus (wohl Judenchrist) und *Lukas* (Hellenist, für gebildetes Publikum schreibend), nach der Zerstörung Jerusalems, benutzten für ihre Großevangelien einerseits das Markus-Evangelium und andererseits eine (oder vielleicht mehr als eine?) Sammlung von Jesus-Worten, die sogenannte Logien-Quelle, in der Forschung meist einfach mit Q bezeichnet. Das ist die klassische Zwei-Quellen-Theorie, wie sie bereits im 19. Jahrhundert ausgearbeitet wurde und sich inzwischen in der Einzelexegese in vielfältiger Weise bewährt hat. Sie schließt ein, dass jeder Evangelist auch noch eigenes Gut, sogenanntes Sondergut, mitverwertet hat, welches beim Vergleich der verschiedenen Evangelien klar hervortritt. Ein solcher Vergleich zeigt auch, dass Markus, Mattäus und Lukas im großen Aufbauplan, in der Auswahl und Anordnung des Stoffes und sehr oft auch im Wortlaut weithin übereinstimmen, so dass sie zum bequemeren Vergleich nebeneinander gedruckt werden können. Sie bilden eine Zusammen-Schau: eine »Syn-opse«. Sie werden deshalb die »synoptischen« Evangelien der drei »Synoptiker« genannt.

Ihnen gegenüber hat das Evangelium des im hellenistisch-judenchristlichen Raum schreibenden *Johannes* sowohl literarisch wie theologisch einen völlig anderen Charakter. Wegen der sehr verschiedenen Redeweise Jesu bei Johannes, der unjüdischen Form der langen monologischen Reden und wegen seines ganz auf die Person Jesu selber ausgerichteten Inhalts kommt das vierte Evangelium als Quelle für die Beantwortung der Frage, wer der geschichtliche Jesus von Nazaret gewesen ist, nur sehr bedingt in Frage: zum Beispiel bezüglich der Berufung der ersten Jünger sowie der Traditionen der Leidensgeschichte und der unmittelbar vorausgehenden Ereignisse. Aufs Ganze gesehen steht es der geschichtlichen Wirklichkeit des Lebens und Wirkens Jesu offensichtlich ferner als die synoptischen Evangelien. Es ist auch zweifellos das zuletzt geschriebene Evangelium, wie schon früh im 19. Jahrhundert David Friedrich Strauss herausgefunden hatte. Es dürfte zwischen den Jahren 90 und 100 geschrieben worden sein.

Engagierte Zeugnisse

Aus all dem wird klar: wer die Evangelien als stenographische Protokolle liest, versteht sie falsch. Die Evangelien wollen von Jesus nicht historisch berichten, wollen nicht seine »Entwicklung« beschreiben.

Von Anfang bis Ende wollen sie ihn, im Licht seiner Auferweckung durch Gott, als Gottes Messias, Christus, Herrn, Sohn verkünden. »Evangelium« meint ja ursprünglich nicht eine Evangeliumsschrift, sondern, wie bereits in den Paulusbriefen deutlich, eine mündlich proklamierte Botschaft: eine gute, erfreuliche Botschaft (*euangelion*). Und das zuerst von Markus geschriebene »Evangelium Jesu Christi, des Sohnes Gottes« will dieselbe Glaubensbotschaft nun in schriftlicher Form weitergeben.

Die Evangelien wollen also gar keine uninteressierten objektiven Dokumentarberichte und erst recht keine neutrale wissenschaftliche Geschichtsschreibung sein. Das hat man damals auch gar nicht erwartet, da mit der Schilderung geschichtlicher Ereignisse immer auch ihre Bedeutung und Auswirkung beschrieben wurden: Berichte also, die in irgendeiner Form auch ein Zeugnis darstellen, stark eingefärbt durch die Haltung des Verfassers, die dahinterstand.

Die Geschichtsschreiber Herodot und Thukydides waren ebenso von der griechischen Sache eingenommen wie Livius und Tacitus von der römischen. Sie ließen ihre Haltung klar durchscheinen und zogen sogar nicht selten Lehren aus den Ereignissen, die sie berichten: eine nicht nur erzählend-referierende, sondern lehrhaft-pragmatische Geschichtsschreibung.

Die Evangelien nun sind noch in einem sehr viel tieferen Sinne echte Zeugnisse. Sie sind, wie dies nach dem Ersten Weltkrieg die »formgeschichtliche Schule« durch Untersuchung der einzelnen Jesus-Worte und Jesus-Geschichten bis ins kleinste Detail hinein sichtbar gemacht hat, bestimmt und geprägt von den verschiedenartigen Glaubenserfahrungen der Gemeinden. Sie sehen Jesus mit den Augen des Glaubens. Sie sind also *engagierte und engagierende Glaubenszeugnisse*: Dokumente nicht von Unbeteiligten, sondern von überzeugten Glaubenden, die zum Glauben an Jesus Christus aufrufen wollen und deshalb eine interpretierende, ja bekennende Form haben. Berichte, die zugleich – im weitesten Sinn des Wortes – Predigten sind. Diese Zeugen sind so von diesem Jesus ergriffen, wie man nur im Glauben ergriffen sein kann, und sie wollen diesen Glauben weitergeben. Für sie ist Jesus nicht nur eine Figur der Vergangenheit. Für sie ist er der auch heute Lebendige, dem für die Hörer dieser Botschaft eine entscheidende Bedeutung zukommt. In diesem Sinn wollen die Evangelien nicht nur berichten, sondern verkündigen, ergreifen, Glauben wecken. Sie sind engagiertes Zeugnis oder, wie es oft mit dem entsprechenden griechischen Wort gesagt wird, »Kerygma«: Verkündigung, Ankündigung, Botschaft.

Aber damit dürfte nun vorläufig genug gesagt sein, was es ist um die *Unterscheidung* des Christlichen. Blicken wir zurück: Was macht das Christentum zum Christentum? Man mag es von den modernen Humanismen, von den

Weltreligionen oder vom Judentum unterscheiden: das unterscheidend Christliche ist immer dieser Christus, der, so sahen wir, identisch ist mit dem geschichtlichen Jesus von Nazaret. Jesus von Nazaret als der Christus, als der letztlich Ausschlaggebende, Entscheidende, Maßgebende, ist das, was das Christentum zum Christentum macht.

Aber dies ist nicht nur, wie wir es bisher getan haben, formal zu umreißen. Es ist nun auch inhaltlich zu bestimmen, und damit blicken wir voraus: Jesus Christus ist selber in Person das *Programm* des Christentums. Deshalb sagten wir schon zu Beginn dieses jetzt abgeschlossenen Kapitels: Das Christentum besteht in der Aktivierung der Erinnerung an Jesus Christus in Theorie und Praxis. Zur inhaltlichen Bestimmung des christlichen Programms jedoch müssen wir wissen: Was für eine Erinnerung an ihn haben wir? »Wir müssen wieder die Frage buchstabieren lernen: Wer ist Jesus? Alles andere zerstreut. Er ist unser Maß, nicht Kirchen, Dogmen und fromme Menschen das seinige … Sie taugen genausoviel und -wenig, wie sie von sich selbst wegweisen und in die Nachfolge Jesu als des Herrn rufen.« So der evangelische Exeget Ernst Käsemann.

Wenn das Neue Testament heute als das mit Abstand bestuntersuchte Buch der Weltliteratur bezeichnet werden kann, so beruht dies auf der mehr als 300 Jahre umfassenden minutiösen Arbeit ganzer Gelehrtengenerationen. Sie haben in Text- und Literaturkritik, Form- und Gattungskritik, verbunden mit Begriffs-, Motiv- und Traditionsgeschichte, um jeden Satz, ja um jedes Wort gerungen. Mit der historisch-kritischen Methode in diesem umfassendsten Sinn war und ist der Theologie ein Instrument in die Hände gegeben, womit in einer Weise nach dem wahren, wirklichen, geschichtlichen Christus gefragt werden kann, wie dies in früheren Jahrhunderten einfach nicht möglich war. Herausarbeiten lassen sich die *charakteristischen Grundzüge und Umrisse von Jesu Verkündigung, Verhalten, Geschick.* Und gerade dies ist das für den Glaubenden Ausreichende und Entscheidende, auch wenn nicht die sogenannte Echtheit jedes einzelnen Jesus-Wortes oder die Historizität jeder einzelnen Erzählung erwiesen wird.

II. Das gesellschaftliche Koordinatenkreuz

Wenn das Besondere des Christentums dieser Jesus Christus selber ist, wenn derselbe Jesus Christus zugleich das Programm des Christentums ist, dann stellt sich die Frage: Wer ist dieser Jesus? Was wollte er? Denn: Wer immer er war und was immer er wollte, das Christentum wird verschieden aussehen müssen, je nachdem ob er selber so oder anders war. Und nicht nur im heutigen, sondern schon im damaligen gesellschaftlichen kulturell-religiösen Gesamtzusammenhang wurde gefragt, was schließlich zu einer Lebens- und Todesfrage wurde: Jesus – was will er, wer ist er: Ein Mann des Establishments oder ein Revolutionär? Ein Wahrer von Gesetz und Ordnung oder ein Kämpfer für radikale Veränderung? Ein Vertreter der reinen Innerlichkeit oder ein Verfechter der freien Weltlichkeit?

Dabei hätte nie vergessen oder unterschlagen werden dürfen: Jesus war *Jude*. Er wirkte unter Juden und für Juden. Seine Mutter Maria, sein Vater Josef, seine Familie, seine Gefolgschaft waren Juden. Sein Name war jüdisch (hebräisch »Jeschua«, Spätform von »Jehoschua« – »Jahwe ist Hilfe«). Seine Bibel, sein Gottesdienst, seine Gebete waren jüdisch. Doch – die Frage heute – welchem Judentum gehörte er an?

1. Establishment?

Jesus erschien uns oft als der alles rechtfertigende Repräsentant eines religiös-politischen Systems, seines Dogmas, Kultes, Kirchenrechtes: das unsichtbare Haupt eines sehr sichtbaren kirchlichen Apparates, der Garant alles Gewordenen in Glaube, Sitte, Disziplin. Was musste er in den 2000 Jahren Christenheit alles legitimieren und sanktionieren in Kirche und Gesellschaft! Wie haben sich christliche Herrscher und Kirchenfürsten, christliche Parteien, Klassen, Rassen auf ihn berufen! Wofür alles – für welche merkwürdigen Ideen, Gesetze, Traditionen, Gebräuche, Maßnahmen – musste er herhalten! So muss denn gegen Domestizierungsversuche aller Art deutlich gemacht werden: Jesus war *kein Mann des kirchlichen und gesellschaftlichen Establishments.*

Das religiös-politische System

Eine anachronistische Fragestellung? Keineswegs. Es gab zur Zeit Jesu ein massives religiös-politisch-gesellschaftliches Establishment, eine Art theokratischer Kirchenstaat, an welchem Jesus scheitern sollte.

Das ganze Macht- und Herrschaftsgefüge war legitimiert von Gott als dem obersten Herrn. Religion, Rechtsprechung, Verwaltung, Politik unlösbar ineinander verwoben. Und von denselben Männern beherrscht: Eine priesterliche Hierarchie mit höherem und niederem Klerus (Priester und Leviten), welche ihr Amt vererbte, die Liebe des Volkes nicht besaß, aber zusammen mit wenigen anderen Gruppen in der keineswegs homogenen jüdischen Gesellschaft die Herrschaft ausübte. Unter der Kontrolle allerdings der römischen Besatzungsmacht, die sich die politischen Entscheidungen, die Sorge für Ruhe und Ordnung und, wie es scheint, die Todesurteile vorbehalten hatte.

Im zentralen Regierungs-, Verwaltungs- und Gerichts-kollegium, zuständig für alle religiösen und zivilrechtlichen Angelegenheiten, im Hohen Rat zu Jerusalem – griechisch Synedrion (= Versammlung, davon aramäisch »Sanhedrin«) genannt – waren die herrschenden Schichten vertreten: 70 Mann unter dem Vorsitz des Hohepriesters. Dieser, obwohl von den Römern eingesetzt, war noch immer der höchste Repräsentant des jüdischen Volkes.

Und Jesus? Jesus hatte mit keiner der drei Gruppen etwas zu tun: Weder mit den »Hohepriestern« oder Oberpriestern (der amtierende Hohepriester und anscheinend in einer Art Konsistorium die zurückgetretenen Hohepriester mit einigen weiteren Inhabern hoher priesterlicher Ämter). Noch mit den »Ältesten« (die Häupter der einflussreichen nichtpries-terlichen aristokratischen Familien der Hauptstadt). Noch schließlich mit den seit einigen Jahrzehnten ebenfalls im Hohen Rat sitzenden »Schriftgelehrten« (die Juristen-Theo-logen, meist, aber keineswegs nur, pharisäischer Richtung). Alle diese Gruppen sollte Jesus bald zu Feinden haben. Er war keiner der ihren, wie sich von Anfang an zeigte.

Weder Priester noch Theologe

Der Jesus der Geschichte war – die nachträgliche, nachös-terliche Interpretation des Hebräerbriefes von Jesus als dem »Ewigen Hohepriester« darf hier nicht täuschen – *kein Pries-ter*. Er war gewöhnlicher »Laie« und – für die Priesterschaft von vornherein verdächtig – Anführer einer Laienbewegung, von der sich die Priester fernhielten. Seine Anhänger waren einfache Leute. Und so zahlreich auch die Gestalten sind, die in Jesu volksnahen Parabeln auftauchen: die Gestalt des Priesters taucht nur einmal auf – nicht als Vorbild, sondern zur Abschreckung, weil er anders als der ketzerische Sama-riter an dem unter die Räuber Gefallenen vorbeigeht. Nicht ohne Absicht nahm Jesus seinen Stoff meist aus dem alltäglichen und nicht dem sakralen Bereich.

Der Jesus der Geschichte war aber auch – und dies mögen Theologieprofessoren bedauern – *kein Theologe*. Die späte, unmittelbar im Anschluss an die lukanischen Kindheitsgeschichten überlieferte Legende vom Zwölfjährigen im Tempel ist ein indirekter Beweis dafür. Jesus war ein Dörfler und dazu ein »Unstudierter«, wie ihm seine Gegner vorwarfen. Er verfügte über keine nachweisbare theologische Bildung, hatte nicht wie üblich viele Jahre bei einem Rabbi studiert, war nicht unter Handauflegung zum Rabbi ordiniert und autorisiert worden, auch wenn er anscheinend von vielen respektvoll als »Rabbi« (so etwas wie »Herr Doktor«) angeredet wurde. Er gab sich nicht als Experte für alle möglichen Fragen der Lehre, der Moral, des Rechtes, des Gesetzes aus, sah sich nicht primär als Hüter und Interpret heiliger Überlieferungen. Bei allem Leben aus dem Alten Testament exegetisierte er es nicht schulmäßig wie die Schrifttheologen und nahm kaum Väter-Autoritäten in Anspruch, sondern trug in erstaunlicher methodischer und sachlicher Freiheit, Unmittelbarkeit und Selbstverständlichkeit Eigenes vor.

Er war, wenn man so sagen will, ein öffentlicher Geschichtenerzähler, wie man ihn noch heute etwa auf Kabuls Hauptplatz oder in Indien vor Hunderten von Menschen erleben kann. Jesus erzählte freilich keine Märchen, Sagen oder Wundergeschichten. Er schöpfte aus seinen und anderer Erfahrungen und machte sie zu Erfahrungen derer, die seine Geschichten hörten. Er hatte ein ausgesprochen praktisches Interesse und wollte den Menschen raten, helfen.

Jesu Lehrweise ist laienhaft, volkstümlich, direkt: wenn notwendig scharf argumentierend, oft bewusst grotesk und ironisch, immer aber prägnant, konkret und plastisch. Eine gezielte Sicherheit in der Aussage, in einer seltsamen Verbindung von genau beobachtender Sachlichkeit, poetischer

Bildkraft und rhetorischem Pathos. Er ist nicht auf Formeln und Dogmen festgelegt. Er übt keine tiefsinnige Spekulation oder gelehrte Gesetzeskasuistik. Er spricht in allgemein verständlichen, eingängigen Spruchworten, Kurzgeschichten, Gleichnissen, die aus dem jedermann zugänglichen, ungeschminkten Alltag genommen sind. So viele seiner Worte sind Sprichwörter der Völker geworden. Auch seine Aussagen vom Gottesreich sind keine geheimen Offenbarungen über die Beschaffenheit des Himmelreiches, keine tiefsinnigen Allegoresen mit mehreren Unbekannten, wie man sie nach ihm in der Christenheit geistreich geübt hat. Es sind scharf pointierte Gleichnisse und Parabeln, die in die nüchtern und realistisch betrachtete Wirklichkeit des Menschen die so verschiedene Wirklichkeit des Reiches Gottes hineinstellen. Bei aller Entschiedenheit seiner Auffassungen und Forderungen: besondere Voraussetzungen intellektueller, moralischer, weltanschaulicher Art werden nicht gemacht. Der Mensch soll hören, verstehen und daraus die Konsequenzen ziehen. Es wird niemand nach dem wahren Glauben, nach dem orthodoxen Bekenntnis abgefragt. Es wird keine theoretische Reflexion erwartet, sondern die sich aufdrängende praktische Entscheidung.

Nicht bei den Herrschenden

Der Jesus der Geschichte war *kein Angehöriger oder Sympathisant der liberal-konservativen Regierungspartei*. Er gehörte nicht zu den Sadduzäern. Diese Partei der sozial privilegierten Klasse – ihr Name kam entweder vom Hohepriester Saddok (zur Zeit Salomos) oder vom Eigenschaftswort »zaduk« (»Recht übend«) – stellte regelmäßig den Hohepriester. Als klerikal-aristokratische Partei verband sie Liberalität nach außen mit Konservativität nach innen: Man betrieb eine realistische »Außenpolitik« der Anpassung und Entspannung und respektierte die Souveränität Roms unbedingt, hatte aber im Innern die Bewahrung der eigenen Machtstellung im Auge, damit vom klerikalen Kirchenstaat gerettet werde, was zu retten war.

Jesus aber war sichtlich nicht gewillt, in scheinbarer Weltoffenheit die modernen hellenistischen Lebensformen zu übernehmen, sich für die Erhaltung des Bestehenden einzusetzen und die große Idee vom kommenden Reich Gottes hintanzustellen. Diese Art von Liberalität lehnte er ab. Aber auch diese Art von Konservativität.

Er hatte keine Sympathie für die konservative *Rechtsauffassung* der führenden Kreise: Diese sahen zwar nur das schriftliche Gesetz des Moses als verbindlich an, aber lehnten gerade deshalb die oft mildernden späteren Weiterbildungen der Pharisäer ab. Sie wollten vor allem die Tempeltradition bewahren und drangen deshalb auf kompromisslose Einhaltung des Sabbats und eine strenge Bestrafung nach dem Gesetz. In der Praxis mussten sie sich allerdings öfters der populäreren Auffassung der Pharisäer anpassen.

Und Jesus hatte auch keine Sympathie für die konservative *Theologie* des sadduzäischen Priesteradels, die beim geschriebenen Bibelwort verharrte und die altgläubige jüdische Dogmatik konservierte, nach welcher Gott die Welt und den Menschen weithin ihrem Schicksal überlässt und der Auferstehungsglaube eine Neuerung darstellt.

Radikale Veränderung

Jesus war nicht um den religiös-politischen Status quo besorgt. Er dachte ganz und gar von der besseren Zukunft, der besseren Zukunft der Welt und des Menschen her. Er erwartete eine baldige radikale Veränderung der Situation. Deshalb kritisierte er in Wort und Tat das Bestehende und stellte das religiöse Establishment radikal in Frage. Tempelliturgie und Gesetzesfrömmigkeit – seit Israels Rückkehr aus dem babylonischen Exil im 5. Jahrhundert und der Reform des Schreibers Esra die beiden Grundpfeiler der jüdischen Religion und Volksgemeinschaft – waren für ihn nicht oberste Norm. Er lebte in einer anderen Welt als die von römischer Weltmacht und hellenistischer Weltkultur faszinierten Hierarchen und Politiker. Er glaubte nicht wie die Tempelliturgiker nur an das dauernde Herrsein Gottes über Israel, an seine immer bestehende dauernde Weltherrschaft, wie sie schon mit der Weltschöpfung gegeben ist. Er glaubte wie viele Fromme seiner Zeit an eine in naher Zukunft kommende Weltherrschaft Gottes, welche die endzeitliche und endgültige Weltvollendung bringen wird. »Dein Reich komme« – damit waren die »Eschata«, die »letzten Dinge«, war, wie man im Theologenjargon sagt, die »eschatologische« Herrschaft Gottes gemeint: *das zukünftige Reich Gottes der Endzeit.*

Jesus war also von einer intensiven *Enderwartung* getragen: dieses System ist nicht endgültig, diese Geschichte geht dem Ende entgegen. Und zwar jetzt. Es ist so weit. Noch diese Generation wird sie erleben, die Äonenwende und endzeitliche Offenbarung (griechisch »apokalypsis«) Gottes. Jesus steht somit unbestreitbar im Bannkreis der »apokalyptischen« Bewegung, welche weite Teile des Judentums unter dem Einfluss anonymer apokalyptischer Schriften, die Henoch, Abraham, Jakob, Mose, Baruch, Daniel, Esra zugeschrieben wurden, seit dem 2. Jahrhundert vor Christus erfasst hat. Zwar hat Jesus kein Interesse daran, die menschliche Neugierde mit mythischen Spekulationen oder astrologischen Voraussagen zu befriedigen. Er kümmert sich nicht wie die Apokalyptiker um die genaue Datierung und Lokalisierung des Gottesreiches, er enthüllt nicht apokalyptische Ereignisse und Geheimnisse. Aber er teilt den Glauben: Gott wird in Bälde, noch zu seinen Lebzeiten, dem bisherigen Weltenlauf ein Ende setzen. Das Widergöttliche, Satanische wird vernichtet werden. Not, Leid und Tod abgeschafft, Heil und Frieden, wie es die Propheten verkünden, heraufgeführt: Weltenwende und Weltgericht, Auferstehung der Toten, der neue Himmel und die neue Erde, die Welt Gottes, welche diese immer böser werdende Welt ablöst. Mit einem Wort: Gottes Reich.

Die durch einzelne prophetische Aussagen und die apokalyptischen Schriften gehegte Erwartung hatte sich im Laufe der Zeit verdichtet, und die Ungeduld hatte zugenommen. Für *Johannes*, der dann später der *Vorläufer* Jesu genannt wurde, hatte die gespannte Erwartung ihren Höhepunkt erreicht. Er verkündete das nahende Reich Gottes als Gericht. Aber nicht, wie sonst bei den Apokalyptikern üblich, das Gericht über die Anderen, die Heiden, die Vernichtung der Gottesfeinde und den Endsieg Israels. Sondern das Gericht, in großer prophetischer Tradition, gerade über Israel: die Abrahamskindschaft ist keine Heilsgarantie! Die prophetische Gestalt des Johannes stellte einen lebendigen Protest gegen die Wohlstandsgesellschaft in den Städten und Dörfern, gegen die hellenistische Kultur der Residenzen dar. In selbstkritischer Weise konfrontiert er Israel mit seinem Gott und fordert im Hinblick auf Gottes Reich eine andere »Buße« als nur asketische Übungen und kultische Leistungen. Er ruft auf zur Umkehr und Hinwendung des ganzen Lebens hin zu Gott. Und deshalb tauft er. Charakteristisch ist für ihn diese nur einmal gespendete und dem ganzen Volk und nicht nur einer auserwählten Schar angebotene *Bußtaufe*: Sie lässt sich weder aus den rituell wiederholten sühnenden Tauchbädern der nahe beim Jordan sich befindenden Qumrangemeinde noch aus den erst für die spätere Zeit bezeugten jüdischen Proselytentaufen – ein rechtlicher Aufnahmeritus in die Gemeinde – ableiten. Das Untertauchen im Jordan wird zum endzeitlichen Zeichen der Reinigung und Erwählung im Hinblick auf das kommende Gericht. Diese Art Taufe scheint eine originale Schöpfung des Johannes gewesen zu sein. Nicht umsonst wird das Taufen zum Bestandteil seines Namens: Johannes der Täufer.

Nach allen evangelischen Berichten fällt der *Beginn von Jesu öffentlicher Tätigkeit* in die johanneische Protest- und Erweckungsbewegung. Mit dem Täufer, den manche Kreise auch in späterer neutestamentlicher Zeit als Konkurrenten Jesu empfunden haben, setzt nach Markus der »Anfang des Evangeliums« ein, woran auch nachher durchweg festgehalten wird, wenn man vom Vorspann der mattäischen und lukanischen Kindheitsgeschichten und vom Johannesprolog absieht. Die Tatsache ist dogmatisch unbequem und wird gerade deshalb allgemein als historisch akzeptiert: Auch Jesus unterzieht sich der Bußtaufe des Täufers (allerdings im Johannesevangelium nicht berichtet). Jesus bejaht also dessen prophetisches Wirken und knüpft in seiner Predigt – nach der Gefangensetzung des Täufers oder schon früher – an ihn an. Seinen eschatologischen Bußruf nimmt er auf und zieht radikal Konsequenzen daraus. Es ist nicht ausgeschlossen, auch wenn die Szene christologisch ausgestaltet (Himmelsstimme) und legendarisch ausgeschmückt (der Geist »wie eine Taube«) ist, dass Jesus im Zusammenhang der Taufe seine eigene Berufung erfahren hat. Alle Berichte sind sich jedenfalls darin einig, dass er sich von da an als vom Geist ergriffen und von Gott bevollmächtigt erkannt hat. Die Taufbewegung, und wohl erst recht die Verhaftung des Täufers, war für Jesus ein Zeichen, dass die Zeit erfüllt sei.

Und so beginnt Jesus die *»gute Nachricht«* als Wanderprediger landauf, landab zu verkünden und eigene Jünger (und wahrscheinlich auch Jüngerinnen) – die ersten vielleicht aus dem Täuferkreis – um sich zu sammeln: Das Reich Gottes ist nahe bevorstehend – kehret um und glaubet der guten Botschaft. Aber es ist, anders als die finstere Gerichtsdrohung des Asketen Johannes, von Anfang an eine freundliche, erfreuliche Botschaft von der Güte des nahenden Gottes und einem Reich der Gerechtigkeit, der Freude und des Friedens. Das Reich Gottes nicht primär als Gericht, sondern als Gnade für alle. Nicht nur Krankheit, Leid und Tod, auch Armut und Unterdrückung werden ein Ende haben. Eine befreiende Botschaft für die Armen, Mühseligen und von Schuld Beladenen – eine Botschaft der Vergebung, Gerechtigkeit, Freiheit, Brüderlichkeit, Liebe.

Aber gerade diese für das Volk erfreuliche Botschaft zielt offensichtlich nicht auf die Einhaltung der etablierten Ordnung, wie sie durch Tempelkult und Gesetzesbeobachtung bestimmt war. Nicht nur scheint Jesus bezüglich des Opferkultes bestimmte Reserven gehabt zu haben. Er hat offensichtlich mit der Zerstörung des Tempels bei der bevorstehenden Endzeit gerechnet, und mit dem Gesetz kam er schon bald in einer Weise in Konflikt, dass er vom jüdischen Establishment als eine ungemein gefährliche Bedrohung seiner Herrschaft angesehen wurde. Wird hier, so mussten sich die Hierarchie und ihre Hoftheologen sagen, nicht faktisch die Revolution gepredigt?

2. Revolution?

Jesu Botschaft war zweifellos revolutionär, wenn mit Revolution eine grundlegende Umgestaltung eines bestehenden Umstandes oder Zustandes gemeint ist. Man spricht ja in diesem Sinn – und nicht nur zu Reklamezwecken – sehr allgemein von Revolution (eine Revolution der Medizin, der Betriebsführung, der Pädagogik, der Damenmode usw.). Aber mit solchen wohlfeilen, schillernden allgemeinen Redensarten ist uns hier nicht geholfen. Die Frage ist präzis zu stellen: Wollte Jesus einen gewaltsamen plötzlichen Umsturz (lat. re-volvere

54

= umstürzen) der gesellschaftlichen Ordnung, ihrer Werte und Repräsentanten? Das ist Revolution im strengen Sinn (die Französische Revolution, die Oktoberrevolution usw.), sie komme nun von links oder rechts.

Die revolutionäre Bewegung

Auch diese Frage ist kein Anachronismus. Die »Theologie der Revolution« ist nicht eine Erfindung unserer Tage. Die militanten apokalyptischen Bewegungen im Altertum, die radikalen Sekten des Mittelalters (besonders der politische Messianismus des Cola di Rienzo) und der linke Flügel der Reformation (besonders Thomas Münzer) repräsentieren diesen Typus in der Geschichte der Christenheit. Nach dem frühen Anreger der historisch-kritischen Evangelien-Untersuchung S. Reimarus (gest. 1768) und dem österreichischen Sozialistenführer K. Kautsky bis zu Robert Eisler, den in unseren Tagen J. Carmichael weitgehend übernommen hat, und S. G. F. Brandon wurde ab und zu die These vertreten, Jesus selber sei ein politisch-sozialer Revolutionär gewesen.

Nun ist kein Zweifel, dass Jesu Heimat Galiläa für revolutionäre Aufrufe besonders anfällig war und als Heimat der *zelotischen Revolutionsbewegung* (»Zeloten« = »Eiferer« mit dem Unterton des Fanatismus) galt. Weiter, dass zumindest einer seiner Anhänger – Simon der »Zelot« – und nach manchen Vermutungen vom Namen her auch Judas Ischariot und sogar die beiden »Donnersöhne« Johannes und Jakobus Revolutionäre gewesen waren. Schließlich und vor allem, dass im Prozess vor Pontius Pilatus der Begriff des »Königs der Juden« eine entscheidende Rolle spielte, dass Jesus von den Römern aus politischen Gründen hingerichtet wurde und dass er die den Sklaven und politischen Rebellen vorbehaltene Todesart zu erleiden hatte. Für diese Anklage konnten Vorgänge wie Jesu Einzug in Jerusalem und die Tempelreinigung, wenigstens so wie sie berichtet werden, einen gewissen Anhalt bieten.

Kein Volk hat der römischen Fremdherrschaft so ausdauernd geistigen und politischen Widerstand geleistet wie das jüdische. Für die römischen Machthaber waren die Befürchtungen eines Aufstandes nur zu real. Seit geraumer Zeit sahen sich die Römer in Palästina einer akuten revolutionären Situation gegenüber. Die revolutionäre Bewegung, die im Gegensatz zum Jerusalemer Establishment jegliche Kollaboration mit der Besatzungsmacht, ja sogar die Steuerzahlung ablehnte und zahlreiche Querverbindungen insbesondere zur pharisäischen Partei unterhielt, hatte an Einfluss gewonnen. Insbesondere in der Heimat Jesu waren zahlreiche nationalistische jüdische Partisanen tätig, gegen welche schon der vom römischen Senat zum »König der Juden« ernannte Idumäer Herodes, gegen Ende von dessen Amtszeit Jesus geboren wurde, mit Todesurteilen vorgehen musste. Und nach dem Tode des eisern und verschlagen regierenden Königs Herodes brachen wieder Unruhen aus, die durch römische Truppen des später in Germanien erfolglos tätigen syrischen Oberbefehlshabers Quintilius Varus unbarmherzig erstickt wurden. Zur eigentlichen Gründung einer Revolutionspartei kam es in Galiläa unter Judas von Gamala (meist »der Galiläer« genannt): als nicht viel später, im Jahre 6 n. Chr., der Kaiser Augustus den brutalen Herodes-Sohn Archelaos als Vasallenherrscher (nicht mehr »König«, sondern »Ethnarch«) von Judäa absetzen ließ, Judäa der direkten römischen Verwaltung unter einem Prokurator unterstellte und – wie in vager Weise auch Lukas im Zusammenhang der Geburt Jesu erwähnt – durch den römischen Oberbefehlshaber in Syrien, jetzt Sulpicius Quirinius, die ganze Bevölkerung zur besseren steuerlichen Erfassung registrieren ließ. In Galiläa – wo man unter dem anderen Herodes-Sohn Herodes

Antipas nur indirekt betroffen war – probten die empörten Zeloten den Aufstand, bei welchem aber ihr Führer Judas umkam und seine Anhänger zerstreut wurden.

Doch trotz der absoluten Überlegenheit der römischen Militärmacht waren die Widerstandsgruppen nicht erledigt. Besonders im wilden judäischen Gebirge hatten sie ihre Stützpunkte, und der in römischen Diensten schreibende jüdische Geschichtsschreiber Josephus klagt über das, was er mit den Römern einfach »Räuber« oder »Banditen« nennt: »So war Judäa voll von Räuberbanden; und wo es einem gelang, eine Gruppe von Aufrührern um sich zu sammeln, da machte er sich zum König, zum Verderben der Allgemeinheit. Denn während sie den Römern nur geringen Schaden zufügen konnten, wüteten sie umso mehr mit Mord und Totschlag gegen ihre eigenen Volksgenossen.«

In der Art einer Stadtguerilla erledigten die Widerstandskämpfer Feinde und Kollaborateure kurzerhand mit kurzem Dolch (lat. »sica«). Die Römer nannten sie deshalb sinnigerweise »Sikarier« (Dolchmänner). Besondere Gefahr herrschte immer an den großen Festtagen, wenn sich ungeheure Pilgerscharen in Jerusalem einfanden. Vorsorglich zog dann meist der römische Gouverneur (Prokurator) von seiner Residenz Cäsarea am Meer hinauf in die Hauptstadt. Dies hatte auch der Gouverneur Pontius Pilatus getan in der Zeit, als sich der Konflikt Jesu mit dem jüdischen Establishment zugespitzt hatte. Auch ganz abgesehen davon hatte er allen Grund dazu. Denn seit Beginn seiner Amtszeit im Jahre 26 hatte er durch ständige Provokationen die aufrührerische Stimmung angeheizt, und ein Aufstand konnte jederzeit ausbrechen. Hatte er doch schon damals gegen alle heilige, auch von den Römern respektierte Tradition über Nacht die mit dem Bild des Kaisers – der staatlichen Kultgottheit – geschmückten Feldzeichen nach Jerusalem bringen lassen. Heftige Demonstrationen waren die Folge. Pilatus gab nach.

Als er aber für den Bau einer Wasserleitung nach Jerusalem Geld aus dem Tempelschatz nahm, erstickte er den sich regenden Widerstand im Keime. Und nach Lukas ließ er eine Anzahl Galiläer, die in Jerusalem opfern wollten, aus irgendeinem Grund samt ihren Opfertieren umbringen. Auch der von Pilatus statt Jesus freigelassene Barabbas war bei einem Aufruhr mit Mord dabeigewesen. Aber Pilatus war nach dem Tode Jesu im Jahre 36 wegen seiner gewalttätigen Politik von Rom abgesetzt worden. Erst 30 Jahre später wurde aus dem Guerillakrieg schließlich der große Volkskrieg, den das Jerusalemer Establishment nicht zu verhindern vermochte. Ein Krieg, in welchem wiederum ein Galiläer, der Zelotenführer Johannes von Gischala, wesentlich beteiligt war und – nach langem Streit mit anderen aufständischen Truppen – den Tempelbezirk verteidigte, bis die Römer die drei Mauerringe durchbrachen und der Tempel in Flammen aufging. Mit der Eroberung Jerusalems 70 n. Chr. und der Liquidierung der letzten Widerstandsgruppen, von denen sich eine noch über drei Jahre in der herodianischen Bergfestung Masada über dem Toten Meer gegen die römischen Belagerer zu halten vermochte, fand die revolutionäre Bewegung ihr grausames Ende. Masada, wo sich die letzten Widerstandskämpfer schließlich selber den Tod gaben, ist heute ein israelisches Nationalheiligtum.

Die Hoffnung auf den Befreier

Es war keine Frage: Für die revolutionäre Bewegung spielte die Volkserwartung eines großen Befreiers, eines kommenden »Gesalbten« (Messias, Christus) oder »Königs«, eines endzeitlichen Gesandten und Bevollmächtigten Gottes eine erhebliche Rolle. Worüber die jüdischen Machthaber am liebsten schwiegen und auch die Theologen nicht gern sprachen, daran glaubte das Volk: die messianische Erwartung war durch die apokalyptischen Schriften und Ideen vielfach zum Enthusiasmus gesteigert worden. Wer immer jetzt mit einem Führungsanspruch auftrat, weckte die Frage, ob er vielleicht der »Kommende« oder zumindest sein Vorläufer sei. Im Einzelnen gingen die Erwartungen freilich weit auseinander: Erwarteten die einen den Messias als den politischen Davidsspross, so die anderen als den apokalyptischen Menschensohn, Weltenrichter und Welterlöser. Noch 132 n. Chr., beim zweiten und letzten großen Aufstand gegen die Römer, war der Zelotenführer Bar Kochba, der »Sternensohn«, vom angesehensten Rabbi seiner Zeit Aqiba und vielen anderen Schriftgelehrten als der verheißene Messias begrüßt worden, bevor er im Kampfe fiel und Jerusalem nach einer zweiten Zerstörung für die Juden auf Jahrhunderte hinaus verbotene Stadt wurde, so dass das rabbinische Judentum in der Folge sich nur ungern des Bar Kochba erinnerte.

Und Jesus? Kam seine Botschaft nicht *der revolutionären Ideologie sehr nahe*? Sollte sie nicht auf zelotische Revolutionäre Anziehungskraft ausüben? Wie die politischen Radikalen erwartet er eine grundlegende Veränderung der Situation, den baldigen Anbruch der Gottesherrschaft anstelle der menschlichen Herrschaftsordnung. Die Welt ist nicht in Ordnung; es muss radikal anders werden. Auch er übte scharfe Kritik an den herrschenden Kreisen und den reichen Großgrundbesitzern. Er trat gegen soziale Missstände, gegen Rechtsbeugung, Raffgier, Hartherzigkeit ein für die Armen, Unterdrückten, Verfolgten, Elenden, Vergessenen. Er polemisierte gegen die weichliche Kleider Tragenden an den Höfen der Könige, gestattete sich beißende ironische Bemerkungen über die Tyrannen, die sich Wohltäter des Volkes nennen lassen, und hieß nach der lukanischen Überlieferung Herodes Antipas respektlos einen Fuchs.

Auch er predigte keinen Gott der Machthaber und der Etablierten, sondern einen Gott der Befreiung und Erlösung.

Auch er verschärfte das Gesetz in verschiedener Hinsicht und erwartete von seinen Nachfolgern bedingungslose Nachfolge und einen kompromisslosen Einsatz: kein Zurückschauen, wenn man die Hand an den Pflug gelegt; keine Entschuldigung wegen Handel, Heirat oder Begräbnis.

Ist es so erstaunlich, dass Jesus – auch ganz abgesehen vom Jesus-Look des kubanischen Guerillero Che Guevara – auf viele Revolutionäre bis zum kolumbianischen Priesterrevolutionär Camilo Torres als Revolutionär gewirkt hat? Lässt sich doch auch nicht bestreiten, dass die Evangelien keinen süßlich sanften Jesus einer alten oder neuen Romantik und keinen braven Kirchenchristus zeigen. Nichts von einem klugen Diplomaten, einem bischöflichen Mann des »Ausgleichs« und des »équilibre«. Die Evangelien zeigen einen offensichtlich sehr klarsichtigen, entschlossenen, unbeugsamen, wenn es sein musste auch kämpferischen und streitbaren und in jedem Fall furchtlosen Jesus. Er war ja gekommen, um Feuer auf die Erde zu werfen. Keine Furcht vor denen, die nur den Leib töten und darüber hinaus nichts können. Eine Schwertzeit, eine Zeit größter Not und Gefahr, steht bevor.

Kein Sozialrevolutionär

Und doch muss man die ganzen evangelischen Berichte verdrehen und uminterpretieren, muss man die Quellen völlig einseitig auswählen, unkontrolliert und willkürlich mit vereinzelten Jesus-Worten und Gemeindebildungen operieren und von Jesu Botschaft als ganzer weithin absehen, muss man also statt historisch-kritisch mit einer romanhaften Phantasie arbeiten, wenn man aus Jesus einen Guerillakämpfer, einen Putschisten, einen politischen Agitator und Revolutionär und seine Botschaft vom Gottesreich zu einem politisch-sozialen Aktionsprogramm machen will. Auch wenn es heute ebenso populär ist, vom Rebellen, vom Revolutionär Jesus zu sprechen wie in der Hitlerzeit vom Kämpfer, Führer, Feldherrn Jesus und in der Kriegspredigt des Ersten Weltkrieges vom Helden und Patrioten Jesus, so muss doch unbekümmert um den Zeitgeist – um Jesu willen – unmissverständlich deutlich gemacht werden: Wie kein Mann des Systems, so war er auch kein sozialpolitischer Revolutionär.

Jesus verkündet nicht wie die Revolutionäre seiner Zeit eine durch militärische oder quasimilitärische Aktion gewaltsam zu errichtende nationale religiös-politische Theokratie oder Demokratie. Ihm kann man nachfolgen auch ohne ein explizit politisches oder sozialkritisches Engagement. Er bläst nicht zum Sturm gegen die repressiven Strukturen, betreibt weder von links noch von rechts den Sturz der Regierung. Er wartet auf den Umsturz Gottes und verkündet die schon jetzt maßgebende, aber *gewaltlos zu erwartende uneingeschränkte, unmittelbare Weltherrschaft Gottes selbst*. Nicht ein von unten aktiv betriebener, sondern von oben verfügter Umschlag, auf den man sich freilich, die Zeichen der Zeit verstehend, ganz und gar einstellen soll. Dieses Reich Gottes gilt es zuerst zu suchen, und alles Übrige, um was sich die Menschen sorgen, wird dazugegeben werden.

Gegen die römische Besatzungsmacht polemisiert und agitiert er nicht. Nicht wenige Dörfer und Städte von Jesu galiläischer Wirksamkeit werden genannt, auffälligerweise aber gerade die Haupt- und Residenzstadt des Herodes, Tiberias (nach Kaiser Tiberius genannt), und das hellenistische Sepphoris überhaupt nicht. Der »Fuchs« Herodes wird in deutlicher Abwehr politischer Missdeutung auf Jesu wahren Auftrag hingewiesen. Die antirömische Stimmung anzuheizen lehnt Jesus brüsk ab. Das lukanische Bildwort vom Schwert ist in Zusammenhang mit Jesu Ablehnung der Gewaltanwendung zu sehen. Alle politisch missdeutbaren Titel wie Messias und Davidssohn vermeidet er. Jeglicher Nationalismus und alle Ressentiments gegen die Ungläubigen fehlen in seiner Reich-Gottes-Botschaft. Nirgendwo spricht er von der Wiederherstellung des Davidreiches in Macht und Herrlichkeit. Nirgendwo zeigt er ein Handeln mit dem politischen Ziel, die weltliche Herrschaft zu ergreifen. Im Gegenteil: keine politischen Hoffnungen, keine revolutionäre Strategie und Taktik, keine realpolitische Ausnutzung seiner Popularität, keine taktisch kluge Koalition mit bestimmten Gruppierungen, kein strategischer langer Marsch durch die Institutionen, keine Tendenz zur Akkumulierung von Macht. Sondern im Gegenteil – was gesellschaftliche Relevanz hat! – Machtverzicht, Schonung, Gnade, Frieden: die Befreiung aus dem Teufelskreis von Gewalt und Gegengewalt, Schuld und Vergeltung.

Falls die durch biblische Symbolsprache geprägte *Versuchungsgeschichte* einen geschichtlichen Kern haben sollte, dann die nur zu gut begreifliche Versuchung, auf die sich alle drei Varianten zurückführen lassen: die diabolische Versuchung eines politischen Messianismus. Eine Versuchung, der Jesus nicht nur in der Erzählung, sondern durch sein ganzes öffentliches Wirken hindurch – vielleicht auch im Satanswort an Petrus – konsequent widerstanden hat. Er blieb zwischen den Fronten und ließ sich von keiner Gruppe vereinnahmen und zum »König« und Chef machen. Auf keinen Fall wollte er das Reich Gottes gewaltsam vorwegnehmen, herbeizwingen. Möglicherweise meint das dunkle Wort vom »Herbeidrängen« des Himmelreiches, das vergewaltigt wird und das Gewalttätige an sich zu reißen suchen, eine ausdrückliche Absage an die zelotische Revolutionsbewegung. Vielleicht zeugen auch die Aufforderung zum geduldigen Warten auf Gottes Stunde im Gleichnis von der selbstwachsenden Saat und die Warnung vor Falschpropheten von antizelotischer Polemik, die für die Evangelisten nach dem Katastrophenjahr 70 reichlich überflüssig geworden war.

Gewiss musste Jesus den Römern, die sich um die inner-
jüdischen Religionsstreitigkeiten wenig kümmerten, aber
alle Volksbewegungen argwöhnisch betrachteten, als politisch verdächtig, ja schließlich als Unruhestifter und po-
tentieller Aufrührer erscheinen. Die jüdische Anklage vor
Pilatus war verständlich, scheinbar berechtigt. Und doch zutiefst tendenziös, ja letztlich – worauf die Evangelien übereinstimmend insistieren – falsch. Jesus wurde als politischer
Revolutionär verurteilt – aber er war es nicht! Wehrlos hatte
er sich seinen Feinden ausgeliefert. Darüber ist sich heute
die ernsthafte Forschung einig: Nirgendwo erscheint Jesus
als das Haupt einer politischen Verschwörung, spricht er in
zelotischer Weise vom Messias-König, der die Feinde Israels
zerschmettern wird, und von der Weltherrschaft des Volkes
Israel. Er erscheint durch alle Evangelien hindurch als der
waffenlose Wanderprediger und der charismatische Arzt,
der nicht Wunden schlägt, sondern heilt. Der Not lindert
und nicht für politische Zwecke nützt. Der nicht militanten
Kampf, sondern Gottes Gnade und Vergebung für alle proklamiert. Selbst seine an die alttestamentlichen Propheten
anklingende Sozialkritik erfolgte nicht aufgrund eines gesell-
schaftspolitischen Programms, sondern entscheidend aufgrund seines neuen Gottes- und Menschenverständnisses.

Revolution der Gewaltlosigkeit

Die Erzählung vom *Einzug in Jerusalem* auf einem Esel,
ob historisch oder nicht, charakterisiert ihn richtig: Nicht
das weiße Pferd des Siegers, nicht das Symboltier der Herrschenden reitet er, sondern das Reittier der Armen und
Machtlosen. Die von den Synoptikern anschließend berichtete *Tempelreinigung* – wie die Einzugserzählung von Mattäus und Johannes im Vergleich zu Markus übersteigert
und wohl schon von Markus aus Gründen erzählerischer

Anschaulichkeit eher übertrieben – konnte jedenfalls nicht das Ausmaß eines Tumultes erreicht haben, welcher sofort das Eingreifen der Tempelpolizei und der römischen Kohorte in der Burg Antonia an der Nordwestecke des Tempelvorhofes zur Folge gehabt hätte. Was immer der historische Kern der Erzählung war – von einigen Exegeten wird die Historizität mit allerdings kaum genügenden Argumenten überhaupt in Frage gestellt: Nach den Quellen geht es nicht um einen typisch zelotischen Akt, nicht um einen reinen Gewaltakt oder gar offenen Aufruhr. Jesus beabsichtigte nicht die endgültige Vertreibung aller Händler, die Besitzergreifung des Tempels und eine neue Tempel- und Priesterorganisation im Sinne der Zeloten. Es ging freilich um eine bewusste Provokation, einen symbolischen Akt, eine individuelle prophetische Zeichentat, welche eine demonstrative Verurteilung dieses Treibens und der daraus Gewinn ziehenden Hierarchen darstellte: für die Heiligkeit des Ortes als eines Ortes des Gebetes. Diese Verurteilung – verbunden vielleicht mit einem Drohwort gegen den Tempel oder aber einer Verheißung für die Heiden – verdient keine Bagatellisierung. Er hat damit die Hierarchie und die am Wallfahrtsrummel finanziell interessierten Kreise zweifellos in krasser Weise herausgefordert.

Dies zeigt erneut: Jesus war kein Mann des Establishments. Alles was wir in unserem ersten Gedankengang gesehen haben, bleibt richtig. Jesus war kein Konformist, kein Apologet des Bestehenden, kein Verteidiger von Ruhe und Ordnung. Er forderte zur Entscheidung heraus. In diesem Sinne brachte er das Schwert: nicht den Frieden, sondern den Streit, unter Umständen bis in die Familien hinein. Er stellte das religiös-gesellschaftliche System, die bestehende Ordnung des jüdischen Gesetzes und Tempels grundlegend in Frage, und insofern hatte seine Botschaft politische Konsequenzen. Nur ist zugleich zur Kenntnis zu nehmen: Für Jesus ist die

Alternative zum System, zum Establishment, zur bestehenden Ordnung gerade *nicht die politisch-soziale Revolution*. Eher als Che Guevara, der romantisch die Gewalt als Hebamme der neuen Gesellschaft verherrlichte, und Camilo Torres konnten sich Gandhi und Martin Luther King auf ihn berufen.

Die zelotischen Revolutionäre wollten handeln, nicht nur reden. Gegenüber dem Immobilismus und der Machtbesessenheit des Establishments wollten sie die Wirklichkeit nicht nur theologisch interpretieren, sondern politisch verändern. Sie wollten sich engagieren, konsequent sein. Sein und Handeln, Theorie und Praxis sollten einander entsprechen. Konsequent, kohärent sein meint revolutionär sein. »Radikal« wollten sie die Sache an der »radix«, an der Wurzel fassen, die Verantwortung für die Welt aktiv übernehmen, so dass sie mit der Wahrheit übereinstimmt. In diesem Radikalismus erstrebten sie die endliche Realisierung des Eschaton, des Reiches Gottes – wenn in Gottes Namen notwendig: mit Waffengewalt. Jesus aber billigte weder die Methoden noch die Ziele dieses revolutionären Radikalismus der Zeloten, die im Sturz der widergöttlichen Macht des römischen Staates eine göttliche Pflicht sahen und die letztlich doch restaurativ (nationalistische Wiederherstellung des davidischen Großreiches) gesinnt waren. Jesus war anders, provozierend auch nach dieser Seite. Er predigte keine Revolution, weder eine rechte noch eine linke:

– Keine Aufforderung zur Steuerverweigerung: Gebt dem Kaiser, was des Kaisers ist – gebt ihm allerdings nicht, was Gottes ist!

– Keine Proklamation eines nationalen Befreiungskrieges: Von übelsten Kollaborateuren ließ er sich zum Essen einladen, und den beinahe noch mehr als die Heiden verhassten samaritanischen Volksfeind stellte er als Beispiel hin.

– Keine Propagierung des Klassenkampfes: Er teilte die Menschen nicht wie so viele Militante seiner Zeit im

Freund-Feind-Schema in Kinder des Lichts und in Kinder der Finsternis ein.

– Kein düsterer sozialrevolutionärer Konsumverzicht: Jesus feierte in einer schlimmen Zeit politischer Knechtung und sozialer Not festliche Mähler.

– Keine Aufhebung des Gesetzes um der Revolution willen: Helfen, heilen, retten wollte er, keine Zwangsbeglückung des Volkes nach dem Willen Einzelner. Zuerst das Reich Gottes, und alles andere wird dazugegeben werden.

So paart sich bei Jesus die harte Kritik an den Machthabern, die ihre Macht rücksichtslos gebrauchen, mit der Aufforderung nicht zum Tyrannenmord, sondern zum Dienst. Und seine Botschaft gipfelt nicht im Appell zum Erzwingen der besseren Zukunft durch Gewalt: Wer zum Schwert greift, wird durch das Schwert umkommen. Sondern im Appell zum Gewaltverzicht: dem Bösen nicht zu widerstehen; denen wohlzutun, die uns hassen; die zu segnen, die uns fluchen; für die zu beten, die uns verfolgen. Dies alles angesichts des kommenden Reiches, von dem her alles Bestehende, alle Ordnungen, Institutionen, Strukturen, aber auch alle Unterschiede zwischen Mächtigen und Machtlosen, Reichen und Armen von vornherein relativiert erscheinen und dessen Normen schon jetzt anzuwenden sind.

Hätte Jesus in Palästina eine radikale Landreform durchgeführt, er wäre schon längst vergessen. Hätte er wie die Jerusalemer Aufständischen im Jahre 66 zuerst das Stadtarchiv samt allen Schuldverschreibungen der Bankiers in Brand gesteckt, hätte er wie zwei Jahre später der Führer der Jerusalemer Revolution Bar Giora die allgemeine Freilassung der jüdischen Sklaven verkündet, so wäre er – ähnlich wie auch der heroische Sklavenbefreier Spartakus mit seinen 70.000 Sklaven und den 7000 Kreuzen an der Via Appia – Episode geblieben.

Jesu »Revolution« dagegen – wenn man das vieldeutige Reizwort schon gebrauchen will – war in einem echten und

näher zu umschreibenden Sinn radikal und hat deshalb die Welt bleibend verändert. Er überstieg die Alternative etablierte Ordnung – sozialpolitische Revolution, Konformismus – Nonkonformismus. Man kann es auch so sagen: Jesus war revolutionärer als die Revolutionäre. Wir werden noch genauer zu sehen haben, was dies bedeutet:
– Statt Vernichtung der Feinde Liebe zu den Feinden!
– Statt Zurückschlagen bedingungslose Vergebung!
– Statt Gebrauch von Gewalt Bereitschaft zum Leiden!
– Statt Hass- und Rachegesänge Seligpreisung der Friedfertigen!
– Statt machtgieriges Herrschen Dienstbereitschaft!

Die ersten Christen jedenfalls folgten im großen jüdischen Aufstand den Spuren Jesu. Als der Krieg ausbrach, machten sie nicht gemeinsame Sache mit den zelotischen Revolutionären, sondern flohen aus Jerusalem nach Pella auf der anderen Seite des Jordans. Und beim zweiten großen Aufstand unter Bar Kochba wurden sie fanatisch verfolgt. Die Römer aber sind bezeichnenderweise bis zur Verfolgung des Nero nicht gegen sie vorgegangen.

So hatte Jesus keine politisch-soziale Revolution gefordert oder gar in Gang gesetzt. Die von ihm in Gang gesetzte Revolution war entscheidend eine *Revolution der Gewaltlosigkeit*, eine Revolution vom Innersten und Verborgensten, von der Personmitte, vom Herzen des Menschen her auf die Gesellschaft hin. Nicht weitermachen wie bisher, sondern radikales Umdenken und Umkehren des Menschen (griechisch »metanoia«), weg von seinen Egoismen, hin zu seinem Gott und zu seinen Mitmenschen. Nicht die feindlichen Weltmächte sind die eigentlichen Fremdmächte, von denen der Mensch befreit werden muss. Sondern die Mächte des Bösen: Hass, Ungerechtigkeit, Unfrieden, Gewalt, Lebenslüge, die menschlichen Egoismen überhaupt, aber auch Leiden, Krankheit, Tod. Ein verändertes Bewusstsein, ein neues

Denken, eine andere Wertskala sind deshalb erfordert. Die Überwindung des Bösen, das nicht nur im System, in den Strukturen, sondern im Menschen liegt. Die innere Freiheit, die zur Freiheit von den äußeren Mächten führt. Veränderung der Gesellschaft durch Veränderung des Einzelnen!

Wenn dem allem so ist, dann allerdings stellt sich die Frage: Ist dieser Jesus nicht letztlich doch der Vertreter eines Rückzugs oder einer Abkapselung von der Welt, einer weltabgewandten Frömmigkeit, einer weltfernen Innerlichkeit, eines mönchischen Asketismus und Absentismus?

3. Emigration?

Es gibt den politischen Radikalismus, der aus Gründen des Glaubens auf die totale Unterwerfung der Welt, wenn nötig mit Waffengewalt, dringt: die totale Verwirklichung der Herrschaft Gottes in der Welt durch menschlichen Einsatz. Das ist der Radikalismus der Zeloten. Doch es gibt eine entgegengesetzte, ebenfalls radikale Lösung: statt des aktiven Engagements auf Leben und Tod der Widerspruch der Großen Weigerung. Nicht Aufstand, sondern Abstand. Nicht der Angriff auf die gottfeindliche Welt, sondern die Absage an diese Welt. Nicht die Bewältigung der Geschichte, sondern der Ausstieg aus ihr.

Der apolitische Radikalismus

Das ist der apolitische (wenn auch nur scheinbar unpolitische) Radikalismus der Mönche, der »Alleinlebenden« (griechisch »monachos« = allein) oder der »Anachoreten«, der (in die Wüste) »Entwichenen«. Absonderung, Auszug, Auswanderung aus der Welt also, *Emigration*: des Einzelnen oder der Gruppe, äußerlich-lokal oder innerlich-geistig, organisiert oder nicht, durch Abkapselung und Isolierung oder durch Wegzug und Neuansiedlung. Dies ist, ganz allgemein verstanden, die anachoretisch-monastische Tradition in der Geschichte der Christenheit wie auch im Buddhismus, dessen achtfacher Weg primär für Mönche, für eine Mönchsgemeinde bestimmt ist: die Tradition der kritischen Distanzierung und des Rückzugs von der Welt. Dazu gehören sowohl die einzelnen asketischen »Einsiedler« (Eremiten: die klassische Gestalt des ägyptischen Wüstenvaters Antonios im 3. Jahrhundert; heute noch in Griechenland auf dem Berg Athos). Dazu gehören die später kirchlich begünstigten organisierten Mönchsgemeinschaften, die ein »gemeinsames Leben« (deshalb »Koinobitentum«) führen (Begründer Pachomios im 4. Jahrhundert). Doch lebt diese Tradition des »retreatism« heute bisweilen auch in recht säkularen Formen weiter. Immer wieder neu beruft man sich dabei auf *Jesus* – zu Recht?

Jedenfalls nicht einfach zu Unrecht. Jesus war alles andere als eine gutbürgerliche Erscheinung. Sein Weg war nicht das, was man gemeinhin »Karriere« nennt. Seine Lebensführung hatte hippieartige Züge. Ob der Wüstenaufenthalt der Versuchungsgeschichte historisch ist, wissen wir nicht. Aber wir wissen: sein Lebensstil war reichlich ungewöhnlich. »Sozial angepasst« war er zweifellos nicht. Obwohl Sohn eines Zimmermanns und anscheinend selber Zimmermann, übt er keinen Beruf aus. Vielmehr führt er ein unstetes Wanderleben, predigt und wirkt auf öffentlichen Plätzen, isst, trinkt, betet und schläft des Öfteren im Freien. Ein Mann, der ausgezogen ist aus seiner Heimat, der sich gelöst hat auch von seiner Familie. Wundert es noch, dass seine nächsten Angehörigen nicht zu seinen Anhängern gehören? Nach alter markinischer Überlieferung, die von Mattäus und Lukas mit Stillschweigen übergangen wird, versuchten sie sogar, ihn zurückzuholen: er sei von Sinnen, verrückt. Was einige psychiatrisch Interessierte angeregt hat, für Jesu Geistesgestörtheit zu plädieren, ohne allerdings damit seine ungeheure Wirkung zu erklären. Aber wenn die Evangelien auch keine Einsicht in Jesu Psyche freigeben – ihr Interesse liegt anderswo –, so zeigen sie doch ein äußeres Verhalten, das nach damaligen Verhaltensmustern nicht gerade als »normal« bezeichnet werden kann. Für seinen Lebensunterhalt tut Jesus nichts; von seiner Berufsausübung wird nichts berichtet. Nach den evangelischen Berichten wird er von Freunden unterstützt, und ein Kreis von Frauen sorgt für ihn. Offensichtlich hat er sich um keine Familie zu kümmern. Er war, wenn wir nicht etwas in die Evangelien hineindichten, wie der Täufer vor ihm und Paulus nach ihm, unverheiratet. Die Ehelosigkeit eines erwachsenen Juden war in diesem Volk, für das Ehe Pflicht und Gebot Gottes war, ungewohnt, provozierend, wenn auch, wie gleich noch zu sehen sein wird, nicht unbekannt. Falls das nur bei Mattäus überlieferte Wort vom Eunuchen um des Himmelreiches willen überhaupt echt ist, müsste es auch als Eigenrechtfertigung verstanden werden. Ein Argument für das Zölibatsgesetz stellt Jesu Ehelosigkeit selbstverständlich nicht dar. Wird doch für seine Jünger kein Gebot ausgesprochen, sondern im Gegenteil selbst an jener einen und einzigen Mattäus-Stelle zugleich die Freiwilligkeit des Verzichtens betont: wer es fassen kann, der fasse es. Doch dürfte nicht zuletzt die Ehelosigkeit Jesu mit allem Übrigen zusammen erhellen, dass man nur gegen die Texte aus Jesus einen zivilisierten pastörlichen Morallehrer machen kann, wie das liberale Exegeten im 19. Jahrhundert versucht haben. Auch in dieser Beziehung war Jesus anders. Hatte er nicht doch etwas Weltflüchtiges, Schwärmerisches, beinahe Närrisches an sich? Haben sich nicht vielleicht so manche Jesus-Käuze, Jesus-Narren in all den Jahrhunderten, haben sich nicht gerade die Mönche, die Asketen, die Ordensleute mit besonderem Recht auf ihn berufen?

Und doch muss gesagt werden: Jesus war *kein asketischer Mönch*, der in geistiger und wenn möglich auch lokaler Emigration in Abwendung von der Welt nach Vollkommenheit gestrebt hätte. Und auch dies ist keine anachronistische Feststellung.

Das Mönchtum

Es gab zur Zeit Jesu – wie man lange Zeit wenig zur Kenntnis genommen hatte – so etwas wie ein jüdisches Mönchtum. Zwar wusste man schon vom jüdischen Geschichtsschreiber Josephus Flavius wie vom berühmten Zeitgenossen Jesu in Alexandrien, dem jüdischen Philosophen Philon, dass es neben den Sadduzäern, Pharisäern und Zeloten noch eine weitere Gruppierung gab: die »Essener« (oder »Essäer«), herkommend wohl von jenen »Frommen« (aramäisch »chasajja«, hebräisch »chasidim«), welche in der Makkabäerzeit ursprünglich hinter der makkabäischen Aufstandspartei standen. Sie lösten sich aber von dieser wie von den weniger apokalyptisch und rigoristisch eingestellten Pharisäern los, als die Makkabäer immer mehr politisches Machtstreben entwickelten und Jonathan, der nicht zadoqidischer Herkunft war und sich als Kriegsführer ständig rituell verunreinigen musste, 153 das Hohepriesteramt übernahm. Nach Philon und Josephus lebten diese Essener, etwa 4000 an der Zahl, abgesondert in den Dörfern, einige auch in Städten, zu festen Gemeinschaften zusammengeschlossen, einige lebten nach Plinius dem Älteren am Westufer des Toten Meeres.

Hochaktuell jedoch für die Jesus-Forschung wurden die Essener erst, als 1947 ein arabischer Ziegenhirte am steilen Ostabfall der Wüste Juda zum Toten Meer hin bei der Ruine (Chirbet) *Qumran* auf eine Höhle mit Tonkrügen stieß, in denen mehrere Schriftrollen versteckt waren. Hunderte von Höhlen wurden daraufhin untersucht und in elf Höhlen zahlreiche Texte und Textfragmente entdeckt. Darunter biblische Texte, wie besonders die zwei Rollen des Jesaja-Buches, tausend Jahre älter als die bis dahin bekannten Handschriften (heute mit anderen Qumranschriften ausgestellt im »Handschriften-Tempel« der Hebräischen Universität in Jerusalem). Dann Bibelkommentare (besonders zum Buch Habakuk) und schließlich die für unsere Frage entscheidenden nichtbiblischen Texte, darunter die Gemeinderegel oder Sektenregel von Qumran (1QS) mit der kürzeren Gemeinschaftsregel (1QSa). Dies alles bildet den Rest der Bibliothek einer weitläufigen klösterlichen Siedlung. So jedenfalls die Hypothese von Roland de Vaux, des Leiters des ersten Ausgrabungsteams (ab 1952), die aber nach den kritischen Einwänden des Amerikaners Norman Golb (1996) zu modifizieren ist: Es braucht sich bei der Gemeinschaft von Qumran nicht notwendig um eine präzise abgegrenzte Sondersiedlung (»Sekte«) gehandelt zu haben, vielleicht eher um eine Gemeinschaft, die sich selber als »Jachan« (»Einung, Gemeinde«) bezeichnete, und deren Bibliothek vielleicht in Jerusalem oder anderswo beheimatet war und nach Qumran in Sicherheit gebracht wurde. Ein Konsens darüber steht noch aus.

Es gab jedenfalls zur Zeit Jesu als Untergruppe oder Sondergruppe der Essener (»Qumran-Essener«) eine jüdische Mönchsgemeinschaft, die bereits alle Elemente jenes christlichen Koinobitentums enthält, wie es vom Ägypter Pachomios begründet, von Basileios dem Großen theologisch untermauert, von Johannes Cassianus dem lateinischen Westen vermittelt und durch Benedikt von Nursia und die Benediktinerregel für das gesamte abendländische Mönchtum vorbildlich wurde: »1. Gemeinsamkeit des Lebensraumes in Wohnung, Arbeits- und Gebetsstätte; 2. Gleichförmigkeit in Kleidung, Nahrung und asketischer Haltung; 3. Sicherung dieser Gemeinschaft durch eine schriftlich fixierte Regel auf der Grundlage des Gehorsams« (K. Baus).

Umso dringender wird die Frage: War *Jesus* etwa Essener oder Qumranmönch? Bestehen Beziehungen zwischen der Qumran-Gemeinschaft und dem werdenden Christentum? Die beiden Fragen sind zu unterscheiden. Die erste wird heute, nachdem in der frühen Entdeckerfreude einzelne Forscher überall Parallelen sehen wollten, von allen seriösen Gelehrten verneint.

Die zweite Frage dürfte vorsichtig zu bejahen sein, wenn auch weniger an direkte als an indirekte Beeinflussung zu denken ist. Insbesondere mag der Täufer Johannes, welcher nach der Überlieferung in der Wüste aufwuchs und unter Umständen in der räumlichen Nähe von Qumran gewirkt hat, vielleicht früher eine Verbindung zur Qumran-Gemeinschaft gehabt haben. Jedenfalls stehen sowohl der »Lehrer der Gerechtigkeit«, der Begründer der Qumrangemeinde, wie der Täufer und Jesus in Opposition zum offiziellen Judentum, zum Jerusalemer Establishment. Für sie alle geht die Scheidung mitten durch Israel. Sie alle erwarten das baldige Ende: diese letzte Generation ist böse, das Gericht bricht herein, eine Entscheidung drängt sich auf, ernste sittliche Forderungen sind unumgänglich.

Aber diese Gemeinsamkeiten dürfen die Unterschiede nicht übersehen lassen. Der Täufer Johannes stiftet nicht eine um das Gesetz gescharte und von anderen Menschen abgesonderte Gemeinschaft, sondern will durch seinen Bußruf das ganze Volk auf das Kommende ausrichten. Für Jesus aber lässt sich darüber hinaus, abgesehen von einigen gemeinsamen Begriffen, Wendungen, Vorstellungen und äußeren Ähnlichkeiten, unter Zeitgenossen nichts Erstaunliches, kaum etwas aufweisen, was auf eine direkte Verbindung Jesu mit den Essenern im Allgemeinen und mit Qumran im Besonderen hinwiese. Weder die Qumrangemeinde noch die Essenerbewegung werden in den neutestamentlichen Schriften auch nur erwähnt, wie sich auch umgekehrt in den Qumranschriften keine Erwähnung des Namens Jesu findet.

Kein Ordensmann

Aber diese Antwort ist zu allgemein. Im Blick auf die spätere Entwicklung des Christentums gewinnt die Frage eine hohe Wichtigkeit. Wo liegen die konkreten Unterschiede zwischen Jesus und den essenischen Ordensleuten? Warum hat Jesus selber keine Ordensgemeinschaft und kein Kloster gegründet? Die Frage darf auch von dem nicht unterdrückt werden, der wie der Verfasser Klöster aus verschiedenen Gründen sympathisch findet, manche Ordensgemeinschaften hochschätzt und die großen Leistungen des Mönchtums für die christliche Mission, Verkündigung und Theologie, für die abendländische Kolonisation, Zivilisation und Kultur, für das Schulwesen, die Krankenpflege und Seelsorge anerkennt. Wenn man sich auch hier um unvoreingenommene Analyse bemüht, wird man sagen müssen: Zwischen Jesus und den Mönchen liegt – trotz Gemeinsamem – eine Welt. Jesu Jüngergemeinschaft trug keine eremitischen oder klösterlichen Züge:

1. *Keine Absonderung von der Welt*: Die *Essener* sonderten sich ab von den übrigen Menschen, um sich von aller Unreinheit fernzuhalten. Sie wollten die reine Gemeinde Israels sein. Emigration nach innen! Erst recht gilt dies für die *Qumranleute*. Nach einem harten Streit mit dem amtierenden Hohepriester (wohl der genannte Jonathan, jetzt nur noch »Frevelpriester« genannt) war eine Schar von Priestern, Leviten und Laien aus Protest in die innere oder vielleicht auch die äußere Emigration gezogen! Fern von der verdorbenen Welt wollten sie unter der Leitung eines – uns nicht mehr bekannten – »Lehrers der Gerechtigkeit« wahrhaft fromm sein:

unbefleckt von allem Unreinen, abgesondert von den Sündern, bis ins Kleinste sich an Gottes Gebot haltend, um so in der Wüste den Weg des Herrn zu bereiten. Nicht nur die Priester, die ganze Gemeinde hielt die priesterlichen Reinigungsvorschriften und gewann durch tägliche Waschungen – nicht nur Händewaschen, sondern Vollbäder – die Reinheit immer wieder neu: eine wahre Gemeinde der Heiligen und der Auserwählten auf dem Weg der Vollkommenheit: »Leute vollkommenen Wandels«. Ein Volk von Priestern, das ständig wie im Tempel lebt.

Jesus aber fordert weder äußere noch innere Emigration! Keine Abkehr vom Weltgetriebe, keine weltflüchtige Haltung. Kein Heil durch Abbau des Ichs und seiner Bindung an die Welt. Fernöstliche Versenkungslehren sind Jesus fremd. Er lebt nicht in einem Kloster und auch nicht in der Wüste; diese wird übrigens an einer Stelle ausdrücklich als Ort der Offenbarung abgelehnt. Er wirkt in aller Öffentlichkeit, in den Dörfern und Städten, mitten unter den Menschen. Selbst mit gesellschaftlich Anrüchigen, mit den gesetzlich »Unreinen« und von Qumran Abgeschriebenen hält er Kontakt und fürchtet deshalb keine Skandale. Wichtiger als alle Reinheitsvorschriften ist ihm die Reinheit des Herzens. Den bösen Mächten entweicht er nicht, er nimmt den Kampf an Ort und Stelle auf. Von seinen Gegnern setzt er sich nicht ab. Er sucht das Gespräch.

2. *Keine Zweiteilung der Wirklichkeit*: Über die Theologie der *Essener* berichten Philon und Josephus kurz und zum Teil in hellenisierender Weise (Unsterblichkeit der Seele). Über die Theologie der *Qumranleute* aber wissen wir verhältnismäßig Genaues. Sie ist bei aller Bändigung durch den monotheistischen Schöpferglauben dualistisch. Wahrheit und Licht leiten die Gemeinde. Außerhalb aber, unter den Heiden und den nicht ungeteilt gesetzestreuen Israeliten, herrscht die Finster-

nis. Außerhalb Qumran kein Heil! Die Söhne des Lichtes, der Wahrheit und der Gerechtigkeit kämpfen gegen die Söhne der Finsternis, der Lüge und des Frevels. Die Söhne des Lichtes sollen einander lieben, die Söhne der Finsternis sollen sie hassen. Gott hat von Anfang an die Menschen zur einen oder zur anderen Bestimmung erwählt und ihnen zwei Geister zugeteilt, so dass die ganze Geschichte ein unaufhörlicher Kampf ist: zwischen dem Geist der Wahrheit oder des Lichtes und dem Geist des Frevels oder der Finsternis, welcher auch die Söhne des Lichtes verwirren kann. Erst am Ende der Tage macht Gott dem Streit ein Ende. Diese Gegenüberstellung zweier Geister ist nicht alttestamentlich, sondern dürfte eher vom persischen Dualismus beeinflusst sein, für den es zwei ewige Prinzipien, ein gutes und ein böses, gibt.

Jesus aber kennt keinen solchen Dualismus: auch nicht nach dem Johannesevangelium, wo die Antithese zwischen Licht und Finsternis eine große Rolle spielt. Keine Einteilung der Menschheit in Gute und Böse von vornherein und von Anfang an: *jeder* hat umzukehren, jeder *kann* aber auch umkehren. Jesu Bußpredigt geht nicht wie die Qumrans und auch des Täufers vom Zorne Gottes, sondern von seiner Gnade aus. Jesus predigt kein Gericht der Rache über Sünder und Gottlose. Gottes Barmherzigkeit kennt keine Grenzen. Allen wird Vergebung angeboten. Und gerade deshalb soll man auch die Feinde nicht hassen, sondern lieben.

3. *Kein Gesetzeseifer*: Die *Essener* übten strengsten Gesetzesgehorsam. Deswegen hatten sie sich ja auch von den für sie allzu laxen Pharisäern getrennt. Besonders zeigte sich ihr Gesetzeseifer in der strikten Beobachtung des Sabbatgebotes: Die Speisen wurden schon vorher zubereitet. Nicht die geringste Arbeit, ja nicht einmal das Verrichten der Notdurft war gestattet. Bei den *Mitgliedern der Qumran-Gemeinschaft* findet sich eine ähnlich strenge Gesetzesobservanz. Bekeh-

rung, Umkehr meint Rückkehr zum Gesetz des Mose. Dies ist der Heilsweg: das Gesetz zu halten. Und das heißt das ganze Gesetz mit allen seinen Bestimmungen, ohne Kompromisse und Erleichterungen. Am Sabbat ist nichts zu tragen, auch kein Medikament, ist keinem Vieh Geburtshilfe zu leisten und auch keines, das in die Grube gefallen, herauszuholen. Aus Gesetzestreue hatten die Qumranleute gegen die Jerusalemer Priesterschaft sogar am alten Sonnenkalender festgehalten und den neu eingeführten (seleukidischen?) Mondkalender abgelehnt, was sie in Widerspruch zur Festordnung des Jerusalemer Tempels brachte. Die Sakralsprache, das reine Hebräisch als Sprache des Gesetzes, wird bei ihnen gepflegt. Durch Gebet und kompromisslose Gesetzestreue wollten sie, die nicht im Tempel opfern konnten, sühnen für die Verfehlungen des Volkes.

Jesus aber ist solcher Gesetzeseifer völlig fern. Im Gegenteil: durch alle Evangelien hindurch zeigt er gegenüber dem Gesetz eine erstaunliche Freiheit, wie wir noch sehen werden. Für die essenischen Ordensleute war er – gerade in Bezug auf den Sabbat – eindeutig ein strafwürdiger Gesetzesbrecher. In Qumran wäre er exkommuniziert, ausgewiesen worden.

4. *Kein Asketismus*: Die *Essener* übten Askese aufgrund ihres Reinheitsstrebens. Um sich nicht durch den Umgang mit einer Frau zu verunreinigen, verzichtete die Elite auf die Ehe. Allerdings gab es auch verheiratete Essener. Die Ehe war ihnen – nach dreijähriger Prüfung – gestattet: mit dem einzigen Ehezweck der Fortpflanzung, ohne ehelichen Verkehr während der Schwangerschaft. Ihr persönliches Eigentum überließen die Essener der Gemeinde, in der eine Art Kommunismus herrschte. Gegessen wurde nur, was zur Sättigung notwendig war. Auch in der *Qumran-Gemeinschaft* herrschten strenge Sitten. Nur so konnte der Kampf gegen

die Söhne der Finsternis geführt werden. Auch hier wurde das persönliche Eigentum beim Eintritt auf die Kommunität übertragen und von einem Aufseher verwaltet. Die Mönche der Gemeinderegel (1QS), also zumindest die in Gemeinschaft lebenden Mitglieder, mussten zölibatär sein. Nur die kürzere Gemeinschaftsregel (1QSa) – ist sie eine frühere oder spätere Phase in der Geschichte von Qumran? – kennt auch verheiratete Mitglieder. Auch der Asketismus von Qumran war kultisch bestimmt. Ein Drittel der Nächte sollten die Vollmitglieder wachen, um im Buch der Bücher zu lesen, nach Recht zu forschen und gemeinsam Gott zu loben.

Jesus aber war kein Asket. Er forderte nie Opfer um der Opfer willen, Entsagung um der Entsagung willen. Keine zusätzlichen ethischen Forderungen und asketischen Sonderleistungen, wenn möglich noch im Hinblick auf eine größere Seligkeit. Seine Jünger, die nicht fasten, verteidigt er. Saure Frömmigkeit ist ihm zuwider; jedes fromme Theater lehnte er ab. Jesus war keine »Opferseele« und forderte kein Martyrium. Er nahm am Leben der Menschen teil, aß und trank und ließ sich zu Gastmählern einladen. In diesem Sinn war er gerade kein Außenseiter. Verglichen mit dem Täufer musste er den (zweifellos historischen, aber ungerechten) Vorwurf hören, er sei ein Fresser und Säufer. Die Ehe war für ihn nichts Verunreinigendes, sondern der Wille des Schöpfers, der zu respektieren ist. Er legte niemandem ein Zölibatsgesetz auf. Eheverzicht war freiwillig: individuelle Ausnahme, nicht Regel für die Jüngerschaft. Und auch der Verzicht auf materiellen Besitz war nicht notwendig zur Nachfolge. Gegenüber der eher düsteren Lehre von Qumran und dem strengen Bußruf des Johannes erschien Jesu Botschaft als eine in vielfacher Hinsicht frohe und befreiende Botschaft.

5. *Keine hierarchische Ordnung*: Die *Essener* hatten eine strenge Ordnung nach vier Ständen oder Klassen, die scharf

untereinander geschieden waren: Priester – Leviten – Laienmitglieder – Kandidaten. Jedes später eingetretene Mitglied war dem früher eingetretenen auch in Kleinigkeiten nachgeordnet. Die Weisungen der Vorsteher, die die Gemeinschaft leiteten, hatte ein jeder zu befolgen. Auch die *Qumran-Gemeinschaft* war straff organisiert nach denselben vier Klassen. Sowohl bei Beratungen, wo bei allen Gruppen ein Priester dabei sein musste, wie beim Essen waren die Rangstufen zu beachten. Sogar beim Mahl mit dem Messias erscheint die Vorzugsstellung der Priesterschaft. Der Gehorsam der Geringeren gegenüber den Höheren wurde eingeschärft und mit harten Strafen sanktioniert. Zum Beispiel Entzug eines Viertels der Essensration: ein Jahr für falsche Angabe des Besitzes, ein halbes Jahr für unnötiges Nacktgehen, drei Monate für ein törichtes Wort, dreißig Tage für Schlaf während der Vollversammlung oder für ein dummes lautes Lachen, zehn Tage für ein Ins-Wort-Fallen. Hart war insbesondere der Ausschluss aus der Gemeinde: der Exkommunizierte musste seinen Unterhalt, anscheinend ähnlich wie Johannes, in der Steppe suchen.

Jesus aber kam ohne jeglichen Strafkatalog aus. Er beruft Jünger nicht in seine Nachfolge, um eine Institution zu begründen. Gehorsam fordert er gegenüber dem Willen Gottes, und insofern bestand Gehorsam im Freiwerden von allen anderen Bindungen. Das Streben nach den besseren Plätzen und Ehrenstellen verurteilt er verschiedentlich. Die übliche hierarchische Ordnung wird von ihm geradezu auf den Kopf gestellt: die Niedrigen sollten die Höchsten und die Höchsten die Diener aller sein. Unterordnung hat gegenseitig zu geschehen, im gemeinsamen Dienst.

6. *Keine Ordensregel*: Der Tageslauf der *Essener* war streng geregelt: zuerst Gebet, dann Feldarbeit, in der Mittagszeit Waschungen und gemeinsames Mahl, nachher wieder

Arbeit, am Abend wieder gemeinsames Mahl. Beim Zusammensein herrschte Silentium. Bevor ein Mitglied aufgenommen wurde, hatte es zwei oder drei Jahre Noviziat (Probezeit) zu bestehen. Bei der Aufnahme wurde es feierlich auf die Satzungen verpflichtet. Es legte eine Art Gelübde ab in Form eines Eides, der im Versprechen der Treue insbesondere gegenüber den Vorgesetzten gipfelte. Alle Mitglieder, nicht nur die Priester, mussten, insbesondere beim gemeinsamen Mahl, das weiße Gewand tragen: die Priestertracht, das Kleid der Reinen. Auch in der *Qumran-Gemeinschaft* verlief das ganze Leben nach einer ähnlich strengen Regel: Gebet, Essen und Beratung sollten gemeinsam sein. Die zeremoniell geregelten Mahlzeiten hatten ebenso wie die Reinigungsbäder religiöse Bedeutung. Man führte ein intensives liturgisches Leben. Opfer wurden zwar, nachdem man sich vom Tempel und seinem Kalender getrennt hatte, nicht dargebracht. Doch gab es regelmäßige Gebetsgottesdienste mit eigenen Psalmen – Ansätze für eine Art kirchliches Stundengebet.

Bei *Jesus* nichts von all dem: kein Noviziat, kein Eintrittseid, kein Gelübde! Keine regelmäßigen Frömmigkeitsübungen, keine gottesdienstlichen Anweisungen, keine langen Gebete! Keine rituellen Mahle und Bäder, keine unterscheidenden Kleider! Vielmehr eine im Vergleich mit Qumran sträfliche Ungeregeltheit, Selbstverständlichkeit, Spontaneität, Freiheit! Jesus verfasste keine Regel und keine Satzungen. Statt Regeln für eine oft geistlich verbrämte Herrschaft von Menschen über Menschen gibt er Gleichnisse von der Herrschaft Gottes. Wenn er ein ständiges unermüdliches Beten fordert, so meint er damit nicht den in manchen mönchischen Gemeinschaften üblichen unaufhörlichen Gebetsgottesdienst (»ewige Anbetung«). Er meint die ständige Gebetshaltung des Menschen, der allzeit alles von Gott erwartet: Seine Anliegen darf und soll der Mensch unermüdlich Gott vortragen. Aber er soll nicht viele Worte machen, als ob Gott nicht schon wüsste, worum es geht. Gebet soll weder eine fromme Demonstration vor anderen noch eine mühselige Leistung vor Gott werden.

Statt für die Elite für alle

Es dürfte deutlich geworden sein: wiederum ist Jesus anders. Er, der kein Mann des Establishments und keiner der politischen Revolution war, wollte auch kein Vertreter der Emigration, kein asketischer Mönch sein. Er entsprach offensichtlich nicht der Rollenerwartung, die manche mit einem Heiligen oder heiligmäßigen Mann oder gar einem Propheten verbinden. Dafür war er nun doch in seiner Kleidung, seinen Essgewohnheiten, seinem allgemeinen Verhalten – zu normal. Er ragte heraus, aber nicht durch einen esoterisch-frommen Lebensstil. Er ragte heraus durch seine Botschaft. Und diese besagte gerade das Gegenteil jener exklusiven, elitären Ideologie der »Söhne des Lichtes«: Nicht die Menschen können die Scheidung vollziehen. Nur Gott, der in die Herzen sieht, kann es. Jesus verkündet nicht ein Rachegericht über die Kinder der Welt und der Finsternis, nicht ein Reich für eine Elite von Vollkommenen. Er verkündet das *Reich der grenzenlosen Güte und bedingungslosen Gnade gerade für die Verlorenen und Elenden.* Gegenüber der recht finsteren Lehre von Qumran und dem strengen Bußruf des Täufers erscheint Jesu Botschaft als eine ungemein erfreuliche Kunde. Ob Jesus selber schon das Wort »Evangelium« gebraucht hat oder nicht, ist schwer festzustellen. Was er zu sagen hatte, war jedenfalls nicht eine Drohbotschaft, sondern, im umfassendsten Sinn des Wortes, eine »Frohbotschaft«. Vor allem für die, die nicht Elite sind und es wissen.

Imitatio Christi? Die Schlussfolgerung scheint unvermeidbar: Die spätere anachoretisch-monastische Tradition könnte sich in ihrer Loslösung von der Welt und in der

Form und Organisation ihres Lebens auf die Gemeinschaft von Qumran berufen. Auf Jesus kaum. Er hat keine äußere oder innere Emigration gefordert. Die sogenannten »Evangelischen Räte« als Lebensform – Eigentumsabgabe an die Gemeinschaft (»Armut«), Zölibat (»Keuschheit«), unbedingte Unterordnung unter den Willen eines Oberen (»Gehorsam«), alles abgesichert durch Gelübde (Eide) – gab es für Qumran, nicht in Jesu Jüngerschaft. Und für jede christliche Ordensgemeinschaft wird es mehr als früher, als diese Zusammenhänge und Unterschiede noch nicht so bekannt waren, eine Frage sein müssen, ob sie sich mehr auf Qumran oder auf Jesus berufen kann. Für Gemeinschaften und Basisgruppen aller Art zum besonderen Einsatz im Geiste nicht Qumrans, sondern Jesu ist gewiss auch heute Platz in der Christenheit.

Die ernsten und frommen Asketen von Qumran müssen von Jesus, zumindest von seiner Kreuzigung, gehört haben. Sie, die für die Endzeit nach dem ankündenden Propheten sogar zwei Messiasse erwarteten – einen priesterlichen und einen königlichen, den geistlichen und den weltlichen Leiter der Heilsgemeinde –, sie, die in ihrer Regel schon die Sitzordnung für das messianische Mahl festgelegt hatten, bereiteten vielleicht Jesus den Weg, gingen aber anscheinend an ihm vorüber.

Als der große Krieg ausbrach, da fanden sich der politische Radikalismus der Zeloten und der apolitische Radikalismus der Anachoreten; entgegengesetzte Radikalismen stehen unter dem Wort »Les extrèmes se touchent«. Schon immer freilich hatten sie sich in der Einsamkeit auf den Endkampf vorbereitet; die ebenfalls aufgefundene »Kriegsrolle« (1QM) gab für den heiligen Krieg genaue Anweisungen. So nahmen auch die Mönche am Kampf der Revolutionäre teil, der für sie der endzeitliche war. Die zehnte römische Legion unter dem späteren Kaiser Vespasian rückte im Jahre 68 auf ihrem

Marsch von Cäsarea bis zum Toten Meer und nach Qumran vor. Damals müssen die Qumran-Leute ihre Handschriften verpackt und in den Höhlen versteckt haben. Sie haben sie nie mehr zurückgeholt. Sie müssen damals den Tod gefunden haben. Ein Posten der zehnten Legion wurde für einige Zeit in Qumran stationiert. Im Bar Kochba-Aufstand, als sich nochmals jüdische Partisanen in den übriggebliebenen Anlagen festsetzten, wurde Qumran endgültig zerstört.

Und was bleibt übrig? Wer sich nicht bedingungslos dem Establishment verschreiben will und andererseits weder den politischen Radikalismus einer gewalttätigen Revolution noch den apolitischen Radikalismus der frommen Emigration übernehmen will, scheint nur noch eine Wahl zu haben: den Kompromiss.

4. Kompromiss?

Die sozialpolitischen Revolutionäre wie die mönchischen Emigranten machen mit der Gottesherrschaft konsequent ernst. In diesem bis an die »radix«, die Wurzel gehenden rücksichtslosen Willen zur Konsequenz, zur Ganzheit und Ungeteiltheit besteht ihr Radikalismus. Also eine saubere, eindeutige Lösung, politisch oder apolitisch, eine klare Endlösung: Weltrevolution oder Weltflucht. Gegenüber solch eindeutiger Lösung scheint es in der Tat nur die Zweideutigkeit, Doppelspurigkeit, Doppelbödigkeit, Halbheit zu geben: ein taktisches Lavieren zwischen den Etablierten und den Radikalismen. Das darauf verzichtet, der Wahrheit unbedingt treu zu bleiben, das Leben nach *einem* Maßstab zu gestalten, wirklich Vollkommenheit zu erreichen.

Die Frommen

Der Weg also der glücklichen Inkonsequenz, der legalen Harmonisierung, des diplomatischen Ausgleichs, des moralischen Kompromisses. Compromittere = zusammen versprechen, übereinkommen: Muss der Mensch nicht notgedrungen einen Ausgleich versuchen zwischen dem unbedingten göttlichen Gebot und seiner konkreten Situation? Gibt es nicht einen Zwang der Verhältnisse? Ist Politik – im Großen wie im Kleinen – nicht die Kunst des Möglichen? Du sollst, gewiss – aber im Rahmen des Möglichen. Ist nicht das der Weg Jesu?

Der Weg des moralischen Kompromisses: das ist der Weg des *Pharisäismus*. Man hat ihn schlechter gemacht, als er war. Schon in den Evangelien, wo die Pharisäer aus späterer polemischer Sicht öfters undifferenziert als Vertreter der Hypokrisie, als »Heuchler« hingestellt werden. Das hatte seine Gründe. Als einzige Partei hatten die Pharisäer nämlich die große Revolution gegen die Römer überlebt, die das Establishment ebenso wie die Radikalen politischer und apolitischer Richtung weggefegt hat. Auf dem Pharisäismus gründet das nun folgende talmudische, das mittelalterliche und auch das heutige orthodoxe Judentum. Der Pharisäismus war somit als der einzige jüdische Gegner der jungen Christenheit übriggeblieben. Und dies schlug sich in den nach 70 geschriebenen Evangelien nieder. Gelobt hingegen über die Maßen wurden die Pharisäer von Josephus Flavius – selber bis in den Namen hinein ein lebender Kompromiss –, der in kaiserlichen Diensten mit seinem späteren projüdischen Werk über die »jüdischen Altertümer« sein prorömisches Werk über den »jüdischen Krieg« kompensieren wollte.

Die Pharisäer dürfen also nicht einfach mit den Schriftgelehrten identifiziert werden. Auch das priesterliche Establishment hatte seine theologischen und juristischen, eben sadduzäischen Experten für alle Fragen der Gesetzesauslegung, hatte seine Hoftheologen. Die »Pharisäer« sind von ihrem Namen her gerade nicht »Heuchler«, sondern die »Abgesonderten« (aramäisch »perischajja« vom hebräischen »peruschim«). Sie nannten sich auch gerne die Frommen, Gerechten, Gottesfürchtigen, Armen. Der Name »die Abgesonderten« – wohl von Außenstehenden zuerst gebraucht – hätte auch gut auf die Essener und Qumranleute gepasst. Vermutlich stellen diese nur so etwas wie den radikalen Flügel der pharisäischen Bewegung dar. Von der Machtpolitik und Weltlichkeit der nun etablierten makkabäischen Freiheitskämpfer, vom Haus der Makkabäer, dessen späte Nachfahrin, Mariamne, den Begründer des neuen herodianischen Herrscherhauses heiraten sollte, hatten sich, wie wir hörten, alle »Frommen« schon früh abgewendet. Sie wollten ihr Leben nach der Tora, nach dem Gesetz Gottes gestalten. Nur wollten die einen den Radikalismus der anderen nicht mitmachen. So spalteten sich die Frommen in Essener und Pharisäer. Nach einer blutigen Auseinandersetzung mit dem Makkabäer Alexander Jannäus (103–76), der sich als Erster wieder den Königstitel zugelegt hatte, verzichteten die Pharisäer auf alle gewaltsame Änderung der Verhältnisse. Durch Gebet und frommes Leben wollten sie sich auf die Wende vorbereiten, die Gott selber herbeiführen wird. Eine Laienbewegung von etwa 6000 Mitgliedern, aber sehr einflussreich unter einer Gesamtbevölkerung von vielleicht einer halben Million, so lebten sie mitten unter den anderen, wenn auch in festen Gemeinschaften. Meist Handwerker und Kaufleute, bildeten sie unter der Leitung von Schriftgelehrten »Genossenschaften«. Politisch waren die Pharisäer auch der Zeit Jesu gemäßigt, obgleich manche mit den Zeloten sympathisierten.

Man darf nicht vergessen: Der von Jesus als Exempel herangezogene Pharisäer heuchelte nicht. Er war ein ehrlicher, frommer Mann und sprach die reine Wahrheit. Er hatte alles getan, was er sagte. Die Pharisäer waren von vorbildlicher Moral und genossen entsprechendes Ansehen bei denen, die es damit nicht so weit brachten. Auf zwei Dinge kam es ihnen bei der Gesetzeserfüllung vor allem an: die Reinheitsvorschriften und die Zehntpflicht.

Die für die Priester bestimmten *Reinheitsvorschriften* verlangten sie auch im Alltag von allen Mitgliedern, die ja bis auf verhältnismäßig wenige Nicht-Priester waren. Auf diese Weise gaben sie sich als priesterliches Heilsvolk der Endzeit zu erkennen. Also nicht um der Hygiene und des Anstandes willen wuschen sie sich die Hände, sondern um der kultischen Reinheit willen. Bestimmte Tierarten, Blut, Berührung einer Leiche oder eines Kadavers, körperlicher Ausfluss und anderes ließen die kultische Reinheit verlieren. Durch ein Reinigungsbad oder gar eine Wartefrist musste sie wiedergewonnen werden. Für das Beten muss man reine Hände haben. Deshalb die große Bedeutung des Händewaschens vor jeder Mahlzeit. Deshalb das bewusste Reinhalten von Bechern und Schüsseln.

Das Gebot der *Verzehntung* – von allem, was man erntet und erwirbt, zehn Prozent zum Unterhalt des priesterlichen Stammes Levi und des Tempels abzugeben – war im Volk stark vernachlässigt. Umso ernster nahmen es die Pharisäer. Von allem irgendwie möglichen, selbst von Gemüse und Küchenkräutern, wurden zehn Prozent abgesondert und den Priestern und Leviten abgeliefert.

Dies alles betrachteten die Pharisäer als Gebote. Aber über alle Gebote hinaus taten sie viel Freiwilliges. »*Werke der Übergebühr*« (*opera supererogatoria*) hat dies eine spätere christliche Moral genannt, die damit pharisäische Vorstellungen wiederaufnahm: an sich nicht geforderte, sondern zusätzliche, überschüssig gute Werke, die für die große Abrechnung gegen die Verschuldungen des Menschen aufgerechnet werden konnten, damit sich die Waage der gött-

lichen Gerechtigkeit zum Guten hin neigt. Bußwerke, freiwilliges Fasten (zur Sühne der Sünden des Volkes zweimal
in der Woche, montags und donnerstags), Almosen (Mild-
tätigkeit zu Gottes Wohlgefallen), pünktliches Einhalten der
drei täglichen Gebetsstunden (wo man gerade stand) waren
für den Ausgleich der moralischen Bilanz besonders geeignet. Und in der Tat: Ist das alles so verschieden von dem, was
eine spätere Christenheit (in diesem Fall besonders katholischer Prägung) als »christlich« ausgegeben hat? Jesus – zwischen dem Establishment und den Radikalismen – konnte
doch wohl schlecht anders denn sich zu dieser Partei schla-
gen, der Partei der wahrhaft Frommen?

Moralischer Kompromiss

Aber merkwürdig genug, mit dieser frommen Moral scheint
Jesus seine Schwierigkeiten zu haben. Für sie ist der *Kompromiss* bezeichnend. An sich meint man es furchtbar ernst
mit Gottes Geboten. Man tut ja mehr als das Geforderte und
Gebotene. Man nimmt sie peinlich genau und baut deshalb
einen ganzen Zaun von weiteren Geboten um Gottes Gebote: zur Absicherung gegen die überall drohenden Sünden,
zur Anwendung auf die kleinsten Angelegenheiten des Alltags, zur Entscheidung bei allen Unsicherheiten, was Sünde
ist und was nicht. Man muss doch genau wissen, woran man
sich zu halten hat: wie weit man am Sabbat gehen darf, was
man herumtragen, was man arbeiten darf, ob man sich ver-
heiraten, ob man ein am Sabbat gelegtes Ei essen darf … In
eine einzige Rahmenvorschrift ließ sich ein ganzes Gewebe
von Detailvorschriften einsetzen. Man denke an das Waschen
der Hände: zu ganz bestimmter Zeit, bis zum Handgelenk,
bei korrekter Haltung der Hände, in zwei Güssen (der erste
beseitigt die Unreinheit der Hände, der zweite die unrein
gewordenen Tropfen des ersten Gusses).

So lernte man »Mücken seihen«: eine raffinierte Technik der Frömmigkeit. Und es häufte sich Gebot an Gebot, Vorschrift an Vorschrift: ein Moralsystem, welches das ganze Leben des Einzelnen wie der Gesellschaft einzufangen vermag. Ein Eifer für das *Gesetz*, dessen Rückseite die Angst vor der überall lauernden Sünde ist. In den heiligen Schriften ist das Gesetz im engen Sinn (= die fünf Bücher Moses = der Pentateuch = »Tora«), bei dem ethische und rituelle Gebote als gleichwertig angesehen werden, wichtiger als die Propheten. Und zum geschriebenen Gesetz Gottes, der »Tora«, tritt gleichberechtigt die mündliche Überlieferung, die »Halacha«, die »Überlieferung der Alten«, das Werk der Schriftgelehrten. Auf diese Weise ließ sich auch eine feste Lehre von der Auferstehung der Toten gegen die Sadduzäer entwickeln.

Wichtig wird bei allem das *Lehramt* der *Schriftgelehrten*, die sich um die komplizierte Anwendung der Einzelgebote kümmern und für jeden Fall sagen können, was der einfache Mensch zu tun hat. Für jeden Fall, für jeden Kasus: »Kasuistik« hat man diese Kunst später genannt, und große Bände christlicher Moraltheologen sind voll davon. Eine Aufteilung, eine Einschachtelung des ganzen Alltags vom Morgen bis zum Abend in gesetzliche Fälle.

Eine menschenfreundliche Kunst übrigens für viele der Pharisäer: Man möchte wirklich helfen. Man möchte das Gesetz *praktikabel* machen, durch geschickte Anpassung an die Gegenwart. Man möchte das Gewissen entlasten, ihm Sicherheit geben. Man möchte genau angeben, wie weit man gehen kann, ohne zu sündigen. Man möchte Auswege anbieten, wo es allzu schwierig wird. Einen Tunnel, nachdem man einen ganzen Berg von Geboten zwischen Gott und Mensch aufgeschüttet hat (nach einem Wort Johannes XXIII. an katholische Kirchenrechtler). So ist man streng und milde zugleich, sehr traditionell und doch sehr wirklichkeitsnahe.

Man insistiert auf dem Gesetz, liefert aber Entschuldigungen und Dispensen mit. Man nimmt das Gebot wörtlich, aber interpretiert das Wort elastisch. Man geht den Weg des Gesetzes, hat aber die Umwege eingeplant. So kann man das Gesetz halten, ohne zu sündigen. Am Sabbat darf man nicht arbeiten (39 am Sabbat verbotene Arbeiten hat die Schriftgelehrsamkeit zusammengetragen), aber ausnahmsweise, bei Lebensgefahr, darf man ihn entweihen. Am Sabbat darf man nichts außer Haus tragen, aber die Höfe mehrerer Häuser lassen sich als gemeinsamer Hausbezirk verstehen. Einen Ochsen, der am Sabbat in die Grube fiel, darf man – anders als in Qumran – herausholen.

Kann man da nicht verstehen, dass das Volk diese Gesetzesinterpretation, die das harte sadduzäische Recht der den Sabbat sehr eng interpretierenden Tempelpriester aufweichte, mit Dankbarkeit aufnahm? Die Pharisäer – nicht wie die sadduzäischen Hierarchen im fernen Tempel, sondern nahe dem Volk in Städten und Dörfern, nahe der Synagoge, dem Lehr- und Gebetshaus – sind so etwas wie die Führer der Volkspartei. Nicht als konservative Reaktion verstanden sie sich (die war im Tempel ansässig), sondern als moralische Erneuerungsbewegung.

Nur gegenüber denen, die das Gesetz nicht kannten oder nicht wollten, war man unerbittlich. Da war »*Absonderung*« unumgänglich. Notwendig war dies nicht nur gegenüber dem hellenisierenden Jerusalemer Establishment. Auch gegenüber dem »am-ha-arez«, den »Leuten vom Lande«, die des Gesetzes nicht kundig waren und es folglich auch nicht praktizierten beziehungsweise als hart arbeitende Menschen sich um kultische Reinheit wenig kümmern *konnten*. »Absonderung« vor allem gegenüber allen Gattungen öffentlicher Sünder, die das Gesetz nicht halten *wollten*: natürlich die Prostituierten, aber nicht weniger die Zollpächter. Denn die Besatzungsmacht übergab die Zollstationen dem Meistbietenden, der sich dann seinerseits trotz offizieller Tarife schadlos halten durfte. »Zöllner« – gleichbedeutend mit Betrüger und Halunke: Leute, mit denen man sich unmöglich an den gleichen Tisch setzen konnte. Alle diese Gottlosen halten das Kommen des Reiches Gottes und des Messias auf. Würde das ganze Volk in Reinheit und Heiligkeit treu und genau wie die Pharisäer das Gesetz halten, dann käme der Messias, würde die zerstreuten Stämme Israels sammeln und das Reich Gottes aufrichten. Das Gesetz ist doch Zeichen der Erwählung, ist Gnade!

Kein Gesetzesfrommer

Jesus schien den Pharisäern *nahe* und war ihnen doch unendlich *fern*. Auch er verschärfte das Gesetz, wie die Antithesen der Bergpredigt beweisen: schon Zorn bedeutet Mord, schon ehebrecherisches Begehren Ehebruch. Aber meinte er damit Kasuistik? Auf der anderen Seite war Jesus von erstaunlicher Laxheit: Es muss doch die gesamte Moral untergraben, wenn der verlorene und verlotterte Sohn beim Vater schließlich besser dasteht als der brav daheimgebliebene, ja, wenn der Zollgauner bei Gott besser abschneiden soll als der pharisäische Fromme, der doch wohl wirklich nicht ist wie die anderen Menschen, diese Betrüger und Ehebrecher. Solche Reden – die vom verlorenen Schaf und vom verlorenen Groschen inbegriffen – sind moralisch subversiv und destruktiv und eine Beleidigung für jeden anständigen Israeliten.

Mit den Pharisäern musste sich der Konflikt besonders zuspitzen, weil die Gemeinsamkeit besonders groß war. Wie die Pharisäer verhielt sich Jesus gegenüber dem Jerusalemer Priester-Establishment distanziert, lehnte er die zelotische Revolution ebenso ab wie die äußere oder innere Emigration. Wie die Pharisäer wollte er fromm sein inmitten der Welt, lebte, wirkte, diskutierte er mitten unter dem Volk, lehrte er in der Synagoge. Ist er nicht doch so etwas wie ein Rabbi, der im Übrigen sogar wiederholt im Haus eines Pharisäers zu Gast war und gerade von Pharisäern vor Nachstellungen des Herodes gewarnt wurde? Wie die Pharisäer hielt er sich grundsätzlich an das Gesetz, griff es jedenfalls nicht frontal an, indem er seine Abschaffung oder Aufhebung forderte. Nicht aufzulösen, sondern zu erfüllen war er gekommen. War er nicht vielleicht doch – und einzelne jüdische Gelehrte der Gegenwart suchen ihn so zu sehen – schlicht ein Pharisäer besonders liberaler Art, ein im Grund frommer, gesetzestreuer, wenn auch außerordentlich großzügiger Moralist? Gibt es nicht bei den Rabbinen Parallelen zu manchen seiner Sätze?

Doch Gegenfrage: warum kam es dann zu einer wachsenden Feindschaft auch der pharisäischen Kreise gegen Jesus?

Parallelen – im jüdischen und manchmal auch im hellenistischen Bereich – gibt es tatsächlich des Öfteren. Nur: eine Schwalbe macht noch keinen Frühling, und der vereinzelte Satz eines vereinzelten Rabbinen noch keine Geschichte. Besonders wenn dem einen Satz tausend Sätze anderer entgegenstehen, wie etwa in der Sabbatfrage. Für uns hier ist nur von zweitrangiger Wichtigkeit zu wissen, wer was wo zuerst gesagt hat. Von erstrangiger Wichtigkeit ist zu wissen, von welchen Voraussetzungen her, in welchem Gesamtzusammenhang, mit welcher Radikalität, mit welchen Konsequenzen für den Verkündigenden und die Hörenden etwas gesagt wurde. Es kann ja nicht von ungefähr kommen, warum gerade dieser eine Jude Geschichte gemacht und den Lauf der Welt und die Stellung des Judentums grundlegend verändert hat.

Und da muss nun doch – in Abgrenzung gegen das Judentum und ein rejudaisiertes Christentum – unmissverständlich gesagt werden: Jesus war *kein frommer, gesetzestreuer Mora-*

list. Es ist unbestreitbar: sosehr der geschichtliche Jesus im Ganzen durchaus gesetzestreu lebte, sowenig schreckte er dort, wo es ihm darauf ankam, vor gesetzwidrigem Verhalten zurück. Ja, er stellte sich, ohne das Gesetz aufzuheben, faktisch *über* das Gesetz. Auf drei, auch von kritischsten Exegeten anerkannte Tatbestände müssen wir unser Augenmerk heften.

– *Keine rituelle Tabuisierung:* Nichts, was von außen in den Menschen hineinkommt, kann ihn verunreinigen, sondern was aus dem Menschen herauskommt, das verunreinigt den Menschen. Wer so spricht, kritisiert nicht nur, wie etwa auch in Qumran, eine veräußerlichte Reinheitspraxis, der das Herz fehlt. Er verschärft nicht, wie wiederum in Qumran, die Reinheitsvorschriften. Hier war vielmehr ein im Judentum unerhörter Satz gesprochen worden, der von allen auf rituelle Korrektheit Bedachten als massiver Angriff verstanden werden musste. Selbst wenn er vielleicht nur in einer bestimmten Situation gesprochen und nicht programmatisch (mehr gegen die mündliche Reinheitshalacha als gegen die Reinheitsbestimmungen der Tora selber) gemeint war: er stellte doch alle Reinheitsvorschriften als bedeutungslos hin und setzte die alttestamentliche Unterscheidung von reinen und unreinen Tieren und Speisen außer Kurs. Jesus ist an kultischer Reinheit und ritueller Korrektheit nicht interessiert. Reinheit vor Gott schenkt allein die Reinheit des Herzens! Hier war letztlich jene Unterscheidung in Frage gestellt, die die Voraussetzung bildet für das alttestamentliche und überhaupt das antike Kultwesen: die Unterscheidung zwischen einem profanen und einem sakralen Bereich.

– *Kein Fastenasketismus:* Während der Täufer nicht aß und trank, isst und trinkt Jesus – der genannte Vorwurf des Fressens und Saufens hängt mit dem Fasten zusammen. Dass Jesus das obligatorische Fasten am Versöhnungstag und anderen Trauertagen nicht gehalten hätte, wird ihm nirgendwo vorgeworfen. Aber das freiwillige Privatfasten, wie mit den Pharisäern anscheinend auch von den Johannesjüngern eingehalten, hat er nicht geübt: die Hochzeitsleute können nicht fasten, solange der Bräutigam bei ihnen ist. Das Rätselwort meint: Jetzt ist Freudenzeit und nicht Fastenzeit; das Fasten wird zum Festen, weil das von der Endzeit erhoffte Fest schon beginnt. Mit solcher Lehre musste Jesus erneut starken Anstoß erregen. Offensichtlich hielt er nichts von dieser Art Buße, Entsagung, Selbststrafe, um Gottes Huld zu gewinnen und Verdienste zu erlangen. Ein offener Angriff also auf das überschüssige gute Werk, das opus supererogatorium, welches Jesus in der Parabel vom Pharisäer und Zöllner tatsächlich als nicht rechtfertigend hinstellt.

– *Keine Sabbatängstlichkeit:* Mehr noch als andere Gesetzesübertretungen ist diese bezeugt. Gleichsam als klassischer Fall: Jesus hat notorisch die Sabbatruhe verletzt. Nicht nur das Ährenraufen seiner Jünger am Sabbat hat er geduldet, sondern auch wiederholt am Sabbat geheilt. Und damit verletzte er das noch heute in der jüdischen Frömmigkeitspraxis fühlbarste und damals vom Tempel-Establishment ebenso wie von den Zeloten, den Essenern und Qumranmönchen entschieden verteidigte Gebot: das Unterscheidungsmerkmal Israels gegenüber der Heidenwelt! Und zwar tat er es nicht nur bei Lebensgefahr, sondern wo er leicht anders gekonnt hätte. Keine einzige seiner Heilungen hätte nicht ebenso am nächsten Tag erfolgen können. Auch hier interessieren Jesus nicht die einzelnen strengeren oder weicheren Interpretationen, das ganze Wenn und Aber der Kasuistik. Es werden nicht nur Ausnahmen von der Regel zugestanden, sondern die Regel selbst wird in Frage gestellt. Er spricht den Menschen eine grundsätzliche Freiheit gegenüber dem Sabbat zu mit dem zweifellos authentischen Wort: Der Sabbat ist um des Menschen willen da und nicht der Mensch um des Sabbats willen. Für jüdische Ohren musste eine solche Aussage in höchstem Maß skandalös klingen. Denn der Sabbat ist doch Gottesdienst par excellence: er ist nicht für den Menschen, sondern für Gott da, der ihn nach zeitgenössischer jüdischer Auffassung in seinem Himmel mit allen Engeln zusammen mit ritueller Genauigkeit einhält. Wenn dagegen schon mal ein Rabbi irgendwo gesagt hat, der Sabbat sei den Juden und nicht die Juden dem Sabbat übergeben, so ist dies nur eine der genannten einsamen Schwalben; solchem Satz kommt keine grundsätzliche Bedeutung zu; er hatte eine andere Tendenz und zeitigte kein sabbatkritisches Verhalten. Bei Jesus aber ist der Sabbat nicht mehr religiöser Selbstzweck, sondern der Mensch ist Zweck des Sabbats. Am Sabbat soll nicht nichts, sondern das Rechte getan werden: und wenn schon Tiere gerettet werden dürfen, dann erst recht Menschen. Damit ist es aber grundsätzlich dem Menschen anheimgestellt, wann er den Sabbat hält und wann nicht. Das hat Bedeutung für die Beobachtung auch der übrigen Gebote. Das Gesetz wird zweifellos nicht bekämpft, aber der Mensch faktisch zum Maß des Gesetzes gemacht. Dem orthodoxen Juden erscheinen hier die Dinge auf den Kopf gestellt.

So viel dürfte jedenfalls zum historischen Kern der Überlieferung gehören. Wie anstößig die ganze Einstellung Jesu zur traditionellen Frömmigkeit war, ersieht man daraus, auf welche Weise die Überlieferung mit den Sabbatworten Jesu umging. Man lässt aus: Mattäus und Lukas verschweigen den obigen revolutionären Satz. Man fügt zweitrangige Begründungen hinzu: Schriftworte und Verweise auf alttestamentliche Vorbilder, die doch nicht beweisen, was zu beweisen wäre. Man überhöht die Texte christologisch: Nicht einfach der Mensch, sondern der Menschensohn – so wird schon bei Markus hinzugefügt – ist der Herr des Sabbats.

Gegen Selbstgerechtigkeit

Wie viel von den übrigen Vorwürfen an die Adresse der Pharisäer auf Jesus selber zurückgeht, lässt sich schwer entscheiden. Vorgeworfen wird den Pharisäern, dass sie zwar zehn Prozent der Küchenkräuter ablieferten, aber Gottes große Forderungen nach Gerechtigkeit, Barmherzigkeit und Treue ignorieren: sie seihen Mücken, aber schlucken Kamele. Weiter, dass sie die Reinheitsvorschriften minutiös erfüllen, aber ihr eigenes Inneres unrein ist: schön weiß getünchte Gräber, voll von Totengebein. Weiter, dass sie Missionseifer an den Tag legen, aber die Menschen, die sie gewinnen, verderben: Proselyten, die zu doppelt schlimmen Höllensöhnen werden. Schließlich, dass sie Geld für die Armen geben, die Gebetsstunden sorgfältig einhalten, aber dass ihre Frömmigkeit ihrem Geltungsbedürfnis und ihrer Eitelkeit dient: ein Schauspielern, das seinen Lohn bereits erhalten hat. Zu einem schönen Teil gelten auch die von Jesus an die Adresse der Schriftgelehrten gerichteten Vorwürfe den Pharisäern: Sie legen den Menschen schwere Lasten auf und rühren sie selber mit keinem Finger an. Sie suchen Ehren, Titel, Begrüßungen und maßen sich Gottes Stelle an. Sie bauen den früheren Propheten Grabmäler und töten die gegenwärtigen. Kurz: sie haben das Wissen, aber leben nicht danach.

Wichtiger als diese Einzelvorwürfe ist das, was dahintersteckt: Was hat Jesus eigentlich gegen diese Art von Frömmigkeit? Jesus verkündet nicht ein Reich Gottes, das vom Menschen durch exakte Gesetzeserfüllung und bessere Moral errichtet, herbeigeführt, aufgebaut, ertrotzt werden könnte. Moralische Aufrüstung, welcher Art auch immer, schafft es nicht. Jesus verkündet ein *Reich, das durch Gottes befreiende und beglückende Tat geschaffen wird*. Gottes Reich ist Gottes Werk, seine Herrschaft eine befreiende und beglückende Herrschaft. Den Ernst der moralischen Bemühungen hat Jesus keineswegs nur ironisiert. Gewiss, er braucht auffällig selten die Worte »Sünde« und »sündigen«. Er ist kein pessimistischer Sündenprediger à la Abraham a Santa Clara. Aber er ist auch kein aufklärerischer Optimist à la Rousseau, der den Menschen als von Natur gut ansieht und etwas gegen Sündenbewusstsein und moralische Anstrengung hat. Im Gegenteil: nach ihm *verharmlosen* seine Gegner die *Sünde*. In zweifacher Hinsicht.

– Durch *Kasuistik* wird die einzelne Sünde *isoliert*: Die Forderung des Gehorsams gegenüber Gott wird in detaillierte Einzelakte aufgesplittert. Statt um die falschen Grundhaltungen, Grundtendenzen, Grundgesinnungen geht es in erster Linie um die einzelnen moralischen Entgleisungen. Eine Beichtspiegelmoral! Diese Einzelakte werden registriert und katalogisiert: in jedem Gebot schwere und leichte Verfehlungen, Schwachheitssünden und Bosheitssünden. Die Tiefendimension der Sünde kommt nicht in den Blick.

– Von *Jesus* wird die Kasuistik gerade dadurch erledigt, dass er bei der Wurzel einsetzt: nicht erst beim Akt des Mordens, sondern bei der zornigen Gesinnung; nicht erst beim Akt des Ehebruchs, sondern bei der ehebrecherischen Begehrlichkeit; nicht erst beim Meineid, sondern beim unwahren Wort. Die von den Zeitgenossen bagatellisierte Zungensünde wird als das den Menschen Verunreinigende herausgestellt. Nie steckt er den Bezirk ab, innerhalb dessen Sünde ist, während außerhalb Sünde nicht mehr zu befürchten wäre. Er gibt Beispiele, aber keine Definition von Einzelfällen, in denen so oder anders verfahren werden müsste. An einer Katalogisierung der Sünden ist er nicht interessiert. Nicht einmal an der Unterscheidung von leichten und schweren, oder gar vergebbaren und unvergebbaren Sünden. Während manche Rabbinen Mord, Unzucht, Abfall, Missachtung der Tora als unvergebbare Sünden ansehen, anerkennt Jesus nur eine einzige, die Sünde gegen den Heiligen Geist: unvergebbar ist nur die Ablehnung der Vergebung.

– Durch das *Verdienstdenken* wird die Sünde *kompensiert*: Ihrem Gewicht wird das Gewicht der Verdienste entgegengesetzt, durch die sie sogar aufgehoben werden kann. Und nicht nur die eigenen Verdienste, sondern auch die anderer (der Väter, der Gemeinschaft, des ganzen Volkes) lassen sich da bequem in Anspruch nehmen. Bei diesem Verlust- und Gewinngeschäft kommt es letztlich nur darauf an, dass man nicht schließlich und endlich ein Defizit aufweist, sondern möglichst viel Verdienst für den Himmel kapitalisiert hat.

– Für *Jesus* gibt es überhaupt kein Verdienst. Wenn Jesus vom »Lohn« spricht – er tut es, anknüpfend an die Sprechweise seiner Zeit, sehr oft –, dann meint er nicht ein »Verdienst«: nicht einen Leistungslohn, auf den der Mensch aufgrund seines Verdienstes einen Anspruch hat, sondern einen Gnadenlohn, der ihm von Gott aufgrund seines eigenen Willens ohne allen Anspruch geschenkt wird. Nicht die Verrechnung von Verdiensten zählt hier, wie die Parabel vom gleichen Lohn für alle Weinbergarbeiter drastisch zeigt. Sondern die Regeln von Gottes Barmherzigkeit, die gegen alle bürgerliche Gerechtigkeit einem jeden – er sei Langarbeiter oder Kurzarbeiter – voll gibt: mehr als er verdient. So soll der Mensch ruhig vergessen, was er Gutes getan hat. Auch dort, wo er meint, nichts verdient zu haben, wird ihm vergolten. Gott vergilt wirklich – das ist mit der Rede vom Lohn gemeint. Auch jeden Becher Wasser, den der Mensch vergessen hat. Der von Verdienst spricht, schaut auf seine eigene Leistung; der von Vergeltung, auf Gottes Treue.

Wer die Sünde durch Kasuistik und Verdienstdenken verharmlost, wird unkritisch gegenüber sich selbst: selbstgefällig, selbstsicher, selbstgerecht. Und das heißt zugleich: überkritisch, ungerecht, hart und lieblos gegenüber den anderen, die anders sind, den »Sündern«. Mit ihnen vergleicht man sich. Vor ihnen will man bestehen, von ihnen als fromm und moralisch anerkannt werden, ihnen gegenüber setzt man sich ab. Hier und nicht nur an der Oberfläche wurzelt der durchgängig an die Pharisäer gerichtete Vorwurf der Heuchelei. Wer unkritisch von sich selber denkt, nimmt sich selber zu wichtig und nimmt den Mitmenschen und vor allem Gott zu wenig wichtig. So entfremdet sich der daheimgebliebene Sohn dem Vater. So weiß der Pharisäer Simon von Vergebung und weiß doch nicht, was Vergebung ist.

Was stellt sich da eigentlich zwischen Gott und den Menschen? Paradoxerweise des Menschen eigene Moral und Frömmigkeit: sein raffiniert ausgeklügelter Moralismus und seine hochgezüchtete Frömmigkeitstechnik. Es sind nicht – wie die Zeitgenossen meinten – die Zollgauner, die es am schwersten haben, sich zu bekehren, weil sie gar nicht wissen können, wen sie alles betrogen haben und wie viel sie zurückerstatten müssten. Nein, es sind die Frommen, die selbstsicher der Bekehrung gar nicht zu bedürfen scheinen. Sie sind Jesu ärgste Feinde geworden. Ihnen, nicht den großen Sündern, gelten die meisten Gerichtsworte der Evangelien. Nicht Mörder, Gauner, Betrüger und Ehebrecher, sondern die Hochmoralischen haben ihn schließlich erledigt. Sie meinten, Gott damit einen Dienst zu erweisen.

Der pharisäische Geist hat sich durchgehalten. Militärischer Sieger in der großen Auseinandersetzung war Rom. Der Zelotismus war gescheitert, der Essenismus ausgerottet, der Sadduzäismus ohne Tempel und Tempeldienst. Der Pharisäismus aber überlebte die Katastrophe des Jahres 70. Nur die Schriftgelehrten blieben als Führer des geknechteten Volkes übrig. Und so entstand aus dem Pharisäismus das spätere normative Judentum, das sich aufgrund eines – vielfach modifizierten und akkommodierten – »Abgesondertseins« inmitten der Welt allen Anfeindungen zum Trotz am Leben erhalten und den jüdischen Staat nach beinahe 2000 Jahren wieder aufgerichtet hat. Aber auch und manchmal noch mehr im Christentum lebt der Pharisäismus weiter – im Widerspruch allerdings zu Jesus selbst.

Provokatorisch nach allen Seiten

Establishment, Revolution, Emigration, Kompromiss: Jesus in einem *Koordinatenkreuz*, dessen vier Bezugspunkte auch heute, in einer durchweg verschiedenen geschichtlichen Situation, ihren Sinn nicht verloren haben. Von gesellschaftlicher Bedingtheit darf auch der Theologe nicht nur abstrakt reden – im Zusammenhang mit Jesus oft geschehen gerade von solchen, die die gesellschaftliche Bedeutung der christlichen Botschaft betonen. Deshalb war es wichtig, Jesus von Nazaret, so konkret wie in Kürze möglich, in seinem gesellschaftlichen Kontext zu sehen: wie er wirklich war. Aber auch zugleich: wie er ist, nämlich wie er – bei aller Fremdheit – auch heute in unserem gesellschaftlichen Kontext bedeutsam werden kann. Eine solche systematische Ortsbestimmung vermeidet möglichst beides: die unaktuelle Historisierung und die unhistorische Aktualisierung. Positiv: sie berücksichtigt zugleich die *historische Distanz* und die *geschichtliche Relevanz*. So vermag sie bei allen Variablen gewichtige Konstanten zu entdecken.

War das bisherige Ergebnis nicht merkwürdig? Jesus ließ sich offensichtlich nirgendwo einordnen: weder bei den Herrschenden noch bei den Rebellierenden, weder bei den Moralisierenden noch bei den Stillen im Lande. Er erwies sich als provokatorisch – aber nach rechts und links. Von keiner Partei gedeckt, herausfordernd nach allen Seiten: »der Mann, der alle Schemen sprengt«. Kein Philosoph und kein Politiker, kein Priester und kein Sozialreformer. Ein Genie, ein Held, ein Heiliger? Oder ein Reformator? Aber ist er nicht radikaler als ein Re-formator? Ein Prophet? Aber ist ein »letzter«, unüberbietbarer Prophet noch ein Prophet? Die übliche Typologie scheint zu versagen. Von verschiedensten Typen scheint er etwas zu haben (vielleicht am meisten vom Propheten und vom Reformator), um gerade keinem von ihnen zuzugehören. Er ist von anderem Rang: Gott anscheinend näher als die Priester. Der Welt gegenüber freier als die Asketen. Moralischer als die Moralisten. Revolutionärer als die Revolutionäre. So hat er Tiefen und Weiten, die anderen fehlen. Offensichtlich schwer zu verstehen und kaum ganz zu durchschauen, für Feinde und Freunde. Immer wieder neu zeigt sich: *Jesus ist anders*! Bei allen Parallelen im Einzelnen erweist sich der geschichtliche Jesus als im Ganzen völlig *unverwechselbar* – damals und heute.

Als Nebenergebnis dieses Kapitels verdient festgehalten zu werden, wie oberflächlich es ist, alle »*Religionsstifter*« in eine Reihe zu stellen, als ob sie im Grund nicht nur verwechselt, sondern gar ausgewechselt werden könnten. Ganz abgesehen davon, dass Jesus von Nazaret keine Religion stiften wollte – es dürfte deutlich geworden sein, dass der geschichtliche Jesus weder mit Mose noch mit Buddha, weder mit Kung-futse noch mit Mohammed verwechselt werden kann.

Um es in äußerster Knappheit anzudeuten: Jesus war kein am Hof Gebildeter wie anscheinend Mose, war kein Königssohn wie Buddha. Aber er war auch kein Gelehrter und Politiker wie Kung-futse und kein reicher Kaufmann wie Mohammed. Gerade weil seine Herkunft so unbedeutend, ist seine bleibende Bedeutsamkeit so erstaunlich. Wie *verschieden* ist doch – sehr schematisch gesagt – Jesu Botschaft
– von der unbedingten Geltung des immer mehr ausgebauten geschriebenen Gesetzes (Mose);
– vom asketischen Rückzug in mönchische Versenkung innerhalb der streng geregelten Gemeinschaft eines Ordens (Buddha);
– von der gewaltsam revolutionären Welteroberung durch

Kampf gegen die Ungläubigen und Errichtung theokratischer Staaten (Mohammed);
– von der Erneuerung der traditionellen Moral und der etablierten Gesellschaft gemäß einem ewigen Weltgesetz im Geist einer aristokratischen Ethik (Kung-futse).

Offensichtlich geht es hier nicht nur um einige mehr oder weniger zufällige Möglichkeiten, sondern um einige höchst gewichtige *Grundoptionen* oder *Grundpositionen*: Im *zeitgeschichtlichen* Koordinatenkreuz Jesu scheinen sich einige der allgemein *religiösen* Grundpositionen zu spiegeln, die sich als solche oder in verwandelter Form als *säkularisierte* Grundpositionen bis heute durchgehalten haben.

Die Wahrheit der anderen Religionen ist auch im Christentum zur Geltung und sogar neu zur Geltung zu bringen. Davon ist nichts zurückzunehmen. Das Christentum hat schließlich nicht nur von Platon, Aristoteles und der Stoa, sondern auch von den hellenistischen Mysterienkulten, von der römischen Staatsreligion und arabischen Philosophen, aber kaum etwas von Indien, China und Japan gelernt.

Eine Vermischung aller Religionen jedoch lässt sich von dem, der sich auf diesen Jesus beruft, nicht rechtfertigen. Die einzelnen großen Gestalten – ich habe sie in anderen Veröffentlichungen mit differenzierten Portraits gewürdigt – lassen sich nicht auswechseln. Ihre Wege lassen sich von ein und demselben Menschen kaum zugleich gehen, Welttilgung (Buddha) und Weltwerdung (Kung-futse), Weltherrschaft (Mohammed) und Weltkrise (Jesus) nicht zugleich anvisieren. Jesus von Nazaret kann nicht als Chiffre für eine Allerweltsreligion, kann nicht als Etikett für einen älteren oder neueren Synkretismus dienen.

Doch mit all dem bisher Gesagten ist die Gestalt Jesu erst in mehr negativer Abgrenzung umrissen. Die positive Frage wurde bisher eher indirekt ausgesprochen: Was bestimmte ihn eigentlich? Was ist seine Mitte?

III. Die Sache Gottes

Nicht nach Jesu Bewusstsein, seiner Psyche wird hier gefragt; darüber verraten die Quellen nichts, wie kundige Bibelgelehrte immer wieder betonen. Aber nach der Mitte seiner Verkündigung und seines Verhaltens lässt sich fragen. Wofür setzte er sich ein? Was wollte er eigentlich?

1. Die Mitte

Wie grundlegend dies ist, wird erst später deutlich werden: Nicht sich selbst verkündet Jesus. Nicht er selbst steht im Vordergrund. Er kommt nicht und sagt: »Ich bin der Gottessohn, glaubt an mich.« Wie jene noch dem Philosophen Kelsos im 2. Jahrhundert bekannten Wanderprediger und Gottesmänner, die mit dem Anspruch auftraten: »Ich bin Gott oder Gottes Sohn oder göttlicher Geist. Gekommen bin ich, denn der Weltuntergang steht vor der Tür ... Selig, der mich jetzt anbetet!« Vielmehr tritt seine Person zurück hinter der Sache, die er vertritt. Und was ist diese Sache? Mit einem Satz lässt sich sagen: *Die Sache Jesu ist die Sache Gottes in der Welt.* Es ist heute Mode herauszustellen, dass es Jesus ganz und gar um den Menschen geht. Keine Frage.

105

Aber Jesus geht es ganz und gar um den Menschen, weil es ihm zunächst ganz und gar um Gott geht.

Reich Gottes

Das meint er mit dem Wort, das in der Mitte seiner Verkündigung steht. Das er nie definiert, aber in seinen Parabeln – Urgestein der evangelischen Überlieferung – immer wieder neu und verständlich für alle beschrieben hat: das nahende *Reich Gottes* (hebräisch »malkut Jahwe«)! Vom Reich Gottes, nicht von der Kirche spricht er, wie die Texte zeigen. »Reich der Himmel«, in den Evangelien (Mattäus) eine wohl sekundäre Bildung wegen der jüdischen Scheu vor dem Gottesnamen, meint dasselbe: der Himmel steht für Gott. Nicht ein Territorium, ein Herrschaftsgebiet ist mit diesem »Reich« gemeint. Sondern das Regiment Gottes, die Herrschertätigkeit, die er ergreifen wird: die »Gottesherrschaft«. So wird Gottesreich »zum Kennwort für die Sache Gottes« (M. Dibelius).

Präzisiert hat sich dieser zur Zeit Jesu äußerst populäre Ausdruck bereits in Absetzung von seinen Gegnern. Was ist das Reich Gottes für Jesus? Kurz zusammengefasst nach dem bisher Gehörten:

– Nicht nur die beständige, von Anfang der Schöpfung an gegebene Gottesherrschaft der Jerusalemer Hierarchen. Sondern das kommende Reich Gottes der Endzeit.

– Nicht die gewaltsam zu errichtende religiös-politische Theokratie oder Demokratie der zelotischen Revolutionäre. Sondern die gewaltlos zu erwartende unmittelbare, uneingeschränkte Weltherrschaft Gottes selbst.

– Nicht das Rachegericht zugunsten einer Elite von Vollkommenen im Sinn der Essener und Qumranleute. Sondern die frohe Botschaft von Gottes grenzenloser Güte und unbedingter Gnade gerade für die Verlorenen und Elenden.

– Nicht ein von Menschen durch exakte Gesetzeserfüllung und bessere Moral aufzubauendes Reich im Geist der Pharisäer. Sondern das durch Gottes freie Tat zu schaffende Reich.

Und was für ein Reich wird dies sein? Aus seiner Verkündigung ergibt sich:

Ein Reich, wo nach Jesu Gebet Gottes Name wirklich geheiligt wird, sein Wille auch auf Erden geschieht, die Menschen von allem die Fülle haben werden, alle Schuld vergeben und alles Böse überwunden sein wird.

Ein Reich, wo nach Jesu Verheißungen endlich die Armen, die Hungernden, Weinenden, Getretenen zum Zuge kommen werden: wo Schmerz, Leid und Tod ein Ende haben werden.

Ein Reich, nicht beschreibbar, aber in Bildern ankündbar: als die aufgegangene Saat, die reife Ernte, das große Gastmahl, das königliche Fest.

Ein Reich also – ganz nach den prophetischen Verheißungen – der vollen Gerechtigkeit, der unüberbietbaren Freiheit, der ungebrochenen Liebe, der universalen Versöhnung, des ewigen Friedens.

In diesem Sinne also die Zeit des Heiles, der Erfüllung, der Vollendung, der Gegenwart Gottes: die absolute Zukunft.

Gott gehört diese Zukunft. Der prophetische Verheißungsglaube ist von Jesus entscheidend konkretisiert und intensiviert worden. Die Sache Gottes wird sich in der Welt durchsetzen! Von dieser Hoffnung ist die Reich-Gottes-Botschaft getragen. Im Gegensatz zur Resignation, für die Gott im Jenseits bleibt und der Lauf der Weltgeschichte unabänderlich ist. Nicht aus dem Ressentiment, das aus der Not und Verzweiflung der Gegenwart das Bild einer völlig anderen Welt in eine rosige Zukunft hineinprojiziert, stammt diese Hoffnung. Sondern aus der Gewissheit, dass Gott bereits der Schöpfer und der verborgene Herr dieser widersprüchlichen Welt ist und dass er in der Zukunft sein Wort einlösen wird.

Apokalyptischer Horizont

Sein Reich komme: Jesus hat wie die ganze apokalyptische Generation das Reich Gottes, das Reich der Gerechtigkeit, der Freiheit, der Freude und des Friedens, für die *allernächste Zeit* erwartet. Wir haben von Anfang an gesehen, wie sich seine Auffassung von Gottes Reich von der statischen Auffassung der Tempelpriester und anderer unterschied: Das gegenwärtige System ist nicht endgültig, die Geschichte geht dem Ende entgegen – und zwar noch in dieser Generation, die die letzte ist, die das plötzliche und bedrohende Ende der Welt und ihr Neuwerden noch erleben wird. Aber: es sollte anders, sehr viel anders kommen.

Ob Jesus das Hereinbrechen des Reiches Gottes bei seinem Tod oder für unmittelbar nach seinem Tod erwartet hat, über solches lässt sich aufgrund der Quellen lange spekulieren, aber nichts Sicheres sagen. Dass Jesus das Reich Gottes für die unmittelbare Zukunft erwartet hat, ist eindeutig. Wir können es uns methodisch nicht erlauben, gerade die schwierigsten und unbequemsten Texte aus der Verkündigung Jesu auszuscheiden und sie kurzerhand späteren Einflüssen zuzuschreiben.

Nirgendwo meint bei Jesus das Wort Gottesreich (griechisch »basileia«) die dauernde Herrschaft über Israel und die Welt, vielmehr überall die zukünftige Herrschaft der Weltvollendung. Zahlreich sind die Worte, die die Nähe des (zukünftigen) Gottesreiches ausdrücklich ankünden oder voraussetzen. Zwar weigert sich Jesus, einen genauen Termin anzugeben. Aber kein einziges Wort Jesu schiebt das Endgeschehen in die weite Ferne. Vielmehr zeigt die älteste Schicht der synoptischen Überlieferung, dass Jesus das Gottesreich für die allernächste Zeit erwartet. Die klassischen Texte für eine solche »Naherwartung« – gerade wegen ihrer Anstößigkeit für die folgende Generation zweifellos ursprünglich – trotzen jeder verharmlosenden Interpretation: Jesus und auch die hier zum Teil schon mitsprechende Urkirche wie dann eindeutig auch der Apostel Paulus – die führenden Exegeten dürften hier größtenteils übereinstimmen – haben mit dem Kommen der Gottesherrschaft zu Lebzeiten gerechnet.

Selbstverständlich hat Jesus im apokalyptischen Vorstellungsrahmen und in den Vorstellungsformen seiner Zeit gesprochen. Und wenn er auch die genauen Berechnungen der eschatologischen Vollendung ausdrücklich abgelehnt und die bildhafte Ausmalung des Gottesreiches im Vergleich mit der frühjüdischen Apokalyptik aufs Äußerste beschränkt hat, so ist er doch grundsätzlich in dem uns heute befremdenden Verstehensrahmen der Naherwartung, im Horizont der Apokalyptik geblieben. Dieser Verstehensrahmen ist durch die geschichtliche Entwicklung überholt worden, der apokalyptische Horizont ist versunken – dies muss deutlich gesehen werden. Aus der heutigen Perspektive müssen wir sagen: Es handelte sich bei der Naherwartung weniger um einen Irrtum als um eine *zeitbedingte, zeitgebundene Weltanschauung*, die Jesus mit seinen Zeitgenossen teilte. Sie kann nicht künstlich wiedererweckt werden. Ja, sie sollte auch gar nicht, wie immer wieder gerade in sogenannten »apokalyptischen Zeiten« die Versuchung besteht, für unseren so verschiedenen Erfahrungshorizont wiedererweckt werden. Der damalige, uns fremd gewordene apokalyptische Vorstellungs- und Verstehensrahmen würde heute die gemeinte Sache nur verbergen und verstellen.

Es kommt heute alles darauf an, ob der Grundgedanke Jesu, ob die *Sache*, um die es Jesus mit seiner Verkündigung des kommenden Gottesreiches ging, noch einen Sinn hat:

im völlig veränderten Erfahrungshorizont einer Menschheit, die sich grundsätzlich damit abgefunden hat, dass der Lauf der Weltgeschichte, vorläufig mindestens, weitergeht. Oder man kann auch mit vollem Recht positiv fragen: Wie kommt es eigentlich, dass Jesu Botschaft über seinen Tod und das nicht eingetretene Ende hinaus derart bewegend blieb, ja es überhaupt erst richtig wurde? Das hat in der Tat etwas mit seinem Tod zu tun, der ein sehr bestimmtes Ende darstellte. Aber doch auch mit seinem Leben und Lehren: eine Neudifferenzierung ist hier angebracht.

Zwischen Gegenwart und Zukunft

Gerade auf dem Hintergrund der Naherwartung gilt die *Polarität* von Noch-nicht und Doch-schon: eindeutig das Gottesreich der Zukunft, das aber durch Jesus bereits für die Gegenwart eine Macht bedeutet und eine Wirkung entfaltet. Die Zukunftsworte Jesu dürfen nicht als apokalyptische Belehrung, sie müssen als eschatologische Verheißung verstanden werden. Kein Reden also vom künftigen Gottesreich ohne Konsequenzen für die gegenwärtige Gesellschaft. Aber umgekehrt auch kein Reden von der Gegenwart und ihren Problemen ohne Aussicht auf die bestimmende absolute Zukunft. Wer nach Jesus von der Zukunft reden will, muss von der Gegenwart reden und umgekehrt. Denn:
– Die *absolute Zukunft Gottes* verweist den Menschen auf die Gegenwart: Keine Isolierung der Zukunft auf Kosten der Gegenwart! Das Gottesreich darf nicht eine Vertröstung auf die Zukunft sein, Befriedigung der frommen menschlichen Zukunftsneugierde, Projektion unerfüllter Wünsche und Ängste, wie Feuerbach, Marx und Freud meinten. Gerade von der Zukunft her soll der Mensch in die Gegenwart eingewiesen werden. Gerade aus der Hoffnung heraus sollen die gegenwärtige Welt und Gesellschaft nicht nur interpretiert,

sondern verändert werden. Nicht eine Belehrung über das Ende wollte Jesus geben, sondern einen Aufruf erlassen für die Gegenwart angesichts des Endes.

– Die *Gegenwart* weist den Menschen auf die absolute Zukunft Gottes: Keine Verabsolutierung unserer Gegenwart auf Kosten der Zukunft! Es darf nicht die ganze Zukunft des Gottesreiches in Gegenwärtigkeit aufgelöst werden. Zu traurig und zwiespältig ist und bleibt die Gegenwart, als dass sie in ihrem Elend und ihrer Schuld schon das Gottesreich sein könnte. Zu unvollkommen und unmenschlich sind diese Welt und Gesellschaft, als dass sie schon das Vollkommene und Endgültige sein könnten. Das Gottesreich bleibt nicht im Anbruch stecken, sondern soll endgültig zum Durchbruch kommen. Was mit Jesus begonnen wurde, soll auch mit Jesus vollendet werden. Die Nah-Erwartung wurde nicht erfüllt. Aber deshalb wird nicht die Erwartung überhaupt ausgeschaltet.

Das ganze Neue Testament hält bei aller Konzentration auf die in Jesus bereits anbrechende Gottesherrschaft an der noch ausstehenden, zukünftigen Vollendung fest. Die Sache Jesu ist die Sache Gottes, und deshalb kann sie nie verloren sein. Wie von den Ur-Mythen das Ur-Geschehen der Schöpfung, so ist von den End-Mythen das End-Geschehen der Vollendung zu unterscheiden. Und wie das Alte Testament die Ur-Mythen vergeschichtlichte, an die Geschichte gebunden hat, so das Neue Testament die End-Mythen. Wenn auch die Geschichte die zeitgebundene Nah-Erwartung überholt hat, so doch damit nicht die Zukunfts-Erwartung überhaupt. Die Gegenwart ist Zeit der Entscheidung im Licht von Gottes absoluter Zukunft. Die Polarität des Noch-nicht und Doch-schon macht die Spannung des Menschenlebens und der Menschheitsgeschichte aus.

Gott ist voraus

Die Botschaft Jesu vom Gottesreich behielt ihre Attraktivität. Der Weltuntergang blieb aus. Und doch behielt die Botschaft ihren Sinn. Der apokalyptische Horizont der Botschaft ist versunken. Aber die eschatologische Botschaft selbst, die Sache, um die es Jesus ging, blieb auch im neuen Verstehens- und Vorstellungsrahmen aktuell. Ob es morgen kommt oder nach langen Zeiten: das Ende wirft Licht und Schatten voraus. Können wir es uns verhehlen? Diese Welt dauert nicht ewig! Das Menschenleben und die Menschheitsgeschichte haben ein Ende! Die Botschaft Jesu aber sagt: *An diesem Ende steht* nicht das Nichts, sondern *Gott.* Gott, der wie der Anfang so auch das Ende ist. Die Sache Gottes setzt sich durch, in jedem Fall. Gott gehört die Zukunft. Mit dieser Zukunft Gottes ist zu rechnen, nicht Tage und Stunden sind auszurechnen. Von dieser Zukunft Gottes her ist die individuelle und gesellschaftliche Gegenwart zu gestalten. Hier schon und heute.

Diese Zukunft ist also keine leere, sondern eine zu enthüllende und zu erfüllende Zukunft. Nicht nur ein »Futurum«, ein »Künftiges«, das die Futurologen durch Extrapolation aus der vergangenen oder gegenwärtigen Geschichte konstruieren könnten, ohne im Übrigen den Überraschungseffekt der Zukunft je völlig ausschalten zu können. Sondern ein »Eschaton«, jenes »Letzte« der Zukunft, das ein wirklich Anderes und ein qualitativ Neues ist, welches freilich schon jetzt in der Antizipation sein Kommen ankündigt. Also nicht nur Futurologie, sondern Eschatologie. Eine Eschatologie ohne wahre, noch ausstehende absolute Zukunft wäre eine Eschatologie ohne wahre, noch zu erfüllende Hoffnung. Das bedeutet: Es gibt nicht nur vorläufige menschliche Sinnsetzungen von Fall zu Fall. *Es gibt einen endgültigen,* dem Menschen frei angebotenen *Sinn von Mensch und*

Welt. Eine Aufhebung aller Entfremdung ist möglich. Die Geschichte des Menschen und der Welt erschöpft sich nicht, wie Nietzsche erwog, in einer ewigen Wiederkehr des Gleichen, verendet aber auch nicht schließlich in irgendeiner absurden Leere. Nein, die Zukunft ist Gottes, und deshalb steht am Ende die Erfüllung.

Dabei wird man sich vor *falschen Identifikationen* hüten. Das Reich Gottes war weder die massiv institutionalisierte Kirche des mittelalterlichen und gegenreformatorischen Katholizismus noch die Genfer Theokratie Calvins noch das apokalyptische Reich aufrührerischer apokalyptischer Schwärmer wie Thomas Münzer. Es war auch nicht das gegenwärtige Reich der Sittlichkeit und vollendeten bürgerlichen Kultur, wie theologischer Idealismus und Liberalismus dachten, und erst recht nicht das vom Nationalsozialismus propagierte tausendjährige politische Reich, basierend auf den Ideologien von Volk und Rasse. Es war schließlich auch nicht das klassenlose Reich des neuen Menschen, wie es der Kommunismus ohne Erfolg zu verwirklichen trachtete. Von Jesus her ist gegen alle diese vorzeitigen Identifikationen festzustellen: Das Reich Gottes, die Vollendung, *kommt weder durch gesellschaftliche* (geistige oder technische) *Evolution noch durch gesellschaftliche* (rechte oder linke) *Revolution.* Die Vollendung kommt vielmehr durch *Gottes* nicht vorhersehbare, nicht extrapolierbare *Aktion!* Eine Aktion freilich, die des Menschen Aktion im Hier und Heute, im individuellen und gesellschaftlichen Bereich, nicht aus-, sondern einschließt. Wobei heute eine falsche »Verweltlichung« des Gottesreiches ebenso zu vermeiden ist wie früher eine falsche »Verinnerlichung«.

Es geht also um eine *wirklich andere Dimension*: die göttliche Dimension. *Transzendenz* – aber nicht mehr wie in der alten Physik und Metaphysik primär räumlich vorgestellt: *Gott* über oder *außerhalb* der Welt. Oder dann im Umschlag idealistisch oder existentialistisch verinnerlicht: Gott *in* uns. Sondern von Jesus her primär zeitlich verstanden: Gott *vor* uns. Gott nicht einfach der zeitlose Ewige hinter dem einen gleichförmigen Fluss des Werdens und Vergehens von Vergangenheit, Gegenwart und Zukunft, wie er insbesondere aus der griechischen Philosophie bekannt ist, sondern Gott als der *Zukünftige, Kommende, Hoffnungstiftende,* wie er aus den Zukunftsverheißungen Israels und Jesu selbst erkannt werden kann. Seine Gottheit verstanden als die Macht der Zukunft, die unsere Gegenwart in einem neuen Licht erscheinen lässt. Gottes ist die Zukunft, das bedeutet: Wo immer der einzelne Mensch hinkommt, im Leben und Sterben, Er ist da. Wo immer die ganze Menschheit sich hinentwickelt, in Aufgang und Niedergang, Er ist da. Gott als die erste und letzte Wirklichkeit. Was bedeutet das für den Menschen?

Umkehr aus vertrauendem Glauben

Das *Bestehende* in dieser Welt und Gesellschaft soll *nicht als definitiv* genommen werden. Weder die Welt noch der Mensch selbst kann das Erste und Letzte sein. Die Welt und er selbst ist aus sich allein höchst relativ, fragwürdig und unbeständig. Der Mensch lebt, auch wenn er es sich gern verschleiert, in einer kritischen Situation. Herausgefordert ist er, sich im Letzten zu entscheiden, das Angebot anzunehmen, *sich einzulassen auf die Wirklichkeit Gottes,* die ihm voraus ist. Eine Entscheidung also, bei der um das Ganze gespielt wird: ein Entweder-Oder, für oder gegen Gott.

An der *Dringlichkeit des Appells* hat sich trotz des versunkenen apokalyptischen Horizonts nichts geändert. Eine *Umkehr* drängt sich gebieterisch auf: Ein neues Denken und Handeln sind dringend erfordert. Es geht hier um Letztes. Eine Uminterpretation des Lebens, eine neue Lebenseinstellung, ein neues Leben überhaupt. Wer fragt, wie lange er noch Zeit habe, gott-los zu leben und die Umkehr aufzuschieben, verfehlt Zukunft und Gegenwart, weil er mit Gott auch sich selbst verfehlt. Nicht erst zu einer berechenbaren oder nichtberechenbaren End-Zeit des Menschen oder der Menschheit, sondern hier und jetzt ist die Stunde der end-gültigen Entscheidung. Und zwar für einen jeden ganz persönlich. Der Einzelne kann sich nicht, wie oft in der Psychoanalyse, mit einer Erhellung seines Verhaltens ohne moralische Ansprüche begnügen. Er kann die Entscheidung und die Verantwortung auch nicht auf die Gesellschaft, ihre verfehlten Strukturen oder korrupten Institutionen abschieben. Er selber ist hier herausgefordert, zum Einsatz, zur Hingabe: Für ihn ganz persönlich geht es – bildlich – um die kostbare Perle, den Schatz im Acker. So steht schon jetzt alles, Tod und Leben, auf dem Spiel. Schon jetzt kann er sich durch Hingabe selbst gewinnen. Schon jetzt gilt: Wer sein Leben gewinnen will, wird es verlieren, und wer es verlieren wird, wird es gewinnen.

Diese Umkehr ist nur möglich im vertrauenden Sichverlassen auf die Botschaft, auf Gott selbst, in jenem Vertrauen, das sich nicht beirren lässt und das *Glaube* genannt wird. Ein Glaube, der Berge versetzen kann, der aber auch in der kümmerlichsten Form eines Senfkorns Anteil an der Verheißung hat, so dass der Mensch immer sagen darf: »Ich glaube, hilf meinem Unglauben.« Ein Glaube, der nie einfach Besitz wird, sondern Geschenk bleibt. Ein Glaube, der im Hinblick auf die Zukunft die Dimension der Hoffnung hat: in der Hoffnung kommt der Glaube zu seinem Ziel, umgekehrt hat die Hoffnung im Glauben ihren bleibenden Grund.

Aus dieser Hoffnung auf die Zukunft Gottes sind nicht nur die Welt und ihre Geschichte zu interpretieren und die Existenz des Einzelnen zu erhellen, sondern sind in Kritik des Bestehenden Welt, Gesellschaft und Existenz zu verändern. Von Jesus her ist also eine Erhaltung des Status quo auf Zeit und Ewigkeit wahrhaftig nicht zu begründen. Allerdings auch nicht die gewaltsame, totale soziale Umwälzung um jeden Preis. Im Folgenden dürfte deutlicher werden, was Umkehr aus dem Glauben einschließt. Hier genügt es, wenn auch für heute ein wenig verständlich geworden ist, was der älteste Evangelist am Anfang seines Evangeliums wohl in eigener Formulierung als kurze Zusammenfassung der Botschaft Jesu gegeben hat: »Erfüllt ist die Zeit, und nahe gekommen das Reich Gottes! Kehret um und glaubet an die gute Botschaft.«

2. Wunder?

Jesus hat nicht nur geredet, er hat auch gehandelt. Herausfordernd wie seine Worte waren auch seine *Taten*. Doch gerade viele dieser Taten bereiten dem heutigen Menschen mehr Schwierigkeiten als alle seine Worte. Die Wunderüberlieferung ist weit stärker umstritten als die Wortüberlieferung. Das Wunder – nach Goethe »des Glaubens liebstes Kind« – ist im naturwissenschaftlich-technologischen Zeitalter zu des Glaubens Sorgenkind geworden. Wie sollen wir die Spannung überwinden können, die besteht zwischen dem wissenschaftlichen Weltverständnis und dem Wunderglauben, zwischen rational-technischer Weltgestaltung und Wundererfahrung?

Nun waren allerdings die Menschen der Zeit Jesu und auch die Evangelisten gerade an dem nicht interessiert, woran der heutige Mensch, der Mensch des rationalen und technologischen Zeitalters so sehr interessiert ist: an den Naturgesetzen. Man dachte *nicht naturwissenschaftlich* und verstand somit die Wunder nicht als Durchbrechung von Naturgesetzen, nicht als eine Verletzung des lückenlosen Kausalzusammenhanges. Schon im Alten Testament unterschied man nicht zwischen Wundern, die den Gesetzen der Natur entsprechen, und denen, die sie sprengen; jedes Ereignis, durch welches Jahwe seine Macht offenbart, gilt als Wunder, als Zeichen, als Macht- oder Großtat Jahwes. Überall ist Gott, der Urgrund und Schöpfer der Welt, am Werk. Überall können die Menschen Wunder erfahren: von der Erschaffung und Erhaltung der Welt bis zu ihrer Vollendung, im Großen wie im Kleinen, in der Geschichte des Volkes wie in der Errettung des Einzelnen aus tiefer Not …

Dass es Wunder gibt und überall Wunder geben kann, wird auch in neutestamentlicher Zeit und auch im Heidentum einfachhin vorausgesetzt: Wunder verstanden nicht als etwas, was der naturgesetzlichen Ordnung widerspricht, sondern was ein Sich-Wundern erregt, was über das gewöhnliche menschliche Vermögen hinausgeht, für den Menschen unerklärbar ist, hinter dem sich eine andere Macht – die Macht Gottes oder aber eine böse Macht – verbirgt. Dass auch *Jesus* Wunder getan hat, ist für die Evangelisten und ihre Zeit wichtig. Aber weder das naturwissenschaftliche noch das geschichtswissenschaftliche Denken waren damals entwickelt. Und warum sollten nicht auch Darstellungsweisen und Ausdrucksmittel wie Epen und Hymnen, Mythen und Sagen geeignet sein, um das Wirken des lebendigen Gottes zu bezeugen? An eine wissenschaftliche Erklärung oder eine Nachprüfung der Wunder dachte damals niemand. Nirgendwo wird in den Evangelien beschrieben, wie sich der wunderbare Vorgang selber abgespielt hat. Keine medizinische Diagnose der Krankheit, keine Angaben bezüglich der therapeutischen Faktoren. Wozu auch? Die Evangelisten wollen nicht in das berichtete Ereignis eindringen. Sie überhöhen es. Sie erklären nicht, sondern verklären. Nicht der Beschreibung, sondern der Be-wunderung sollen die Wunder-Erzählungen dienen: so Großes hat Gott durch einen Menschen getan! Es wird kein Glaube verlangt, dass es Wunder gibt oder auch dass dieses oder jenes Geschehnis wirklich ein Wunder ist. Vielmehr wird der Glaube an Gott erwartet, der in dem Menschen, der solches tut, am Werke ist und für dessen Wirken die Wundertaten Zeichen sind.

Was wirklich geschehen ist

Ausgangspunkt für die Interpretation der evangelischen Wunderberichte muss somit sein: Sie sind keine Direktreportagen, keine wissenschaftlich überprüften Dokumentationen, keine historischen, medizinischen oder psychologischen Protokolle. Sie sind vielmehr unbekümmerte volkstümliche Erzählungen, die glaubendes Staunen hervorrufen sollen. Als solche stehen sie völlig im Dienst der Christusverkündigung.

Bei aller Skepsis gegenüber der einzelnen Wundererzählung stimmen heute auch die kritischsten Exegeten darin überein, dass nicht die gesamte Berichterstattung von Wundern als ungeschichtlich abgetan werden kann. Allgemein wird trotz zahlreicher legendarischer oder legendärer Übermalungen im Einzelnen angenommen:

1. Es müssen sich *Heilungen von verschiedenartigen Kranken* ereignet haben, die für die Menschen zumindest der damaligen Zeit erstaunlich waren. Zum Teil wird es sich um psychogene Leiden gehandelt haben, wobei bestimmte psychogene Hautkrankheiten in alter Zeit vermutlich unter die Rubrik »Aussatz« fielen. Der vielfach gegen Jesus erhobene und wegen seiner Anstößigkeit in den Evangelien nicht frei erfundene Vorwurf der Magie (Dämonenaustreibung durch den Erzdämonen Beelzebul) war nur denkbar aufgrund von echten Ereignissen, die ihn provozierten. Auch die historisch unbestreitbaren Sabbatkonflikte waren mit Heilungen verbunden. Das therapeutische Element würde ohne jeden Grund aus der Überlieferung gestrichen.

Nun bleiben auch heute noch manche Heilungen medizinisch unerklärbar. Und die heutige Medizin, die mehr denn je den psychosomatischen Charakter eines großen Teiles von Krankheiten erkannt hat, weiß von erstaunlichen Heilungen aufgrund von außerordentlichen psychologischen Einflüssen, aufgrund eines unendlichen Vertrauens, aufgrund von »Glauben«. Andererseits kennt die älteste Evangelientradition noch Fälle, da Jesus wie etwa in seiner Heimatstadt Nazaret keine einzige Krafttat wirken konnte, weil Glauben und Vertrauen fehlten. Nur der Glaubende empfängt. Mit Magie und Zauberei, wo der Mensch gegen seinen Willen überwältigt wird, haben Jesu Heilungen nichts zu tun. Sie sind vielmehr ein Aufruf zum Glauben, der manchmal sogar als das eigentliche Wunder erscheint, dem gegenüber die Heilung sekundär ist. Die Heilungsgeschichten des Neuen Testaments müssen als Glaubensgeschichten verstanden werden.

2. Insbesondere müssen Heilungen von »*Besessenen*« vorgekommen sein. Auch dieses exorzistische Element würde ohne Grund aus der Überlieferung ausgeschieden. Krankheit wurde vielfach mit der Sünde, die Sünde aber mit den Dämonen in Verbindung gebracht. Und gerade Krankheiten, die zur starken Zerrüttung der menschlichen Persönlichkeit führen, Geisteskrankheiten mit besonders auffälligen Symptomen (z. B. schäumender Mund bei Epilepsie), wurden in jener Zeit wie auch noch viele Jahrhunderte später einem Dämon zugeschrieben, der im Menschen Wohnung genommen hat. Beim Fehlen von Irrenanstalten aber wurden die Menschen auch in der Öffentlichkeit viel öfter mit Geisteskranken konfrontiert, die offensichtlich nicht mehr ihr eigener Herr waren. Die Heilung solcher Krankheiten – etwa eines tobenden Irren im Gottesdienst oder eines Epileptikers – wurde als Sieg über den den Kranken beherrschenden Dämon angesehen.

Nicht nur Israel, die ganze antike Welt war voll von Dämonenglauben und Dämonenfurcht. Je ferner der Gott, umso größer das Bedürfnis nach Zwischenwesen zwischen Himmel und Erde, guten und bösen. Oft spekulierte man über ganze Hierarchien von bösen Geistern unter der Anführung eines Satan, Belial oder Beelzebul. Überall in den verschiedenen Religionen bemühten sich Zauberer, Priester, Ärzte um Bannung und Vertreibung der Dämonen. Die Hebräische Bibel war dem Dämonenglauben gegenüber recht zurückhaltend gewesen. Aber 538–331 gehörte Israel zum persischen Großreich, dessen Religion dualistisch einen guten Gott, von dem alles Gute, und einen bösen Gott, von dem alles Böse kommt, annahm. Eine Beeinflussung ist unübersehbar, und deutlich erscheint so der Dämonenglauben im Jahweglauben als ein spätes, sekundäres Moment, das denn auch im späteren und besonders heutigen Judentum wiederum keine Rolle mehr spielt.

Jesus selber inmitten dieser Zeit eines massiven Dämonenglaubens zeigt nichts von einem verkappten persischen Dualismus, in welchem sich Gott und Teufel auf gleicher Ebene um Welt und Mensch streiten. Er predigt die Frohbotschaft von der Gottesherrschaft und nicht die Drohbotschaft von der Satansherrschaft. An der Figur des Satans oder Teufels, an den Spekulationen über Engelsünde und Engelsturz ist er offensichtlich nicht interessiert. Eine Dämonenlehre entwickelt er nicht. Nirgendwo findet man bei ihm aufsehenerregende Gesten, bestimmte Riten, Zaubersprüche und Manipulationen wie bei zeitgenössischen jüdischen oder hellenistischen Exorzisten. Krankheit und Besessenheit, aber nicht alle möglichen Übel und Sünden, politischen Weltmächte und ihre Herrscher werden mit Dämonen in Verbindung gebracht. Die Heilungen und Dämonenaustreibungen Jesu sind vielmehr ein Zeichen, dass die Gottesherrschaft nahe gekommen ist: dass der Dämonenherrschaft ein Ende bereitet wird. Deshalb sieht Jesus nach Lukas den Satan wie einen Blitz vom Himmel fallen. So verstanden bedeutet die Dämonenaustreibung, bedeutet die Befreiung des Menschen vom Dämonenbann gerade nicht irgendeinen mythologischen Akt. Sie bedeutet ein Stück Entdämonisierung und Entmythologisierung von Mensch und Welt und die Befreiung zu wahrer Geschöpflichkeit und Menschlichkeit. Gottes Reich ist heile Schöpfung. Jesus befreit die Besessenen von den psychischen Zwängen und durchbricht den Teufelskreis von seelischer Störung, Teufelsglauben und gesellschaftlicher Ächtung.

3. Schließlich können auch andere Wundergeschichten zumindest einen *geschichtlichen Anlass* gehabt haben. Die Erzählung von der Sturmstillung etwa kann von einer Rettung aus der Seenot nach Gebet und Hilferuf ihren Anfang genommen haben. Die Erzählung von der Münze im Fischmaul kann von der Aufforderung Jesu herkommen, einen Fisch zur Bezahlung der geforderten Tempelsteuer zu fangen. Selbstverständlich sind dies nicht mehr als Vermutungen. Der eventuelle Anlass lässt sich nicht mehr rekonstruieren, weil der Erzähler gerade daran nicht interessiert war. Ihm ging es um das Zeugnis, das möglichst eindrückliche Zeugnis für Jesus als den Christus.

Sollte es in dieser Perspektive verwunderlich sein, dass das faktisch Geschehene im Lauf von 40 bis 70 Jahren mündlicher Überlieferung, wie dies beim Weitererzählen von Geschichten nicht nur im Orient normal ist, erweitert, ausgeschmückt, gesteigert wurde?

Hinweise, nicht Beweise

Mehr als alles dies gibt die historische Untersuchung nicht her, auch wenn sie keineswegs von einem apriorischen Glauben an die Unmöglichkeit von Wundern ausgeht. Es geht hier nicht um die Möglichkeit oder Unmöglichkeit von Wundern überhaupt. Nur: Wer Wunder im strengen Sinn behaupten will, hat die Beweislast. Und Wunder im streng neuzeitlichen Sinn einer Durchbrechung von Naturgesetzen sind historisch nicht zu erweisen. Folglich wird man den vieldeutigen Ausdruck »Wunder« heute meist besser vermeiden. Man befindet sich dann in merkwürdiger Übereinstimmung mit dem Neuen Testament selbst: Das seit Homer und Hesiod übliche griechische Wort für Wunder (»thauma«) erscheint kein einziges Mal; auch die lateinische Vulgata-Übersetzung verwendet den Begriff »miraculum« im Neuen Testament nicht. Besser wird man – wiederum im Anschluss an das Neue Testament und besonders Johannes – von »Zeichen« oder »Zeichentaten« reden. Es handelt sich um charismatische (nicht ärztliche) therapeutisch-exorzistische Taten, die zeichenhaften Charakter tragen, allerdings als solche Jesus nicht von anderen ähnlichen Charismatikern unterscheiden. Religionsgeschichtlich lassen sich diese Taten nicht als analogielos beweisen. Sie lassen sich nicht als einzigartig, unvergleichlich, unverwechselbar Jesus allein und keinem anderen zuschreiben. Aber sie waren zumindest für die Menschen seiner Zeit erstaunlich. Und zwar so erstaunlich, dass man ihm noch mehr, ja schließlich alles zutraute und ihn besonders nach seinem Tod aus der Verklärung des zeitlichen Abstandes heraus nicht genug preisen konnte.

War also Jesus so etwas wie ein *Heilpraktiker*, der eine Heil-Lehre, eine Wissenschaft des Heilens praktizierte? Die Bewegung der »Christian Science« betrachtet in der Tat Jesus von Nazaret als den ersten Lehrer und Praktiker der »christlichen Wissenschaft«: Jesus als das Vorbild einer neuartigen Heilmethode durch die Kraft des Glaubens. Überwindung also alles Unvollkommenen, alles Krankhaften und Leidvollen – letztlich als Illusion gekennzeichnet – auf geistigem, mentalem Weg, ohne alle äußeren Eingriffe?

Das wäre ein *Missverständnis* der charismatischen Taten Jesu. Die Heilungen und Dämonenaustreibungen geschahen keinesfalls regelmäßig oder gar planmäßig. Oft entzieht sich Jesus dem Volk und gebietet den Geheilten Schweigen. Jesus war nicht ein Wundermann, ein hellenistischer »Gottesmann«, der möglichst viele Kranke gesund machen wollte.

Die ursprünglichen, schlichten Erzählungen stellen Jesu göttliche Vollmacht ins Zentrum. Jesus sah seine Berufung, seine Geisterfülltheit, seine Botschaft in seinen charismatischen Taten bestätigt und geriet darüber mit seiner Familie und den Theologen in Streit. Nicht das Negative, sondern das Positive war wichtig: An einer Durchbrechung von Naturgesetzen waren die Evangelien nicht interessiert, wohl aber daran, dass in diesen Taten Gottes Macht selber durchbricht. Die charismatischen Heilungen und Dämonenaustreibungen Jesu hatten keinen Eigenzweck. Sie standen *im Dienst der Verkündigung des Gottesreiches*. Sie deuten oder bekräftigen Jesu Wort. Ein Gelähmter wird geheilt, um die Berechtigung der von Jesus zugesprochenen Sündenvergebung zu erweisen. Sie geschehen nicht regelmäßig und erst recht nicht organisiert – die Umwandlung der Welt bleibt Gottes Sache. Sie geschehen beispielhaft, zeichenhaft – schon beginnt Gott den Fluch des menschlichen Daseins in Segen zu wandeln.

Wichtiger als die Zahl und das Ausmaß der Heilungen, Dämonenaustreibungen, wunderbaren Taten ist: Jesus wendet sich all denen in Sympathie und Mitleid zu, *denen sich niemand zuwendet*: den Schwachen, Kranken, Vernachlässigten, von der Gesellschaft Ausgestoßenen. An ihnen ging man schon immer gerne vorbei. Schwache und Kranke sind lästig. Von Aussätzigen und »Besessenen« hält jedermann Abstand. Und die frommen Qumranleute (und ähnlich zum Teil auch die Rabbinen) schlossen, getreu ihrer Regel, von vornherein bestimmte Menschengruppen aus ihrer Gemeinschaft aus:

»Toren, Verrückte, Einfältige, Irre,
Blinde, Lahme, Hinkende, Taube und Unmündige –
keiner von ihnen darf in die Gemeinde
aufgenommen werden;
denn heilige Engel sind in ihrer Mitte.«

Von ihnen allen wendet sich Jesus nicht ab, sie alle stößt er
nicht zurück. Er behandelt die Kranken nicht als Sünder,
sondern zieht sie heilend heran. »Freie Bahn dem Tüchtigen,
dem Gesunden, dem Jungen« – das sind nicht die Parolen
Jesu. Er kennt keinen Kult der Gesundheit, der Jugend, der
Leistung. Er liebt sie alle, wie sie sind, und vermag so zu
helfen: den Kranken an Leib und Seele gibt er Gesundheit;
den Schwachen und Altgewordenen Kraft; den Untüchtigen Tüchtigkeit; all den armen, hoffnungslosen Existenzen
Hoffnung, neues Leben, Vertrauen in die Zukunft. Und sind
dies alles – auch wenn sie kein einziges Naturgesetz verlet-
zen – nicht sehr ungewöhnliche, außerordentliche, stau-
nenerregende, wundersam-wunderbare Taten? Dem Täufer
im Gefängnis, der nicht weiß, was er von Jesus halten soll,
antwortet Jesus nach der Überlieferung mit einem Bild des
Reiches Gottes, das in seiner poetischen Form nicht eine exakte Wunderliste (einiges davon mag sich in Gegenwart der
Boten ereignet haben), sondern ein messianisches Lied – in
erstaunlichem Kontrast zu Qumran – darstellt:

Blinde sehen und Lahme gehen,
Aussätzige genesen und Taube hören,
Tote werden auferweckt
und Arme empfangen die Frohbotschaft.

Dies will besagen: Die wunderbaren Wirkungen des kommenden Gottesreiches sind schon jetzt spürbar. Die Zukunft
Gottes wirkt schon in die Gegenwart hinein. Nicht als ob

die Welt selbst schon verwandelt wäre – das Reich Gottes wird erst kommen. Aber in ihm, in Jesus, seinen Worten und Taten strahlt seine Macht bereits aus, ist bereits ein Anfang gemacht. Wenn er Kranke heilt, wenn er durch Gottes Geist Dämonen austreibt, so ist *in ihm und mit ihm* das Reich Gottes schon gekommen. Jesus hat durch seine Taten das Reich Gottes nicht schon aufgerichtet. Wohl aber hat er *Zeichen* gesetzt, in denen das kommende Reich bereits aufleuchtet. Zeichenhafte, leibhafte, typische Vorausdarstellungen jenes definitiven und umfassenden leib-geistigen Wohls, welches wir das »*Heil*« des Menschen nennen! Insofern konnte er sagen: das Reich Gottes ist schon in eurer Mitte.

Das eigentliche Übel sowohl des supranaturalistischen Wunderverständnisses (Wunder als göttliche Eingriffe gegen die Naturgesetze) wie der allgemein religiösen Interpretation (alles in der Welt, in Einklang mit den Naturgesetzen, ist Wunder) ist die Ablösung der Wunderaussagen von Jesus und seinem Wort. Nicht die Durchbrechung des Naturgesetzes (welche historisch nicht zu verifizieren ist) und nicht ein allgemeines Durchwaltetsein der Welt durch Gott (was nicht bestritten werden soll), sondern er selber ist der Schlüssel zum Verständnis der neutestamentlichen Wunderberichte: Nur *von seinem Wort* her erhalten seine charismatischen Taten ihren *eindeutigen Sinn*. Deshalb gipfelt, in jener Antwort an Johannes, die Aufzählung der Zeichen des kommenden Reiches in der Predigt des Evangeliums und endet mit der Seligpreisung dessen, der an seiner Person keinen Anstoß nimmt. Die charismatischen Taten verdeutlichen Jesu Wort, umgekehrt bedürfen sie der Deutung durch Jesu Wort. Nur von Jesu Wort her erhalten sie die Glaubwürdigkeit.

Also: Jesus hat nicht nur geredet, sondern auch eingegriffen in den Bereich von Krankheit und Ungerechtigkeit. Er hat nicht nur die Vollmacht des Predigens, sondern auch das

Charisma des Heilens. Er ist nicht nur *Verkünder* und *Ratgeber*. Er ist zugleich *Heilender* und *Helfender*.

Und auch darin war er wieder anders als die Priester und Theologen, die Guerillakämpfer und die Mönche: Er lehrte wie einer, der Macht hat. Was ist das: eine neue Lehre voll Macht?, so fragt und sagt man sich nach dem ersten Wunder bei Markus. Es brach in ihm etwas auf, was von den einen schärfstens abgelehnt, ja als Magie verdammt wurde und was den anderen den Eindruck einer Begegnung mit der göttlichen Macht vermittelte: das Gottesreich, das nicht nur in Vergebung und Bekehrung, sondern auch in der Erlösung und Befreiung des Leibes und in der Verwandlung und Vollendung der Welt besteht. So erscheint Jesus nicht nur als der Verkünder, sondern auch in Wort und Tat als der *Bürge* des kommenden Gottesreiches. Was aber, so muss jetzt gefragt werden, ist seine Norm?

3. Die oberste Norm

Die Frage drängt sich von allen Abgrenzungen her, die sich gezeigt haben, auf: Woran soll sich der Mensch eigentlich halten? Wenn einer sich schon nicht an das Establishment binden, wenn er sich aber auch nicht der Revolution verschreiben, wenn er sich nicht zur äußeren oder inneren Emigration entschließen und auch den moralischen Kompromiss ablehnen will: Was will er dann eigentlich? Einen fünften Bezugspunkt scheint es in diesem Koordinatenkreuz gar nicht zu geben. Woran, an welches Gesetz will er sich halten? Was soll hier überhaupt Norm, oberste Norm sein? Eine Frage von grundlegender Bedeutung damals wie heute. Was gilt für Jesus?

Weder Naturgesetz noch Offenbarungsgesetz

Oberste Norm ist nicht ein natürliches Sittengesetz: *nicht ein sittliches Naturgesetz.* Dies mindestens kurz herauszustellen dürfte nicht ganz unwichtig sein in einer Zeit, da eine wichtige päpstliche Enzyklika die Begründung für die Unsittlichkeit »künstlicher« Geburtenregelung mit Berufung auf die Autorität Jesu Christi in einem solchen Naturgesetz zu finden vorgab. Man wird es nicht nur einem Mangel an theologischer Reflexion zuschreiben dürfen, wenn Jesus zur Begründung seiner Forderungen nicht von einer angeblich sicher erkennbaren und alle Menschen verbindenden unveränderlichen Wesensnatur ausgeht. Ihm geht es eben nicht um eine verschieden ausgedeutete abstrakte und statische Menschennatur, sondern um den konkreten einzelnen Menschen.

Oberste Norm ist auch nicht ein positives Offenbarungsgesetz: *nicht ein geoffenbartes Gottesgesetz.* Jesus ist nicht, wie etwa Mose, Zarathustra und Mohammed, Vertreter einer typischen Gesetzesreligion, für welche zwar nicht ein ewiges Weltgesetz (wie im chinesischen oder stoischen Denken), sondern ein alle Lebensbereiche ordnendes Offenbarungsgesetz die bestimmende Größe im Alltagsleben ist: im Islam gar in der Form eines bei Gott präexistent vorhandenen Buches (Koran), das schon vor Mohammed durch andere Propheten den Völkern mitgeteilt, wenn auch dann verfälscht worden war, bis Mohammed als der letzte Prophet nach Jesus, als »Siegel der Propheten«, die Uroffenbarung wiederherstellte.

Freilich hat man in der Kirchengeschichte immer wieder Jesus als »neuen Gesetzgeber« und das Evangelium als »neues Gesetz« ausgegeben. Nun hat Jesus gewiss das mosaische Gesetz keineswegs als solches abgelehnt, wenn er gegen den pharisäischen (frühjüdischen) Legalismus anging. Und

127

selbst für seine Zeit darf Gesetzesfrömmigkeit nicht mit dem weitverbreiteten Legalismus gleichgesetzt werden. An sich bekundet das Gesetz den ordnenden Gotteswillen. An sich bekundet es Gottes Güte und Treue, ist es ein Dokument und Erweis seiner Gnade und Liebe zu seinem Volk und fordert nicht nur einzelne Handlungen, sondern das Herz. Jesus wollte es nicht durch seine eigene Botschaft ersetzen. Zu erfüllen, nicht aufzuheben – so sahen wir – war er gekommen. Er war kein Vertreter einer anarchistischen Gesetzlosigkeit.

Und trotzdem war für ihn das Gesetz nicht die oberste Norm, von der es keine Möglichkeit der Dispens gab. Er hätte sich sonst nicht darüber hinwegsetzen dürfen.

Nun steht aber fest, wie wir ebenfalls bereits sahen: Jesus setzte sich über das Gesetz hinweg, und zwar nicht nur über die Tradition, die mündliche Überlieferung der Väter, die »Halacha«, sondern auch über die Heilige Schrift selbst, das in den »fünf Büchern Moses« (»Pentateuch«) aufgeschriebene heilige Gesetz Gottes, die »Tora«. Die Verbindlichkeit der mündlichen Überlieferung lehnte er überhaupt ab: In Wort und Tat ging er sowohl gegen die kultischen Reinheitsvorschriften wie gegen die Fastenvorschriften wie insbesondere die Sabbatvorschriften an, was, wie dargelegt, ausreichte, um ihm die erbitterte Feindschaft der Pharisäer zuzuziehen. Aber dies natürlich auch, weil mit der Ablehnung der mündlichen Überlieferung auch die Tora selbst, das mosaische Gesetz, faktisch mitbetroffen war, welches jene Überlieferungen der Väter nur zu interpretieren vorgaben; man denke an die Bestimmungen der Tora über reine und unreine Nahrung oder an das Sabbatgebot. Direkt gegen das mosaische Gesetz aber stand Jesus im Verbot der Ehescheidung, im Verbot des Schwures, im Verbot der Vergeltung, im Gebot der Feindesliebe.

Die Gesetzeskritik Jesu wurde noch verstärkt durch seine Kultkritik. Für Jesus ist der Tempel nicht ewig wie für die meisten seiner Volksgenossen. Er rechnet mit seinem Abbruch; der neue Gottestempel stehe schon bereit, der in der Heilszeit den alten ersetzen werde. In der Zwischenzeit betont Jesus nicht nur allgemein die untergeordnete Bedeutung des Opferkults. Vor dem Opfer wird Versöhnung gefordert.

Die Kritik Jesu am pharisäischen Verständnis des Gesetzes lässt sich nicht verharmlosen: Er hat das Gesetz nicht nur an bestimmten Punkten anders interpretiert. Er hat das Gesetz auch nicht nur an bestimmten Punkten verschärft oder radikalisiert (schon Zorn ist Mord, schon ehebrecherisches Begehren Ehebruch); das tat auch der »Lehrer der Gerechtigkeit« im Qumrankloster. Nein, er hat sich in befremdender Selbständigkeit und Freiheit über das Gesetz hinweggesetzt, wann und wo es ihm richtig schien. Selbst wenn Jesus die Formeln noch nicht gebraucht hätte, was doch wohl nur eine allzu skeptische Kritik bezweifeln kann: Sowohl das »Ich aber sage euch« in den Antithesen der Bergpredigt wie das sonst von niemandem am Anfang der Sätze gebrauchte »Amen« gibt der Radikalisierung, Kritik, ja aufhebenden Reaktivierung des Gesetzes durch Jesus exakten Ausdruck.

Es lässt zugleich die Frage nach der Autorität aufkommen, die hier in Anspruch genommen wird und die über die Autorität eines Gesetzestheologen und auch eines Propheten weit hinauszugehen scheint. Auch wer die ganze Tora als von Gott annahm, aber mit Ausnahme dieses oder jenes Verses, der nicht von Gott, sondern von Mose sei, der hatte nach dem Urteil der Zeitgenossen das Wort Jahwes verachtet. Soll es denn eine »bessere Gerechtigkeit« geben können als die des Gesetzes? Schon zu Beginn des ersten Evangeliums (Markus) wird berichtet, dass Jesu Zuhörer fassungslos waren, dass er anders lehrte als die Schriftgelehrten.

Statt Gesetzlichkeit Gottes Wille

Was also wollte Jesus? Es ist bereits deutlich geworden: Gottes Sache vertreten. Das meint er mit seiner Botschaft vom Kommen des Reiches Gottes. Dass aber Gottes Name geheiligt werde und sein Reich komme, erscheint in der Mattäusfassung des Vaterunser erweitert durch den Satz: Dein Wille geschehe! Was Gott im Himmel will, das soll auf Erden getan werden. Dies also bedeutet die Botschaft vom Kommen des Reiches Gottes, wenn sie als Forderung für den Menschen hier und jetzt verstanden wird: Es geschehe, *was Gott will*. Dies gilt für Jesus selbst bis in seine eigene Passion hinein: Sein Wille geschehe. Gottes Wille ist der Maßstab. Dies soll auch für seine Nachfolge gelten: Wer den Willen Gottes tut, ist ihm Bruder, Schwester, Mutter. Nicht Herr, Herr sagen, sondern den Willen des Vaters tun – das führt ins Himmelreich. Es ist somit unverkennbar und wird durch das ganze Neue Testament hindurch bestätigt: Oberste Norm ist, was Gott will, *ist der Wille Gottes*.

Das Tun des Willens Gottes ist für viele Fromme eine fromme Formel geworden. Sie haben ihn mit dem Gesetz identifiziert. Dass es hier um eine sehr radikale Parole geht, erkennt man erst, wenn man sieht: Der Wille Gottes ist nicht einfach identisch mit dem geschriebenen Gesetz und erst recht nicht identisch mit der das Gesetz auslegenden Tradition. Sosehr das Gesetz den Willen Gottes künden kann, sosehr kann es auch Mittel sein, um sich hinter ihm gegen Gottes Willen zu verschanzen. So leicht führt das Gesetz zur Haltung der *Gesetzlichkeit*. Eine Haltung, die trotz rabbinischer Aussagen über das Gesetz als Ausdruck der Gnade und des Gotteswillens weit verbreitet war!

Ein Gesetz gibt Sicherheit: weil man weiß, woran man sich zu halten hat. An genau dieses nämlich: an nicht weniger (das kann manchmal lästig sein), aber auch nicht an mehr (das ist manchmal recht bequem). Nur was geboten ist, muss ich tun. Und was nicht verboten ist, das ist erlaubt. Und wie viel kann man in einzelnen Fällen tun und lassen, bevor man mit dem Gesetz in Konflikt kommt! Kein Gesetz kann alle Möglichkeiten berücksichtigen, alle Fälle einkalkulieren, alle Lücken schließen. Zwar versucht man immer wieder, frühere Gesetzesbestimmungen (für die Moral oder die Lehre), die damals einen Sinn hatten, ihn aber unterdessen verloren haben, künstlich auf die neuen Lebensbedingungen zurechtzubiegen beziehungsweise aus ihnen künstlich etwas Entsprechendes für die veränderte Situation abzuleiten. Dies scheint der einzige Weg zu sein, wenn man den Buchstaben des Gesetzes mit dem Willen Gottes identifiziert: durch Gesetzesinterpretation und Gesetzesexplikation zur Gesetzeskumulation.

Im mosaischen Gesetz zählte man 613 Vorschriften (im revidierten römischen Codex Iuris Canonici zählt man 1752 Canones). Aber je feiner das Netz geknüpft ist, umso zahlreicher sind auch die Löcher. Und je mehr Gebote und Verbote man aufstellt, umso mehr verdeckt man das, worauf es entscheidend ankommt. Und vor allem ist möglich, dass man das Gesetz im Ganzen oder auch einzelne Gesetze nur hält, weil es nun einmal vorgeschrieben ist und man eventuell die negativen Folgen zu fürchten hat. Wäre es nicht vorgeschrieben, würde man es nicht tun. Und umgekehrt ist möglich, dass man vieles nicht tut, was eigentlich getan werden sollte, weil es nun einmal nicht vorgeschrieben ist und einen niemand darauf festlegen kann. Wie beim Priester und Leviten in der Parabel: er sah ihn und ging vorüber. Damit erscheint die Autorität wie der Gehorsam formalisiert: man tut es, weil das Gesetz es befiehlt. Und insofern ist auch grundsätzlich jedes Gebot oder Verbot gleich wichtig. Eine Differenzierung, was wichtig ist und was nicht, ist nicht nötig.

Die *Vorteile der Gesetzlichkeit* damals wie heute sind unübersehbar. Es lässt sich leicht begreifen, warum so viele

Menschen sich gegenüber anderen *Menschen* lieber an ein Gesetz halten, als sich persönlich zu entscheiden: Wie vieles müsste ich sonst tun, was nicht vorgeschrieben ist? Und wie vieles lassen, was gar nicht verboten ist? Dann doch lieber klare Grenzen. Im Einzelfall lässt sich dann noch immer diskutieren: ob wirklich eine Gesetzesübertretung vorlag, ob es wirklich schon Ehebruch war, ob direkt ein Meineid, ob geradezu Mord … ! Und wenn auch Ehebruch gesetzlich verboten ist, so doch nicht alles, was dazu führt. Und wenn schon Meineid, so doch nicht alle harmloseren Formen der Unwahrhaftigkeit. Und wenn schon Mord, so doch nicht alle böswilligen Gedanken, die bekanntlich zollfrei sind. Was ich bei mir selber, was ich in meinem Herzen denke, begehre, möchte, ist meine Sache.

Und ebenfalls lässt sich leicht begreifen, warum so viele Menschen sich auch im Blick auf *Gott* selbst lieber an ein Gesetz halten: Weiß ich auf diese Weise doch genau, wann ich meine Pflicht getan habe. Bei entsprechender Leistung darf ich auch mit entsprechender Belohnung rechnen. Und, falls ich mehr als meine Pflicht getan habe, mit einer Spezialvergütung. Auf diese Weise lassen sich meine Verdienste und Verschuldungen gerecht verrechnen, moralische Minuspunkte durch überschüssige Sonderleistungen einholen und letztlich vielleicht die Strafen durch den Lohn aufheben. Das ist eine klare Rechnung, und man weiß, woran man ist mit seinem Gott.

Aber gerade dieser gesetzlichen Haltung gibt Jesus den *Todesstoß*.

Nicht auf das Gesetz selbst, wohl aber auf die Gesetzlichkeit, von der das Gesetz freizuhalten ist, zielt er. Auf den *Kompromiss*, der diese Gesetzesfrömmigkeit kennzeichnet. Die den Menschen abschirmende Mauer, deren eine Seite Gottes Gesetz ist und deren andere des Menschen gesetzliche Leistungen, durchbricht er. Er lässt den Menschen nicht sich hinter dem Gesetz in Gesetzlichkeit verschanzen und schlägt ihm seine Verdienste aus den Händen. Den Buchstaben des Gesetzes misst er am Willen Gottes selbst und stellt den Menschen damit in befreiender und beglückender Weise unmittelbar vor Gott. Nicht in einem kodifizierten Rechtsverhältnis steht der Mensch zu Gott, bei dem er sein eigenes Selbst heraushalten kann. Nicht einfach dem Gesetz, sondern Gott selber soll er sich stellen: dem nämlich, was Gott ganz persönlich von ihm will.

Deshalb verzichtet Jesus darauf, gelehrt über Gott zu reden, allgemeine, allumfassende moralische Prinzipien zu proklamieren, dem Menschen ein neues System beizubringen. Er gibt nicht Anweisungen für alle Gebiete des Lebens. Jesus ist *kein Gesetzgeber* und will auch keiner sein. Er verpflichtet weder neu auf die alte Gesetzesordnung, noch gibt er ein neues Gesetz, das alle Lebensbereiche umfasst. Er verfasst weder eine Moraltheologie noch einen Verhaltenskodex. Er erlässt weder sittliche noch rituelle Anordnungen, wie der Mensch beten, fasten, die heiligen Zeiten und Orte beachten soll. Selbst das Vaterunser, vom ältesten Evangelisten überhaupt nicht überliefert, ist nicht in einem einzigen verbindlichen Wortlaut, sondern bei Lukas (wohl ursprünglich) und Mattäus in verschiedenen Fassungen wiedergegeben; nicht auf wörtliches Nachbeten kommt es Jesus an. Und gerade das Liebesgebot soll nicht ein neues Gesetz sein.

Vielmehr: Ganz konkret zugreifend, fern aller Kasuistik und Gesetzlichkeit, unkonventionell und treffsicher ruft Jesus den Einzelnen zum *Gehorsam gegen Gott* auf, der das ganze Leben umfassen soll. Einfache, durchsichtige, befreiende Appelle, die auf Autoritäts- und Traditionsargumente verzichten, aber Beispiele, Zeichen, Symptome für das veränderte Leben angeben. Große helfende, oft überspitzt formulierte Weisungen ohne alles Wenn und Aber: Bringt dich dein Auge zu Fall, so reiße es aus! Deine Rede sei ja, ja und nein, nein! Versöhne dich zuerst mit deinem Bruder! Die Anwendung auf sein Leben hat jeder selbst zu vollziehen.

Der Sinn der Bergpredigt

Auf das radikale Ernstnehmen des Willens Gottes zielt die *Bergpredigt*, in der Mattäus und Lukas die ethischen Forderungen Jesu – kurze Sprüche und Spruchgruppen hauptsächlich aus der Logienquelle Q – gesammelt haben. Sie hat Christen und Nichtchristen – die Jakobiner der Revolution und den Sozialisten Kautsky ebenso wie Tolstoi und Albert Schweitzer – immer wieder neu herausgefordert.

Dies ist der Generalnenner der Bergpredigt: *Gottes Wille geschehe*! Eine herausfordernde Botschaft:

Mit der Relativierung des Willens Gottes ist es vorbei. Keine fromme Schwärmerei, keine reine Innerlichkeit, sondern den Gehorsam der Gesinnung und der Tat. Der Mensch selbst steht in Verantwortung vor dem nahen, kommenden Gott. Nur durch das entschlossene, rückhaltlose Tun des Willens Gottes wird der Mensch der Verheißungen des Reiches Gottes teilhaftig. Gottes befreiende Forderung aber ist radikal. Sie verweigert den kasuistischen Kompromiss. Sie überschreitet und durchbricht die weltlichen Begrenzungen und rechtlichen Ordnungen. Die herausfordernden Beispiele der Bergpredigt wollen gerade nicht eine gesetzliche Grenze angeben: nur die linke Wange, zwei Meilen, den Mantel – dann hört die Gemütlichkeit auf. Gottes Forderung appelliert an die Großzügigkeit des Menschen, tendiert auf ein Mehr. Ja, sie geht auf das Unbedingte, das Grenzenlose, das Ganze. Kann Gott mit einem begrenzten, bedingten, formalen Gehorsam – nur weil etwas geboten oder verboten ist – zufrieden sein? Da würde ein Letztes ausgespart, was alle noch so minutiösen Rechts- und Gesetzesbestimmungen nicht fassen können und was doch über die Haltung des Menschen entscheidet. Gott will mehr: er beansprucht nicht nur den halben, sondern den ganzen Willen. Er fordert nicht nur das kontrollierbare Äußere, sondern auch das unkontrollierbare Innere – des Menschen Herz. Er will nicht nur gute Früchte, sondern den guten Baum. Nicht nur das Handeln, sondern das Sein. Nicht etwas, sondern mich selbst, und mich selbst ganz und gar.

Das meinen die verwunderlichen Antithesen der Bergpredigt, wo dem Recht der Wille Gottes gegenübergestellt wird: Nicht erst Ehebruch, Meineid, Mord, sondern auch das, was das Gesetz gar nicht zu erfassen vermag, schon die ehebrecherische Gesinnung, das unwahrhaftige Denken und Reden, die feindselige Haltung sind gegen Gottes Willen. Jegliches »Nur« in der Interpretation der Bergpredigt bedeutet eine Verkürzung und Abschwächung des unbedingten Gotteswillens: »nur« eine bessere Gesetzeserfüllung, »nur« eine neue Gesinnung, »nur« ein Sündenspiegel im Licht des einen gerechten Jesus, »nur« für die zur Vollkommenheit Berufenen, »nur« für damals, »nur« für eine kurze Zeit …

Wie schwierig es freilich für die spätere Kirche war, Jesu radikale Forderungen durchzuhalten, zeigen ihre *Entschärfungen* schon in der (palästinisch-syrischen?) Gemeinde des Mattäus: Nach Jesus soll jeglicher Zorn unterbleiben, nach Mattäus zumindest bestimmte Schimpfworte wie »Hohlkopf«, »Gottloser«. Nach Jesus soll man das Schwören überhaupt unterlassen und mit dem einfachen Ja oder Nein durchs Leben kommen, nach Mattäus zumindest bestimmte Schwurformeln vermeiden. Nach Jesus soll man dem Nächsten die Verfehlung vorhalten und, wenn er davon absteht, ihm vergeben; nach Mattäus muss ein geregelter Instanzenweg eingehalten werden. Nach Jesus soll dem Mann – zum Schutz der rechtlich empfindlich benachteiligten Frau – die Scheidung bedingungslos verboten sein; nach Mattäus darf zumindest im Fall krassen Ehebruchs der Frau eine Ausnahme gemacht werden.

Alles nur Aufweichungstendenzen? Es muss dann zumindest auch das ehrliche Bemühen um die bleibende Gültigkeit der unbedingten Forderungen Jesu in einem Alltag gesehen werden, der nicht mehr von der Naherwartung des kommenden Reiches bestimmt ist. Man denke zum Beispiel an die *Ehescheidung*, die Jesus ganz unjüdisch gegen das patriarchalische mosaische Gesetz rigoros verboten hatte mit der apodiktischen Begründung, dass Gott die Ehen zusammenfüge und nicht wolle, dass Menschen lösen, was er vereinte. Die zwischen den Schulen der Gelehrten Schammai und Hillel heftig umstrittene Frage, ob nur eine geschlechtliche Verfehlung (Schammai) oder praktisch jegliche Sache wie selbst ein angebranntes Essen (Hillel, nach Philon und Josephus die gängige Praxis) Grund zur Entlassung der Frau sein könne, war für Jesus völlig unwichtig. Ihm ging es um das Entscheidende. Freilich: Die angesichts des sich hinauszögernden Endes drängend gewordene Frage, was zu geschehen habe, wenn trotz Gottes unbedingter Forderung Ehen zerbrechen und das Leben weitergehen soll, war von Jesus nicht beantwortet worden und musste nun beantwortet werden. Der unbedingte Appell Jesu zur Bewahrung der Einheit der Ehe wurde nun als eine Rechtsregel verstanden, die gesetzlich immer genauer fixiert werden musste: Dem Verbot der Entlassung und Wiederheirat der Frau wurde im Hinblick auf die hellenistische Rechtslage das Verbot der Scheidung seitens der Frau samt Ausnahmeregel für Mischehen sowie das Verbot der Wiederheirat für beide Teile hinzugefügt; doch musste man so auch den Ehebruch als Ausnahmegrund für eine Ehescheidung zugestehen. Ob eine andere Antwort als die wiederum kasuistische Lösung durch gesetzliche Festlegung der einzelnen Fälle möglich gewesen wäre?

Jesus selber jedenfalls, kein Jurist, ließ es mit seinen unbedingten Appellen bewenden, die in der jeweiligen Situation zu realisieren waren. Das zeigt sich am Beispiel des

Eigentums, wo Jesus, wie noch zu sehen sein wird, weder allen den Verzicht noch auch das Gemeineigentum verordnet hat: Der eine wird den Armen alles opfern, ein anderer die Hälfte geben, wieder ein anderer durch ein Darlehen helfen. Die eine gibt für Gottes Sache das Letzte, andere üben sich in Dienst und Fürsorge, eine dritte treibt scheinbar sinnlose Verschwendung. Gesetzlich geregelt wird hier nichts. Und so braucht es auch keine Ausnahmen, Entschuldigungen, Privilegien und Dispensen vom Gesetz!

Die Bergpredigt zielt freilich keineswegs auf eine oberflächliche Situationsethik, als ob einfach das Gesetz der Situation dominieren dürfte. Nicht die Situation soll alles bestimmen. Vielmehr, in der betreffenden Situation, die unbedingte Forderung Gottes selbst, die den Menschen ganz in Beschlag nehmen will. Im Hinblick auf das Letzte und Endgültige, das Gottesreich, wird eine grundlegende Veränderung des Menschen erwartet.

IV. Die Sache des Menschen

Ein grundlegender Wandel wird erwartet: so etwas wie eine Neugeburt des Menschen selbst, die nur der versteht, der sie selbst mitmacht. Ein Wandel also nicht nur wie bei Sokrates durch ein Fortschreiten des rechten Denkens um des rechten Tuns willen, oder wie bei Kung-futse durch Bildung des grundsätzlich guten Menschen. Ein Wandel auch nicht durch eine Erleuchtung, wie der Asket Siddharta Gautama über die Versenkung durch Erleuchtung (*bodhi*) zum Buddha, zum Erleuchteten, wurde, um auf diesem Weg zur Einsicht in die Ursache und die Aufhebung des Leidens und schließlich zum Erlöschen im Nirwana zu gelangen. Nach Jesus kommt es zu einem grundlegenden Wandel durch Hingabe des Menschen an Gottes Willen.

1. Humanisierung des Menschen

Jesus erwartet einen anderen, neuen Menschen: ein radikal verändertes Bewusstsein, eine grundsätzlich andere Haltung, eine völlig neue Orientierung im Denken und Handeln.

Das veränderte Bewusstsein

Jesus erwartet nicht mehr und nicht weniger als eine grundsätzliche, *ganzheitliche Ausrichtung des Menschenlebens auf Gott*. Ein ungeteiltes Herz, das im Letzten nicht zwei Herren, sondern nur einem Herrn dient. Mitten in der Welt und unter den Menschen soll der Mensch in Erwartung der Gottesherrschaft sein Herz letztlich einzig und allein an Gott hängen: weder an Geld und Eigentum, noch an Recht und Ehre, noch selbst an seine Eltern und seine Familie. Hier darf man nach Jesus nicht einfach von Frieden reden, hier regiert das Schwert. Sogar die engsten Bande müssen bei dieser Grundentscheidung als zweitrangig zurückgestellt werden. Die Nachfolge auf diesem Weg geht auch den familiären Bindungen voran: Vater, Mutter und Geschwister, Frau und Kinder, ja, sogar sich selbst muss einer »hassen«, wenn er Jesu Jünger sein will. Sogar sich selbst! Der eigentliche Feind einer solchen Veränderung bin ich erfahrungsgemäß selber, ist mein eigenes Selbst. Deshalb die unmittelbare Folgerung: Wer sein Leben zu erhalten sucht, wird es verlieren; wer sein Leben verliert, wird es gewinnen. Eine harte Sprache? Eine reiche Verheißung. Damit ist nun deutlich geworden, was mit dem uns schon bekannten zentralen Begriff der »Metanoia«, mit der *Umkehr* oder, wie man es früher missverständlich nannte, der »Buße« gemeint ist. Nicht ein äußeres Bußetun in Sack und Asche. Nicht ein intellektuell bestimmtes oder gefühlsbetontes religiöses Erlebnis! Sondern die entscheidende Wandlung des Willens, ein von Grund auf verändertes Bewusstsein: eine neue Grundhaltung, eine andere Wertskala. Also ein radikales Umdenken und Umkehren des ganzen Menschen, eine neue Lebenseinstellung. Immerhin: Nicht Sündenbekenntnisse, nicht eine Beichte erwartet Jesus vom Menschen, der sich ändern will. Seine problematische Vergangenheit, von der er sich ja abwenden soll, interessiert ihn wenig. Nur die bessere Zukunft, der er sich allerdings unwiderruflich und vorbehaltlos – ohne mit der Hand am Pflug zurückzuschauen – zuwenden soll, die Gott ihm verheißt und schenkt. Der Mensch darf von der Vergebung leben. Das ist die Umkehr aus jenem unbeirrbaren, unerschütterlichen Vertrauen auf Gott und sein Wort heraus, das man schon im Alten Testament *Glauben* genannt hat. Ein gläubiges Vertrauen und ein vertrauender Glaube, der etwas sehr Verschiedenes ist von dem, was für Buddha nach indischer Philosophie die Einsicht, oder für Sokrates nach griechischem Verständnis die Dialektik des Denkens, oder für Kung-futse nach chinesischer Tradition die Pietät ist.

Gott selber macht durch sein Evangelium und seine Vergebung eine Umkehr aus dem Glauben, einen neuen Anfang möglich. Nicht Heroismus ist vom Menschen verlangt: er darf leben aus der vertrauenden *Dankbarkeit* dessen, der den Schatz im Acker gefunden, die kostbare Perle empfangen hat. Er soll ja nicht unter neuen gesetzlichen Druck und Leistungszwang gestellt werden. Gewiss, er wird seine Pflicht tun und sich nichts zugute halten, wenn er nur seine Pflicht getan. Aber noch mehr als der getreue Knecht wird das Kind Vorbild sein: nicht weil seine vermeintliche Unschuld romantisch zum Ideal verklärt werden soll, sondern weil es, hilflos und klein, ganz selbstverständlich bereit ist, sich helfen und beschenken zu lassen und sich ungeteilt und voll des Vertrauens hinzugeben. Also die kindliche Dankbarkeit, die nicht auf einen Lohn – selbst nicht einen Gnadenlohn – schielt, wie dies der daheimgebliebene und am Ende verlorene Sohn jahrelang getan hatte. Nicht wegen Lohn und Strafe soll der Mensch handeln. Lohn und Strafe sollen nicht zum Motiv des sittlichen Handelns gemacht werden; Kants Reaktion gegen den primitiven Eudaimonismus war berechtigt. Wohl aber soll der Mensch im Bewusstsein seiner Verantwortung handeln: dass er mit all seinen Gedanken,

143

Worten und Werken der Zukunft Gottes, Gottes letzter Entscheidung entgegengeht. Und was immer der Mensch getan – es sei auch nur ein Becher Wasser für einen Durstenden oder aber ein unnützes Wort –, bleibt für Gott, auch wenn es für den Menschen längst Vergangenheit ist, Gegenwart.

Mit der Freudlosigkeit der Frommen unter dem Gesetz hat die Übernahme dieser Verantwortung nichts zu tun. Jesu Ruf zur Umkehr ist ein Ruf zur *Freude*. Man stelle sich vor, die Bergpredigt beginne mit einem neuen Pflichtenkatalog. Nein, sie beginnt mit Seligpreisungen. Ein trauriger Heiliger ist für Jesus ein trauriger Heiliger. Nicht neidisch sein, weil Gott gütig ist, wird den Lohnempfängern im Weinberg gesagt. Fröhlich sein und freuen soll sich der so korrekte Bruder des verlorenen Sohnes. Die Abkehr von der sündigen Vergangenheit und die Heimkehr des ganzen Menschen zu Gott sind für Gott und die Menschen ein Ereignis der Freude. Und für den Betroffenen selbst eine wahre Befreiung. Denn kein neues Gesetz wird ihm auferlegt. Leicht ist das Gewicht und sanft die Bürde, und fröhlich darf der Mensch sie tragen, wenn er sich unter Gottes Willen stellt.

Doch damit drängt sich eine Frage neu in den Vordergrund, die bisher ständig gegenwärtig war, die aber jetzt, nachdem so viel vom Willen Gottes als der obersten Norm menschlichen Handelns und Lebens die Rede war, ausdrücklich gestellt und beantwortet werden soll: Was ist überhaupt der Wille Gottes? Was eigentlich will Gott?

Was Gott will

Der Wille Gottes ist nicht zweifelhaft. Er ist auch nicht manipulierbar. Aus all dem bisher Gesagten, aus den konkreten Forderungen Jesu selbst sollte bereits deutlich geworden sein: Gott will nichts für sich, nichts zu seinem Vorteil, nichts für seine größere Ehre. Gott will nichts anderes als den Vorteil des Menschen, seine wahre Größe, seine letzte Würde. Also das ist der Wille Gottes: *das Wohl des Menschen.*

Gottes Wille, von der ersten bis zur letzten Seite der Bibel, zielt auf das Wohl des Menschen auf allen Ebenen, zielt auf das definitive und umfassende Wohl, biblisch das »Heil« des und der Menschen. Gottes Wille ist helfender, befreiender, heilender Wille, Heilswille. Gott will das Leben, die Freude, die Freiheit, den Frieden, das Heil, das letzte große Glück des Menschen: des Einzelnen wie der Gesamtheit. Das ist es, was die absolute Zukunft, der Sieg, das Reich Gottes nach der Verkündigung Jesu meinen: umfassende Befreiung, Erlösung, Befriedung, Beglückung des Menschen. Und gerade die radikale Gleichsetzung von Wille Gottes und Wohl des Menschen, wie sie Jesus im Horizont der Nähe Gottes vorgenommen hat, macht deutlich: Hier wird nicht nur ein neuer Lappen auf ein altes Kleid genäht, hier wird nicht junger Wein in alte Schläuche gegossen. Hier geht es tatsächlich um etwas Neues, das dem Alten gefährlich wird!

Was manch einem in der Freiheit Jesu noch als selbstherrliche Willkür erscheinen mochte, wird nun deutlich als große starke Konsequenz: Gott wird nicht ohne den Menschen, der Mensch nicht ohne Gott gesehen. Man kann nicht für Gott sein und gegen den Menschen. Man kann nicht fromm sein wollen und sich unmenschlich verhalten. Ist das so selbstverständlich – damals, heute?

Gewiss wird Gott von Jesus nicht durch Mitmenschlichkeit interpretiert, auf Mitmenschlichkeit reduziert. Durch Vergötzung würde der Mensch nicht weniger entmenschlicht als durch Versklavung. Aber die Menschenfreundlichkeit des Menschen wird von der Menschenfreundlichkeit Gottes her begründet. Und deshalb soll überall der letzte Maßstab sein: Gott will das Wohl des Menschen.

So erscheint manches in einem anderen Licht. *Weil der Mensch auf dem Spiel steht:*

Deshalb schreckt Jesus, der im Allgemeinen durchaus gesetzestreu lebt, vor gesetzwidrigem Verhalten nicht zurück.

Deshalb verwirft er rituelle Korrektheit und Tabuisierung und fordert statt äußerer gesetzlicher Reinheit die Reinheit des Herzens.

Deshalb verwirft er den Fastenasketismus und lässt sich als Mensch unter Menschen lieber einen Fresser und Säufer schelten.

Deshalb kennt er keine Sabbatängstlichkeit, sondern erklärt den Menschen selber zum Maß des Gesetzes.

Relativierte Traditionen, Institutionen, Hierarchen

Aber ist damit nicht auch das jeden frommen Juden erschreckende *Ärgernis* sichtbar geworden? Eine ungeheure Relativierung: Hier vergleichgültigt einer heiligste Traditionen und Institutionen des Volkes. Und ist damit nicht auch schon die Ursache des unversöhnlichen Argwohns und Hasses insbesondere der Priester und Theologen ins Blickfeld gerückt? Hier rüttelt einer, insofern er Gesetzesordnung und Kultordnung relativiert, an den Grundlagen der »Hierarchie«, der »heiligen Herrschaft« – mit schwerwiegenden Konsequenzen:

1. Jesus *relativiert das Gesetz*, und das heißt die gesamte religiös-politisch-wirtschaftliche Ordnung, das gesamte gesellschaftliche System: Auch das Gesetz ist nicht Anfang und Ende aller Wege Gottes. Auch das Gesetz ist nicht Selbstzweck, ist nicht letzte Instanz.

– Also: Mit der Gesetzesfrömmigkeit alten Stils ist es aus. Der Besitz des Gesetzes und korrekte Gesetzeserfüllung garantieren nicht das Heil. Letztlich ist das Gesetz unmaßgeblich für das Heil. Solche selbstsichere Gesetzesreligion wird aufgehoben, auch wenn nicht geleugnet wird, dass das Gesetz Gottes gute Gabe ist. Aber da gilt der an sich selbstverständliche und gegenüber der traditionellen Auffassung doch revolutionäre Satz: Selbst der Sabbat ist um des Menschen willen da und nicht der Mensch um des Sabbats willen!

– Das bedeutet: Der *Dienst am Menschen* hat die *Priorität vor der Gesetzeserfüllung*. Keine Normen und Institutionen dürfen absolut gesetzt werden. Nie darf der Mensch einer angeblich absoluten Norm oder Institution geopfert werden. Normen und Institutionen werden nicht einfach abgeschafft oder aufgehoben. Aber alle Normen und Institutionen, alle Gesetze und Gebote, Einrichtungen und Statuten, Regeln und Ordnungen, Dogmen und Dekrete, Codices und Paragraphen stehen unter dem Kriterium, ob sie für den Menschen da sind oder nicht. Der Mensch ist das Maß des Gesetzes. Lässt sich von daher nicht kritisch unterscheiden, was richtig und was unrichtig, was wesentlich und was gleichgültig, was konstruktiv und was destruktiv, was gute oder schlechte Ordnung ist?

Die *Sache Gottes* ist nicht das Gesetz, sondern der *Mensch*. So tritt der Mensch selber an die Stelle der verabsolutierten Gesetzesordnung: *Humanität* anstelle von Legalismus, Institutionalismus, Juridismus, Dogmatismus. Zwar ersetzt der Menschenwille nicht den Gotteswillen. Aber der Gotteswille wird konkretisiert von der konkreten Situation des Menschen und des Mitmenschen her.

2. Jesus *relativiert den Tempel*, und das heißt die gesamte Kultordnung, die Liturgie, den Gottesdienst im strengen Sinn des Wortes: Auch der Tempel ist nicht Anfang und Ende aller Wege Gottes. Auch der Tempel wird ein Ende haben, ist nicht ewig.

– Also: Mit der Tempelfrömmigkeit alten Stils ist es aus! Der Besitz des Tempels und korrekte Durchführung des Kultes garantieren nicht das Heil. Letztlich ist der Tempel unmaßgeblich für das Heil. Solche satte Tempelreligion wird aufgehoben, auch wenn nicht geleugnet wird, dass der Tempel Gottes gute Gabe ist. Aber da gilt der an sich wiederum selbstverständliche, aber gegenüber der traditionellen Auffassung gleichfalls revolutionäre Satz: Versöhne dich zuerst mit deinem Bruder und dann komme und bringe deine Gabe dar!

– Das bedeutet: Die *Versöhnung und der alltägliche Dienst am Mitmenschen* haben die *Priorität vor dem Gottesdienst* und der Einhaltung des Kulttages. Auch der Kult, die Liturgie, der Gottesdienst dürfen nicht absolut gesetzt werden. Nie darf der Mensch einem angeblich absolut verpflichtenden Ritus oder frommen Brauch geopfert werden. Kult und Liturgie werden nicht einfach abgeschafft oder aufgehoben. Aber aller Kult und alle Liturgie, Riten und Bräuche, Übungen und Zeremonien, Feste und Feiern stehen unter dem Kriterium, ob sie für den Menschen da sind oder nicht. Der Mensch ist das Maß auch des Gottesdienstes. Lässt sich von daher nicht wiederum kritisch unterscheiden, was auch in Kult und Liturgie richtig und unrichtig, was wichtig und was unwichtig, was guter und was schlechter Gottesdienst ist?

Die *Sache Gottes* ist nicht der Kult, sondern der *Mensch*! So tritt der Mensch selber an die Stelle einer verabsolutierten Liturgie: *Humanität* anstelle von Formalismus, Ritualismus, Liturgismus, Sakramentalismus. Zwar ersetzt der Menschendienst nicht den Gottesdienst. Aber der Gottesdienst entschuldigt nie vom Menschendienst: er bewährt sich im Menschendienst.

Wenn man sagt, Gott und damit der Gottesdienst sei die entscheidende Sache für den Menschen, dann ist also sofort daran zu erinnern, dass der Mensch mit seiner Welt die entscheidende Sache für Gott selbst ist. Gottes Weisung will dem Menschen helfen und dienen. Man kann folglich nicht Gott und seinen Willen ernst nehmen, ohne nicht zugleich den Menschen und sein Wohl ernst zu nehmen. Die Humanität des Menschen wird gefordert von der Humanität Gottes selbst. Die Verletzung der Humanität des Menschen versperrt den Weg zum wahren Gottesdienst. Humanisierung des Menschen ist Voraussetzung für den wahren Gottesdienst. So lässt sich zwar weder der Gottesdienst einfach auf Menschendienst und der Menschendienst einfach auf Gottesdienst reduzieren. Aber man kann und muss sagen, dass echter Gottesdienst auch schon Menschendienst und echter Menschendienst auch schon Gottesdienst ist.

3. Überlegt man sich alles, was hier über das veränderte Bewusstsein, den Willen Gottes und die revolutionäre Relativierung heiligster Traditionen und Institutionen zu sagen war, so versteht man, wie wesentlich – ganz auf der Linie der alttestamentlichen Propheten – das *Kämpferische* zu Jesus gehört. Jesus lässt sich auf keinen Fall nur als eine weiche, milde, widerstandslose, sanftmütig und demütig duldende Gestalt verstehen. Auch das Jesusbild des Franz von Assisi hat seine Grenzen. Und erst recht das pietistische und zum Teil auch hierarchistische Jesusbild des 19. und 20. Jahrhunderts. Zu Recht hat der Pfarrerssohn Nietzsche gegen dieses schwächliche Jesusbild seiner Jugend aufbegehrt, das er mit den evangelischen Aussagen über Jesus als den aggressiven Kritiker der Hierarchen und Theologen nicht zu verbinden wusste. Er hat denn auch im »Antichrist« den kämpferischen Jesus ohne allen Rückhalt in den Quellen willkürlich auf das Konto der kämpferischen Urgemeinde verbucht, die ein kämpferisches Vorbild gebraucht hätte.

Aber die Quellen selber machen deutlich, wie sehr bei Jesus *Selbstlosigkeit und Selbstbewusstsein*, Demut und Härte, Milde und Aggressivität zusammengehören. Und dies nicht etwa im Sinne des viel empfohlenen fortiter in re – suaviter in modo. Oft war auch Jesu Ton von äußerster Schärfe. Honigsüße Rede findet man kaum in seinem Mund, bittere wohl. Wo immer Jesus gegen den Widerstand der Mächtigen – Personen, Institutionen, Traditionen, Hierarchen – für den Willen Gottes einzutreten hatte, tat er es in kämpferischer Unbedingtheit: um der Menschen willen nämlich, denen keine unnötig schweren Lasten aufgeladen werden dürfen. Deshalb die Relativierung allerheiligster Institutionen und Traditionen *und ihrer Repräsentanten*: um Gottes willen, der das umfassende Wohl, das Heil der Menschen will. Er praktiziert das unerschrockene Wort auch angesichts der »Hierarchen«, »heiligen Herrscher«, der obersten Priester.

Wie wenig Jesu Botschaft mit jener dekadenten Schwäche zu tun hat, die Nietzsche so sehr verabscheute, wird deutlich, wenn wir jenes für Nietzsche ebenfalls sehr verdächtige Wort einführen, mit dem wir bisher bewusst – und durchaus in Übereinstimmung mit dem Jesus der Geschichte – sehr zurückhaltend umgegangen sind, weil es christlich und unchristlich so viel missbraucht und zur billigen Scheidemünze von Frommen und Unfrommen gemacht wurde: die Liebe.

2. Handeln

Die Worte »Liebe« und »lieben« im Sinn der Liebe zum Nächsten kommen wie das Wort »der Nächste« beim Jesus der synoptischen Evangelien – abgesehen von der aus dem Alten Testament übernommenen Formulierung des Hauptgebotes – äußerst spärlich vor. Trotzdem ist die Liebe des Mitmenschen in der Verkündigung Jesu allgegenwärtig. Offensichtlich kommt es gerade bei der Liebe mehr aufs Tun als aufs bloße Sagen an. Nicht das Reden, sondern die Tat bringt an den Tag, was Liebe ist. Kriterium ist die Praxis. Und was ist Liebe nach Jesus?

Gott und Mensch zugleich

Eine erste Antwort: Nach Jesus ist Liebe wesentlich *zugleich Gottes- und Menschenliebe*. Jesus kam, das Gesetz zu erfüllen, indem er den Willen Gottes, der auf das Wohl des Menschen zielt, zur Geltung brachte. Deshalb kann er sagen, dass alle Gebote im Doppelgebot der Liebe beschlossen sind. Auch schon das Judentum spricht vereinzelt von der Liebe im Doppelsinn. Jesus aber erreicht in Einfachheit und Konkretheit eine bisher nicht dagewesene *Reduktion* und *Konzentration* aller Gebote auf dieses Doppelgebot und verknüpft zugleich Gottes- und Menschenliebe zu einer unlösbaren Einheit. Seither ist es unmöglich, Gott und Mensch gegeneinander auszuspielen. Damit wird die Liebe zu einer Forderung, die grenzenlos das ganze Leben des Menschen zu umfassen vermag und die doch zugleich auf jeden Einzelfall genau zutrifft. Das ist bezeichnend für Jesus, dass auf diese Weise die Liebe zum Kriterium der Frömmigkeit und des gesamten Verhaltens wird.

Allerdings: Gottesliebe und Menschenliebe sind für Jesus *nicht dasselbe*, weil für ihn ganz selbstverständlich Gott und Mensch nicht dasselbe sind. Eine Vermenschlichung Gottes wie eine Vergötzung des Menschen gehen auf Kosten nicht Gottes, sondern des Menschen. Gott bleibt Gott. Gott bleibt der eine Herr der Welt und des Menschen. Er kann nicht durch Mitmenschlichkeit ersetzt werden. Welcher Mensch wäre schon so ohne Grenzen und Fehler, dass er mir zum Gott, zum Gegenstand einer völlig unbedingten Liebe werden könnte. Liebesromantik oder Liebesmystik können ein idealisiertes Bild vom Anderen heraufzaubern, können Konflikte verschleiern und hinausschieben, aber nicht eliminieren. Von der unbedingten Liebe Gottes her jedoch, der alles umfasst, lässt sich auch der Mitmensch ganz radikal so lieben, wie er ist, mit all seinen Grenzen und Fehlern. Es ist keine Frage, dass *Gott* für Jesus gerade im Interesse des Menschen *den unbedingten Primat* hat. Deshalb beansprucht er die Ganzheit des Menschen: den ganzen Willen, das Herz, den innersten Kern, den Menschen selbst. Und deshalb auch erwartet er von dem zu ihm in vertrauendem Glauben umgekehrten und heimgekehrten Menschen nicht mehr und nicht weniger als Liebe, ganze, ungeteilte Liebe: Du sollst den Herrn Deinen Gott lieben mit Deinem ganzen Herzen, mit Deiner ganzen Seele und mit Deinem ganzen Denken; dies ist das größte und erste Gebot.

Aber diese Liebe meint keine mystische Gottesvereinigung, in welcher der Mensch aus der Welt zu treten versucht, einsam unter den Menschen, eins mit Gott. Eine Gottesliebe ohne Menschenliebe ist letztlich lieblos. Und wenn Gott den unauswechselbaren Primat behalten muss und die Gottesliebe nie zum Mittel und zur Chiffre der Menschenliebe werden darf, so doch auch umgekehrt: Die *Menschenliebe* darf *nie* zum Mittel und zur *Chiffre der Gottesliebe* werden. Nicht nur um Gottes willen, sondern um seiner selbst willen soll ich den Mitmenschen lieben. Nicht auf Gott soll ich schielen, wenn ich mich dem Mitmenschen zuwende, nicht fromm reden, wenn ich helfen soll. Ohne alle Heranholung religiöser Gründe hilft der Samariter; die Not des unter die Räuber Gefallenen genügt ihm, und um ihn kreist in diesem Moment sein ganzes Denken. Die beim Endgericht Gesegneten hatten keine Ahnung, dass sie in den von ihnen Gespeisten, Getränkten, Beherbergten, Bekleideten, Besuchten dem Herrn selber begegnet waren. Umgekehrt aber verraten die Verurteilten, dass sie bestenfalls um des Herrn willen den Mitmenschen Liebe entgegengebracht hätten. Das ist nicht nur die falsche Gottesliebe, sondern auch die falsche Menschenliebe.

Doch Menschenliebe – das bleibt zu allgemein. Universale Humanität gewiss – aber wir müssen genauer reden. Von einem »Seid umschlungen, Millionen, diesen Kuss der ganzen Welt« wie in Schillers und Beethovens großer Hymne an die Freude ist bei Jesus nicht einmal andeutungsweise die Rede. Ein solcher Kuss kostet – anders als der Kuss für diesen einen Kranken, Gefangenen, Entrechteten, Hungernden – nichts. Der Humanismus ist umso billiger zu leben, je mehr er sich der ganzen Menschheit zuwendet und je weniger er den einzelnen Menschen und seine Not an sich herankommen lässt. Für den Frieden im Fernen Osten lässt sich leichter reden als für den Frieden in der eigenen Familie oder im eigenen Einflussbereich. Mit den Armen in Lateinamerika oder Afrika kann sich der humane Europäer leichter »solidarisieren« als mit den Immigranten im eigenen Land. Je ferner der Mitmensch, umso leichter lässt sich die Liebe in Worten bekennen.

Der mich gerade braucht

Jesus aber ist an der allgemeinen, theoretischen oder poetischen Liebe nicht interessiert. Liebe meint für ihn nicht primär Worte, Empfindungen, Gefühle. Liebe meint für ihn primär die starke, tapfere Tat. Er will die praktische und deshalb konkrete Liebe. Und so muss denn unsere *zweite* Antwort auf die Frage nach der Liebe genauer lauten: Nach Jesus ist Liebe *nicht nur Menschenliebe, sondern wesentlich Nächstenliebe.* Liebe nicht des Menschen im Allgemeinen, des Fernen, auf Abstand, sondern ganz konkret des Nahen und Nächsten. In der Nächstenliebe bewährt sich die Gottesliebe, ja die Nächstenliebe ist der exakte Gradmesser der Gottesliebe: Nur so viel liebe ich Gott, wie ich meinen Nächsten liebe.

Und *wie viel* soll ich meinen Nächsten lieben? Jesus antwortet im Anschluss an eine vereinzelte Formulierung des Alten Testaments ganz lapidar und ohne jegliche Einschränkung: *wie dich selbst.* Eine selbstverständliche Antwort, die im Verständnis Jesu sofort aufs Ganze geht, keine Lücken für Entschuldigungen und Ausflüchte offen lässt und der Liebe Richtung und Maß zugleich vorzeichnet. Dass der Mensch sich selber liebt, wird vorausgesetzt. Und gerade diese selbstverständliche Einstellung des Menschen zu sich selbst soll der – praktisch unüberbietbare – Maßstab der Nächstenliebe sein. Was ich mir schuldig bin, weiß ich ja nur zu gut; was mir andere schuldig sind, nicht weniger. Ganz natürlich tendieren wir in allem, was wir denken, sagen und fühlen, tun und leiden, darauf hin, uns zu bewahren, zu beschützen, zu befördern, unser Selbst zu hegen und zu pflegen. Und nun wird von uns erwartet, dass wir genau die gleiche Sorge und Pflege dem Nächsten zukommen lassen. Womit jede Grenze fällt! Das bedeutet für uns Egoisten von Natur eine radikale Umkehr: den Standpunkt des Anderen einzunehmen; dem Anderen genau das zu geben, was wir uns schuldig zu sein meinen; den Mitmenschen so zu behandeln, wie wir selber von ihm behandelt zu werden wünschen. Gewiss, wie Jesus selber zeigt, keine Schwächlichkeit und Weichlichkeit, kein Verzicht auf Selbstbewusstsein, kein Auslöschen seines Selbst in frommer Versenkung oder angestrengter Askese in buddhistischem oder »christlichem« Sinn. Wohl aber die Ausrichtung seines Selbst auf den Anderen: ein Wachsein, Offensein, Bereitsein für den Mitmenschen, eine schrankenlose Hilfsbereitschaft. Nicht für sich selbst, sondern für Andere zu leben: darin gründet, vom liebenden Menschen aus betrachtet, die unauflösliche Einheit von ungeteilter Gottesliebe und unbegrenzter Nächstenliebe.

So ist der *gemeinsame Nenner* von Gottesliebe und Nächstenliebe die *Abkehr vom Egoismus* und der *Wille zur Hingabe.* Nur wenn ich nicht für mich lebe, kann ich ganz offen sein für Gott und unbeschränkt offen für den Mitmenschen, den Gott wie mich selber bejaht. Gott geht also auch in der

Liebe nicht im Mitmenschen auf. Ich bleibe Gott unmittelbar verantwortlich, und diese Verantwortung kann mir kein Mitmensch abnehmen. Aber Gott begegnet mir – nicht ausschließlich, aber weil ich selber Mensch bin, primär – im Mitmenschen und erwartet dort meine Hingabe. Er ruft mich nicht aus den Wolken, auch nicht nur unmittelbar in meinem Gewissen, sondern vor allem durch den Nächsten: ein Anruf, der nie verstummt, sondern mich alle Tage neu trifft mitten in meinem weltlichen Alltag.

Wer aber ist mein Nächster? Jesus antwortet nicht mit einer Definition, einer näheren Bestimmung, gar einem Gesetz, sondern wie so oft mit einer Geschichte, einer Beispielerzählung. Der Nächste ist danach nicht einfach der mir von vornherein Nahestehende: die Glieder meiner Familie, meines Freundeskreises, meiner Klasse, meiner Partei, meines Volkes. Der Nächste kann auch der Fremde und Fremdeste sein, jeder, der gerade kommt. Wer der Nächste ist, ist unberechenbar. Das sagt die Geschichte von dem unter die Räuber Gefallenen: der Nächste ist *jeder, der mich gerade braucht*. Wird am Anfang der Parabel gefragt: Wer ist mein Nächster?, so am Ende in bezeichnender Umkehr der Blickrichtung: Wem bin ich der Nächste? Nicht auf die Definition des Nächsten kommt es in der Parabel an. Eine allgemeine Liebesregel wäre unrealisierbar. Vielmehr wird auf die Dringlichkeit hingewiesen, mit der gerade von mir im konkreten Fall, in der konkreten Not jenseits der konventionellen Regeln der Moral die Liebe erwartet wird. Und an Nöten fehlt es nicht. Viermal werden von Mattäus in der Gerichtsrede sechs der wichtigsten, damals wie heute aktuellen Werke der Liebe wiederholt. Eine neue gesetzliche Ordnung ist damit nicht intendiert. Vielmehr werden, wie im Fall des Samariters, aktives schöpferisches Verhalten, produktive Phantasie und entscheidendes Handeln von Fall zu Fall je nach der Situation erwartet.

So wird in der Liebe deutlich, was Gott eigentlich will. Worum es auch in den Geboten geht: Jedenfalls nicht nur, wie im Islam, um gehorsame »Ergebenheit« (»islam«) gegenüber dem im Gesetz geoffenbarten Willen Gottes. Von der Liebe her erhalten die *Gebote einen einheitlichen Sinn*, werden sie aber auch *begrenzt*, ja, unter Umständen sogar *aufgehoben*! Wer die Gebote gesetzlich und nicht von der Liebe her versteht, gerät immer wieder in Pflichtenkollisionen. Die Liebe aber ist das Ende der Kasuistik: der Mensch richtet sich nicht mehr mechanisch nach dem einzelnen Gebot oder Verbot, sondern nach dem, was die Wirklichkeit selber verlangt und ermöglicht. So hat jedes Gebot oder Verbot seinen inneren Maßstab an der Liebe zum Nächsten. Das kühne augustinische »Liebe, und tue, was du willst« ist hier grundgelegt. So weit also geht die Nächstenliebe.

Auch die Feinde

Geht sie nicht vielleicht zu weit? Wenn der Nächste jeder ist, der mich gerade braucht, kann ich dann noch haltmachen? Nach Jesus soll ich gar nicht haltmachen. Und nach unseren ersten beiden Antworten auf die Frage nach der Liebe muss jetzt mit der *dritten* Antwort eine letzte Zuspitzung gewagt werden: Nach Jesus ist Liebe nicht nur Nächstenliebe, sondern entscheidend *Feindesliebe*. Und nicht die Menschenliebe, auch nicht die Nächstenliebe, sondern die Feindesliebe ist *das für Jesus Charakteristische*.

Nur bei Jesus findet sich die programmatische Forderung der Feindesliebe. Schon Kung-futse spricht, wenn auch nicht von »Nächstenliebe«, so doch von »Menschenliebe«, meint damit aber einfach Ehrerbietung, Weitherzigkeit, Aufrichtigkeit, Fleiß, Güte. In der Hebräischen Bibel, wie bereits angemerkt, ist vereinzelt auch von der Liebe des Nächsten die Rede. Wie in den meisten großen Religionen, so kannte man auch im Judentum, vermutlich vom griechisch-römischen Heidentum her, die genannte »Goldene Regel«, und zwar in negativer und, wie in der jüdischen Diaspora, auch in positiver Formulierung: den Mitmenschen so zu behandeln, wie man selber behandelt sein will. Der große Rabbi Hillel (um 20 v. Chr.) hat diese Goldene Regel, allerdings in negativer Formulierung, geradezu als Summe des geschriebenen Gesetzes bezeichnet. Aber diese Regel ließ sich auch als egoistisch-kluge Anpassung, der Nächste auch einfach als Volks- und Parteigenosse und die Nächstenliebe als ein Gebot unter einer Unmenge anderer religiöser, sittlicher und ritueller Gebote verstehen. Schon Kung-futse kannte, in negativer Form, die Goldene Regel, lehnt aber die Feindesliebe ausdrücklich als ungerecht ab: Güte soll man mit Güte, Unrecht aber nicht mit Güte, sondern mit Gerechtigkeit vergelten. Und im Judentum galt der Hass der Feinde als relativ erlaubt; der persönliche Feind war von der Liebespflicht ausgenommen. Bei den Frommen von Qumran gar wird der Hass gegenüber den Außenstehenden, den Söhnen der Finsternis, ausdrücklich geboten.

Zeigt dies nicht erneut, wie die zahlreichen Parallelen zwischen Sätzen der Verkündigung Jesu einerseits und Sprüchen der jüdischen Weisheitsliteratur und der Rabbinen andererseits im Gesamtzusammenhang des Verständnisses von Gesetz und Heil, Mensch und Mitmensch gesehen werden müssen? Die Einzigartigkeit Jesu wird nicht am oft durchaus vergleichbaren Einzelsatz, sondern am unverwechselbaren Ganzen sichtbar. Das programmatische »Liebet eure Feinde« gehört Jesus selbst zu und charakterisiert seine Nächstenliebe, die nun wirklich keine Grenzen mehr kennt.

Für Jesus ist bezeichnend, dass er die eingefleischte *Grenze und Entfremdung zwischen Genossen und Nichtgenossen nicht anerkennt.* Zwar hat er seine Sendung auf die Juden beschränkt; sonst hätte es in der Urgemeinde gar keine solchen harten Auseinandersetzungen um die Heidenmission gegeben. Aber Jesus zeigt eine Offenheit, die faktisch die unverrückbaren Grenzen der Volks- und Religionszugehörigkeit sprengt. Nicht mehr der Volks- und Religionsgenosse ist für ihn ausschlaggebend. Sondern der Nächste, der uns in jedem Menschen begegnen kann: in jedem Menschen, auch im politischen und religiösen Gegner, Rivalen, Gegenspieler, Widersacher, Feind. Das ist Jesu konkreter *faktischer Universalismus.* Offenheit nicht nur für die Mitglieder der eigenen sozialen Gruppe, der eigenen Sippe, des eigenen Volkes, der eigenen Rasse, Klasse, Partei, Kirche unter Ausschluss der anderen. Sondern unbegrenzte Offenheit und Überwindung der Abgrenzungen, wo immer sie sich einstellen. Die faktische Überwindung der bestehenden Grenzen – der Grenze zwischen Juden und Nichtjuden, Nächsten und Fernsten, Guten und Bösen, Pharisäern und Zöllnern – und nicht nur bestimmte Sonderleistungen, Liebeswerke, »Samaritertaten« sind mit jener Geschichte angestrebt, die nach dem Versagen des Priesters und Leviten, der jüdischen Oberschicht, auch nicht (wie von den Hörern Jesu erwartet) den jüdischen Laien zum Vorbild hinstellt, nein, den verhassten samaritanischen Volksfeind, Mischling und Ketzer. Juden und Samariter verfluchten sich gegenseitig öffentlich im Gottesdienst und nahmen Hilfeleistungen voneinander nicht an.

In der letzten Antithese der Bergpredigt vollzieht Jesus eine ausdrückliche *Korrektur des alttestamentlichen Gebotes* »Du sollst deinen Nächsten lieben« und der Qumranvorschrift »Du sollst deinen Feind hassen«. Durch das »Ich aber sage euch: Liebet eure Feinde und bittet für die, die euch verfolgen«. Und dies gilt nach Lukas auch für die Verfolgten und Verfluchten: »Tut Gutes denen, die euch hassen; segnet die, die euch fluchen, bittet für die, die euch beleidigen.«

Ist das für den Durchschnittsmenschen nicht alles übersteigert, weit überzogen? *Warum* dies alles? Etwa wegen

der allen gemeinsamen Menschennatur? Aus einer Philan-
thropie, die auch im Elenden Göttliches findet? Aus einem
universalen Mitleid gegenüber allen leidenden Wesen, welches angesichts des unendlichen Leids der Welt das eigene
weiche Herz zu beschwichtigen sucht? Aus dem Ideal einer
allgemeinen sittlichen Vollkommenheit?

Jesus hat ein anderes Motiv. Die vollkommene Nachahmung Gottes: weil Gott nur als der Vater richtig verstanden
wird, der keine Unterschiede zwischen Freund und Feind
macht, der über Gute und Böse die Sonne scheinen und reg-
nen lässt und der seine Liebe auch den Unwürdigen – wer ist
es nicht? – zuwendet! Durch die Liebe sollen sich die Menschen als dieses Vaters Söhne und Töchter erweisen und aus
Feinden Brüder und Schwestern werden. So ist denn Gottes
Liebe zu allen Menschen für mich der Grund für die Liebe
zum Menschen, den er mir schickt: der Liebe zum gerade
Nächsten. Die *Feindesliebe Gottes* selbst also ist der *Grund
für die Feindesliebe des Menschen.*

So lässt sich denn auch umgekehrt fragen: Wird nicht erst
angesichts des Gegners die *Natur der wahren Liebe* offenbar? Wahre Liebe spekuliert nicht auf Gegenliebe, verrechnet
nicht Leistung mit Gegenleistung, wartet nicht auf Lohn. Sie
ist frei von Berechnung und versteckter Eigensucht: *nicht
egoistisch, sondern ganz offen für den Anderen*!

Die wahre Radikalität

In der Gleichsetzung der Sache Gottes und der Sache des
Menschen, von Gottes Wille und Wohl des Menschen, von
Gottesdienst und Menschendienst und in der daraus folgenden Relativierung von Gesetz und Kult, von heiligen Traditionen, Institutionen, Hierarchen zeigt es sich, wo genau
Jesus steht im *Koordinatenkreuz* von Establishment, Revolution, Emigration und Kompromiss: warum er weder bei

den Herrschenden noch bei den politischen Rebellen, weder bei den Moralisierenden noch bei den Stillen im Lande eingeordnet werden kann. Weder rechts noch links, steht er auch nicht einfach vermittelnd zwischen ihnen. Weil er nämlich *wahrhaft darüber* steht: über allen Alternativen, die er alle von der Wurzel her aufhebt. Das ist *seine Radikalität*: die Radikalität der *Liebe*, die sich in ihrer Nüchternheit und ihrem Realismus von ideologisierten *Radikalismen* gründlich unterscheidet.

Es wäre völlig falsch, bei dieser Liebe nur an große Taten, große Opfer zu denken! Etwa den in Einzelfällen notwendigen Bruch mit den Angehörigen, den unter Umständen geforderten Verzicht auf Besitz, das vielleicht abgeforderte Martyrium ... Zunächst und meist geht es um den *Alltag*: wer zuerst grüßt, welchen Platz man sich beim Festmahl aussucht, dass man nicht richtet, sondern barmherzig urteilt, dass man sich um unbedingte Wahrhaftigkeit bemüht. Wie weit gerade im Alltag die Liebe geht, zeigen drei Stichworte, mit denen sich diese radikale Liebe sehr konkret umschreiben lässt – und zwar für den individuellen wie für den gesellschaftlichen Bereich der Beziehungen zwischen sozialen Gruppen, Nationen, Rassen, Klassen, Parteien, Kirchen.

1. *Liebe meint Vergebung*: Versöhnung mit dem Bruder kommt vor dem Gottesdienst. Es gibt keine Versöhnung mit Gott ohne Versöhnung mit dem Bruder. Deshalb die Vaterunser-Bitte: Vergib uns unsere Schuld, wie auch wir vergeben unseren Schuldigern. Das heißt nicht, dass Gott vom Menschen für die Vergebung Sonderleistungen erwartet. Es genügt, dass der Mensch sich ihm vertrauend zuwendet, dass er glaubt und dass er daraus die Konsequenzen zieht. Denn wenn er schon selber auf Vergebung angewiesen ist und sie empfangen hat, soll er dieser Vergebung Zeuge sein: indem er sie weitergibt. Er kann nicht Gottes große Ver-

gebung empfangen und seinerseits dem Mitmenschen die kleine Vergebung verweigern, wie die Parabel vom großmütigen König und seinem unbarmherzigen Knecht deutlich darlegt.

– Charakteristisch für Jesus ist die *Vergebungsbereitschaft ohne Grenzen*: nicht siebenmal, sondern siebenundsiebzigmal – also immer wieder, endlos! Und jedem, ohne Ausnahme! Charakteristisch für Jesus – wiederum im Widerspruch zur breiten jüdischen Theorie und Praxis – ist in diesem Zusammenhang ebenfalls die Untersagung des Richtens: Nicht meinem Urteil untersteht der Andere. Alle unterstehen Gottes Urteil.

– Jesu Forderung, zu vergeben, ist nicht juristisch zu interpretieren. Jesus meint nicht ein Gesetz: 77mal soll man vergeben, aber beim 78. Mal nicht. Sondern es ist der Appell an die Liebe des Menschen: von vornherein und immer wieder neu zu vergeben.

2. *Liebe meint Dienst*: Demut, Dien-mut ist der Weg zur wahren Größe. Dies meint das Gleichnis vom Festmahl: auf die Selbsterhöhung folgt die Erniedrigung – die Blamage der Degradierung. Auf die Selbsterniedrigung folgt die Erhöhung – die Ehre des Aufstiegs. Aber dies ist realistisch zu verstehen:

– Charakteristisch für Jesus ist der uneigennützige *Dienst ohne Rangordnung*. Bezeichnenderweise wird derselbe Spruch Jesu vom Dienen in verschiedenen Ausprägungen (beim Jüngerstreit, beim Abendmahl, bei der Fußwaschung) überliefert: der Höchste soll der Diener (Tischdiener) aller sein! Von daher kann es in der Jüngerschaft Jesu kein Amt geben, das einfach durch Recht und Macht konstituiert wird und dem Amt staatlicher Machthaber entspräche, noch ein Amt, das einfach durch Wissen und Würde konstituiert wird und dem Amt der Schrifttheologen entspräche.

– Jesu Forderung zum Dienen ist jedoch nicht zu verstehen als ein Gesetz, nach welchem es in seiner Gefolgschaft keine Über- und Unterordnung geben dürfte. Wohl aber als ein entschiedener Appell zum Dienst auch der Übergeordneten an den Untergeordneten, also zum gegenseitigen Dienst aller.

3. *Liebe meint Verzicht*: Gewarnt wird vor der Ausbeutung der Schwachen. Verlangt wird der entschlossene Verzicht auf alles, was die Bereitschaft für Gott und den Nächsten hindert. Zugespitzt gesagt: gar die Hand abzuhauen, wenn sie in Versuchung führt. Aber Jesus erwartet nicht nur den Verzicht auf Negatives, auf Begierden und Sünden, sondern auch den Verzicht auf Positives, auf Recht und Macht.

– Charakteristisch für Jesus ist der freiwillige *Verzicht ohne Gegenleistung*. Das lässt sich konkretisieren:

Verzicht auf Rechte zugunsten des Anderen: mit dem zwei Meilen gehen, der mich gezwungen hat, eine mit ihm zu gehen.

Verzicht auf Macht auf eigene Kosten: dem auch noch den Mantel zu geben, der mir den Rock abgenommen hat.

Verzicht auf Gegengewalt: dem die linke Backe hinzuhalten, der mich auf die rechte geschlagen hat.

– Gerade diese letzten Beispiele zeigen jedoch noch deutlicher als alles Frühere: Jesu Forderungen dürfen nicht als Gesetze missverstanden werden. Jesus meint nicht: bei einem Schlag auf die linke Backe ist Vergeltung nicht erlaubt, wohl aber bei einem Schlag in den Magen. Gewiss sind diese Beispiele nicht nur symbolisch gemeint: Es sind sehr bezeichnende (und öfters in typisch orientalischer Übertreibung formulierte) Grenzfälle, die jederzeit Wirklichkeit werden können. Aber sie sind nicht gesetzlich gemeint: als ob nur dies und immer wieder dies geboten wäre. Verzicht auf Gegengewalt meint von vornherein *nicht Verzicht auf jeden Wider-*

stand. Jesus selber hat nach den Berichten bei einem Schlag auf die Wange vor Gericht keineswegs die andere Wange hingehalten, sondern aufbegehrt: »Wenn ich etwas Falsches gesagt habe, so zeige auf, was daran falsch war. Wenn es aber richtig war, was schlägst du mich?« Verzicht darf nicht mit Schwäche verwechselt werden. Es geht bei den Forderungen Jesu nicht um ethische oder gar asketische Leistungen, die aus sich selber einen Sinn hätten. Es geht um drastische Appelle zur radikalen Erfüllung des Willens Gottes von Fall zu Fall zugunsten des Mitmenschen. Aller Verzicht ist nur die negative Seite einer neuen positiven Praxis.

In solcher Sicht erscheinen sogar die *Zehn Gebote* des alttestamentlichen Dekalogs im dreifachen hegelschen Sinn des Wortes »*aufgehoben*«, fallen gelassen und doch bewahrt, weil auf eine höhere Ebene gehoben durch die von Jesus verkündete radikale »bessere Gerechtigkeit« der Bergpredigt:
– nicht nur keine anderen Götter neben Gott haben, sondern ihn lieben mit ganzem Herzen, ganzer Seele und ganzem Denken, und den Nächsten und sogar den Feind wie sich selbst;
– nicht nur den Namen Gottes nicht unnütz aussprechen, sondern auch bei Gott nicht schwören;
– nicht nur den Sabbat durch Ruhe heiligen, sondern am Sabbat aktiv das Gute tun;
– nicht nur Vater und Mutter ehren, um lange zu leben auf Erden, sondern, falls um des echten Lebens willen notwendig, ihnen sogar in der Form von Trennung Respekt erweisen;
– nicht nur nicht töten, sondern schon zornige Gedanken und Worte unterlassen;
– nicht nur nicht ehebrechen, sondern schon ehebrecherische Absichten meiden;
– nicht nur nicht stehlen, sondern sogar auf das Recht der Vergeltung für erlittenes Unrecht verzichten;

– nicht nur kein falsches Zeugnis ablegen, sondern in uneingeschränkter Wahrhaftigkeit das Ja ein Ja und das Nein ein Nein sein lassen;

– nicht nur nicht begehren seines Nächsten Haus, sondern sogar Böses erdulden;

– nicht nur nicht begehren seines Nächsten Frau, sondern schon die »legale« Ehescheidung unterlassen.

War der Apostel Paulus – auch hier in auffälliger Übereinstimmung mit dem Jesus der Geschichte – nicht im Recht, wenn er dann der Überzeugung war, wer liebe, habe das Gesetz erfüllt? Und nach Augustin hat man es noch zugespitzter wiederholt: »Liebe, und tue, was du willst!« Kein neues Gesetz, sondern eine neue Freiheit vom Gesetz. Aber gerade von daher drängt sich auf: Blieb es bei Jesus selbst bei Worten, bei Appellen? Eine bequeme, unverbindliche, folgenlose reine Theorie über die Praxis? Was schließlich hat Jesus getan? Wie steht es mit seiner eigenen Praxis?

3. Solidarisierung

Auch schon Jesu *Wort* war in einem eminenten Sinne *Tat*. Gerade sein Wort erforderte den ganzen Einsatz. Und durch sein Wort geschah das Entscheidende: die *Situation* wurde *grundlegend verändert*. Weder die Menschen noch die Institutionen, weder die Hierarchen noch die Normen waren nachher je wieder diejenigen, die sie vor ihm gewesen waren. Er hat mit seinem befreienden Wort die Sache Gottes und die Sache des Menschen zugleich zur Sprache gebracht. Er hat dadurch den Menschen völlig neue Möglichkeiten, *die* Möglichkeit eines neuen Lebens, einer neuen Freiheit, eines neuen *Sinnes im Leben* eröffnet: ein Leben nach Gottes Willen zum Wohl des Menschen in der Freiheit der Liebe, die alle Gesetzlichkeit hinter sich zurücklässt. Zurückgelassen die Gesetzlichkeit der etablierten heiligen Ordnung (Law and Order), zurückgelassen ebenso die Gesetzlichkeit der gewaltsam-revolutionären oder asketisch-weltflüchtigen Radikalismen und schließlich auch die Gesetzlichkeit der kasuistisch lavierenden Moral.

Jesu Wort war also keine reine »Theorie«, wie ihm überhaupt an Theorie nicht sonderlich gelegen war. Er war in seiner Verkündigung völlig praxisbezogen, praxisorientiert. Seine Forderungen schufen in aller Freiheit neue Verbindlichkeiten und hatten für ihn selber wie für andere Konsequenzen, die – wie noch zu sehen sein wird – auf Leben und Tod gingen. Aber das ist nicht alles.

Parteiisch für die Benachteiligten

So sehr Jesu Wort in eminentem Sinn Tat war: es darf Jesu Tun nicht auf die Tat des Wortes, seine Praxis nicht auf die Praxis der Predigt, sein Leben nicht auf die Verkündigung reduziert werden. Theorie und Praxis decken sich bei Jesus in einem viel umfassenderen Sinn: seiner Verkündigung entspricht sein *ganzes Verhalten*. Und während das Wort der Verkündigung sein Verhalten begründet, rechtfertigt, so macht das praktische Verhalten seine Verkündigung von der Praxis her eindeutig, unangreifbar: er lebt, was er sagt, und das gewinnt ihm Verstand und Herz seiner Hörer.

Ein enger Ausschnitt aus diesem gelebten Verhalten hat uns dies bereits gezeigt. Jesus hat sich in Wort und Tat den *Schwachen, Kranken, Vernachlässigten* zugewendet. Ein Zeichen nicht der Schwäche, sondern der Stärke. Er hat dem, was nach den Maßstäben der Gesellschaft als schwach, krank, niedrig, verachtet auszusondern war, eine Chance des Menschseins geboten. Er hat ihnen an Seele und Leib geholfen, hat manchen physisch und psychisch Kranken Gesundheit, den vielen Schwachen Kraft und allen Untüchtigen Hoffnung geschenkt – alles Zeichen des kommenden Gottesreiches. Er war für den *ganzen* Menschen da: nicht nur für seine Geistigkeit, sondern auch für seine Leiblichkeit und Weltlichkeit. Er war für *alle* Menschen da: nicht nur für die Starken, Jungen, Gesunden, auch für die Schwachen, Altgewordenen, Kranken, Krüppel. Auf diese Weise verdeutlichen Jesu Taten sein Wort, wie umgekehrt das Wort seine Taten deutet.

Aber dies allein hätte nie so viel Ärgernis hervorrufen können, wie es tatsächlich hervorgerufen hat. Es ging um mehr. Dass er sich in dieser prononcierten Art der Kranken und »Besessenen« annahm, war ungewöhnlich, konnte man ihm jedoch noch nachsehen; die Wundersucht aller Zeiten fordert schließlich auch ihre Wundermänner. Freilich war auch dies nicht unproblematisch. Kranke sind nach dem Urteil seiner Zeit selber schuld an ihrem Unglück, Krankheit ist Strafe für begangene Sünde; Besessene sind vom Teufel geritten; Aussätzige, vom erstgeborenen Sohn des Todes Befallene, verdienen keine Gemeinschaft. Sie alle sind – ob aufgrund des Schicksals, ihrer Schuld oder einfach herrschender Vorurteile ist schließlich gleichgültig – gesellschaftlich Gezeichnete. Jesus aber stellt sich grundsätzlich positiv zu ihnen allen und hat, wie wir uns hier auf das Johannes-Evangelium verlassen können, die ursächliche Verknüpfung von Sünde und Krankheit und die gesellschaftliche Ächtung grundsätzlich abgelehnt.

Doch nun kam hinzu – und auch das war vielleicht das Entscheidende noch nicht, ist aber wohl zu beachten: Unbekümmert um Sitten und Gebräuche hatte er sich schon durch seine *Umgebung* verdächtig gemacht.

– Die *Frauen*, die in der Gesellschaft von damals nicht zählten und in der Öffentlichkeit Männergesellschaft zu meiden hatten: Die zeitgenössischen jüdischen Quellen sind voll von Animosität gegen die Frau, die nach Josephus in jeder Beziehung geringeren Wertes ist als der Mann. Selbst mit der eigenen Frau, so wird geraten, soll man wenig reden, erst recht nicht mit einer anderen. Die Frauen lebten möglichst zurückgezogen von der Öffentlichkeit, im Tempel hatten sie nur bis zum Frauenvorhof Zutritt, und bezüglich der Gebetsverpflichtung waren sie den Sklaven gleichgestellt. Die Evangelien aber, was immer vom biographischen Detail historisch sein mag, zeigen jedenfalls keine Hemmungen, von Jesu Beziehungen zu Frauen zu sprechen. Danach hatte sich Jesus von der Sitte gelöst, welche die Frau abschließt. Jesus zeigt nicht nur keine Frauenverachtung, sondern eine erstaunliche Unbefangenheit gegenüber Frauen: Frauen begleiteten ihn und seine Jünger von Galiläa bis Jerusalem; persönliche Zuneigung zu Frauen war ihm nicht fremd; Frauen sehen seinem Sterben und seinem Begräbnis zu. Die juristisch und menschlich schwache Stellung der Frau in der damaligen Gesellschaft wird durch sein Verbot der Ehescheidung durch den Mann, der allein einen Scheidebrief ausstellen konnte, erheblich aufgewertet.

– Die *Kinder*, die keine Rechte hatten: Jesus behandelt sie bevorzugt, verteidigt sie gegen seine Jünger, liebkost und segnet sie. Ganz unjüdisch werden sie den Erwachsenen als Beispiele hingestellt, weil sie ohne Berechnung und Hintergedanken ein Geschenk anzunehmen bereit sind.

– Das *religiös unwissende Volk*: die zahlreichen kleinen Leute, die sich um das Gesetz nicht kümmern konnten oder wollten. Gepriesen werden die »Einfältigen«, die Ungebildeten, Rückständigen, Unreifen, Unfrommen, die so gar nicht Klugen und Weisen, die »Kleinen« oder »Geringen«, ja »Kleinsten« oder »Geringsten«.

Also keine aristokratische Moral für die »Edlen«, wie sie etwa Kung-futse von den Gemeinen absetzt. Auch keine elitäre Mönchsmoral für die »Verständigen«, die für eine Ordensgemeinschaft im Sinne Buddhas in Frage kommen. Erst recht natürlich keine Moral für die oberen »Kasten« im hinduistischen Sinn, die mit allen übrigen Diskriminierungen auch noch Parias in der Gesellschaft duldet. Doch die heute wichtige Frage:

Welche Armen?

Die armen kleinen Leute. In provokativer Weise hat Jesus seine Botschaft als eine frohe Botschaft für die *Armen* verkündet. Den Armen galt der erste Zuruf, Zuspruch, Heilruf, seine erste Seligpreisung. Wer sind diese Armen?

Die Frage ist nicht leicht zu beantworten, da schon in den synoptischen Evangelien die erste Seligpreisung verschieden verstanden wird. Mattäus versteht sie offensichtlich religiös: Die Armen »im Geist«, die *geistig* Armen, sind identisch mit den Demütigen der dritten Seligpreisung, die sich als Bettler vor Gott ihrer geistigen Armut bewusst sind. Lukas aber – ohne den Zusatz des Mattäus – versteht den Ausdruck im soziologischen Sinne: die wirklich armen Leute. So dürfte ihn wohl auch Jesus selber – auf den nach der kürzeren und wohl ursprünglicheren Lukas-Fassung zumindest die erste, zweite und vierte Seligpreisung der erweiterten Mattäus-Fassung zurückgehen – verstanden haben: Es geht um die *wirklich* Armen, Weinenden, Hungernden, um die zu kurz Gekommenen, die am Rand Stehenden, die Zurückgesetzten, Verstoßenen, Unterdrückten dieser Erde.

Jesus selber war arm. Was immer der Historiker zum Stall von Bethlehem zu sagen hat, als Symbol trifft er genau. Und vom Satz des marxistischen Philosophen Ernst Bloch stimmt zumindest die Fortsetzung: »Der Stall, der Zimmermannssohn, der Schwärmer unter kleinen Leuten, der Galgen am Ende, das ist aus geschichtlichem Stoff, nicht aus dem goldenen, den die Sage liebt.« Ein Proletarier aus der breiten untersten Schicht war Jesus freilich nicht; Handwerker waren auch damals schon etwas Besseres, Kleinbürgerliches. Aber in seiner öffentlichen Tätigkeit führte Jesus zweifellos ein freies Wanderleben in totaler Anspruchslosigkeit. Und seine Predigt ging an alle und gerade an die untersten Schichten. Seine Anhänger gehörten, wie wir hörten, zu den »Kleinen« oder »Einfältigen«: die Ungebildeten, Unwissenden, Rückständigen, denen das religiöse Wissen ebenso abgeht wie das moralische Verhalten und die den »Klugen und Weisen« gegenübergestellt werden. Jesu Gegner aber gehörten vor allem der schmalen kleinbürgerlichen Mittelschicht (Pharisäer) und der dünnen (vor allem sadduzäischen) Oberschicht an, die von seiner Botschaft nicht nur im religiösen, sondern auch in ihrem sozialen Gewissen beunruhigt waren.

Man kann es nicht wegdiskutieren: Jesus war *parteiisch für die Armen*, Weinenden, Hungernden, für die Erfolglosen, Machtlosen, Bedeutungslosen. Die Reichen, die sich Schätze anhäufen, welche Rost und Motten verzehren und Diebe stehlen können und die ihr Herz an den Reichtum hängen, stellt er bei all ihrer Sparsamkeit als abschreckendes Beispiel hin. Erfolg, sozialer Aufstieg sagt ihm nichts: wer sich selbst erhöht, wird erniedrigt werden – und umgekehrt. Fremd sind Jesus jene Menschen, die sich, gesichert und geborgen, an die vergänglichen Güter dieser Welt gefesselt haben. Man muss sich entscheiden, zwei Götter kann man nicht haben: Wo immer – bei großen oder kleinen Sparern – der Besitz sich zwischen Gott und Mensch stellt, wo immer einer dem Geld dient und das Geld zum Götzen macht, da gilt das »Wehe den Reichen«, welches wohl Lukas selbst der Seligpreisung der Armen gegenüberstellt. Jesu Warnung ist überdeutlich: Eher geht ein Kamel durch das Nadelöhr als ein Reicher ins Gottesreich. Alle gekünstelten Abschwächungsversuche (statt »Nadelöhr« ein kleines Tor, statt »Kamel« ein Schiffstau) helfen nichts: Reichtum ist für das Heil äußerst gefährlich. Armut ist nichts Schlechtes. Jesus steht prinzipiell auf der Seite der Armen.

Und trotz allem: Jesus propagiert *nicht die Enteignung der Reichen*, nicht eine Art »Diktatur des Proletariats«. Nicht Rache an den Ausbeutern, nicht Expropriation der Expropriateure und Unterdrückung der Unterdrücker fordert er, sondern Frieden und Machtverzicht. Er verlangt auch nicht wie die Gemeinschaft von Qumran die Abgabe des Besitzes an die Gemeinschaft. Wer auf Besitz verzichtet, soll ihn nicht in Gemeineigentum überführen, sondern den Armen geben. Aber er hat nicht von allen seinen Anhängern den Verzicht auf Eigentum gefordert. Auch darin, wie wir schon sahen, kein Gesetz! Verschiedene seiner Anhänger (Petrus, Levi, Maria und Marta) nannten Häuser ihr eigen. Jesus billigt es, dass Zachäus nur die Hälfte seines Besitzes verteilt. Was Jesus vom reichen Jüngling im Hinblick auf das Mit-ihm-Ziehen forderte, das forderte er nicht generell und starr von jedem in jeder Situation. Gewiss, wer mit ihm ziehen wollte, musste notwendigerweise alles hinter sich zurücklassen, konnte allerdings auch nicht von nichts leben. Wovon lebten überhaupt Jesus und seine Jünger auf ihrem Wanderleben? Die Evangelien machen kein Geheimnis daraus: durch Unterstützung der Besitzenden unter seinen Anhängern und insbesondere Anhängerinnen! Manchmal ließ er sich einladen: von reichen Pharisäern wie von reichen Zöllnern. Nur Lukas idealisiert nachträglich die Verhältnisse in der Urgemeinde und begründet sie mit von ihm selber (wie der Vergleich mit Markus und Mattäus zeigt) rigoristisch verschärften Jesusworten gegen allen Besitz. In Wirklichkeit kannte auch die Urgemeinde keinen generellen Verzicht auf Besitz.

Jesus war also einerseits kein ökonomisch naiver Schwarmgeist, der aus der Not eine Tugend machte und die Armut religiös verbrämte: Not lehrt ja nicht nur beten, sondern auch fluchen. Jesus verklärt die Armut so wenig wie die Krankheit; er gibt kein Opium. Armut, Leid, Hunger sind Elend, nicht Seligkeit. Er verkündet keine enthusiastische Spiritualität, die das Unrecht im Geist überspringt oder billig mit einem kompensierenden Jenseits tröstet. Jesus war andererseits kein fanatischer Revolutionär, der gewaltsam über Nacht das Elend abschaffen will, meist um neues zu schaffen. Er zeigt keine Gehässigkeit gegen die Reichen, waren sie auch noch so brutal wie im damaligen Orient. Er war keiner jener gewaltsamen Volksbeglücker, welche die Spirale von Gewalt und Gegengewalt nur weiterdrehen, statt sie zu durchbrechen. Gewiss war er keineswegs einverstanden mit den gesellschaftlichen Verhältnissen, wie sie sind. Nur: definitive Lösungen sieht er anders. Er ruft den Armen, Leidenden, Hungernden mitten in das Elend der Gegenwart hinein sein »Heil euch!«, »Selig, glücklich ihr!« zu.

Ein *Glück der Armen*, ein Glück der Unglücklichen? Die Seligpreisung ist nicht zu verstehen als allgemeine Regel, jedermann einsichtig, überall und allezeit geltend: als ob jede Armut, jedes Leid, jedes Elend automatisch den Himmel und noch gar den Himmel auf Erden verbürgte! Sie ist zu verstehen als Zusage: als Verheißung, die sich für den erfüllt, der sie nicht nur neutral anhört, sondern sich vertrauensvoll zu eigen macht. Für ihn bricht Gottes Zukunft bereits in sein Leben ein, bringt sie schon jetzt Tröstung, Erbe, Sättigung. Wohin immer er kommen mag, Gott ist voraus, er ist da. Im Vertrauen auf diesen vorauseilenden Gott ändert sich schon jetzt seine Situation: Schon jetzt kann er anders leben, wird er fähig zu einer neuen Praxis, fähig zu schrankenloser Hilfsbereitschaft, ohne Prestigedenken und Neid auf diejenigen, die mehr haben. Liebe meint ja nicht rein passives Abwarten. Gerade weil der Glaubende seinen Gott voraus weiß, kann er sich aktiv engagieren und sich zugleich in aller Aktivität und allem Engagement eine erstaunliche überlegene Sorglosigkeit leisten: eine Sorglosigkeit, die sich – ähnlich den Vögeln des Himmels und den Lilien des Feldes – im Vertrauen auf den sorgenden Gott und im Ausblick auf die frohe Zukunft nicht

Gedanken macht um Nahrung und Kleidung und überhaupt den morgigen Tag.

Natürlich bedeutet dies etwas anderes im Land und zur Zeit Jesu, wo aufgrund der agrarischen Kultur und des Klimas der Bedarf an Kleidern gering, die Wohnungsfrage nicht dringend, die Nahrung zur Not auf dem Feld zu besorgen war. Da ließ sich geradezu von der Hand in den Mund leben und beten: Unser tägliches Brot gib uns heute! Wie es Franz von Assisi und seine ersten Brüder wörtlich nachzuahmen versuchten.

Doch ausgeweitet, wie dies schon Mattäus tat, geht es um eine Forderung an *jeden* Menschen, auch wenn er nicht mit dem baldigen Weltende rechnet: Armut »im Geist« als die Grundhaltung der *genügsamen Anspruchslosigkeit* und der *vertrauenden Sorglosigkeit*! Gegen alle Raffgier, alle anspruchsvoll unbescheidene Anmaßung und kummervolle Besorgtheit, die sich auch bei ökonomisch Armen finden kann. Armut im Geist also als die *innere Freiheit vom Besitz*, die in verschiedenen Situationen verschieden zu realisieren ist. In jedem Falle aber so, dass die ökonomischen Werte nicht mehr die obersten sein können und eine neue Wertskala sich aufdrängt!

Jesus wollte nicht nur eine bestimmte Gruppe oder Schicht ansprechen und sicher nicht nur jene Gruppen, die sich den religiösen Ehrentitel »die Armen« (»die Demütigen«, nach den Propheten und Psalmen) zugelegt hatten. Mit seinen radikalen Forderungen unterläuft er jede soziale Schichtung und trifft einen jeden, die Raffgier des Reichen ebenso wie den Neid der Armen. Ihn erbarmte des Volkes, und dies nicht nur aus ökonomischen Gründen. Für jedermann ist es eine Versuchung, nur vom Brot allein zu leben. Als ob es nicht noch eine ganz andere Bedürftigkeit des Menschen gäbe. In der Sicht des Johannesevangeliums – so die Erzählung von der Brotvermehrung – entwickelt sich gerade aus dem falschen Verlangen nach Brot die große Auseinandersetzung, wonach sich die Großzahl von Jesus abwendet: nur Brot und Sattsein, nicht ihn sucht die Menge. Jesus hat weder eine Wohlstandsgesellschaft noch einen Gulaschkommunismus gepredigt. Nicht: »Erst kommt das Fressen, dann kommt die Moral« (B. Brecht). Sondern: »Erst das Reich Gottes, und dann alles andere.« Auch den Verdammten dieser Erde predigt er, dass etwas anderes wichtiger ist, dass sie über die Befriedigung ökonomischer Bedürfnisse hinaus noch in sehr viel tieferem Sinn arm, elend, ausgebeutet, bedürftig sind.

Kurz: jeder Mensch steht immer wieder vor Gott und den Menschen als »armer Sünder« da: als Bettler, der der Barmherzigkeit, der Vergebung bedarf. Auch der kleine Knecht kann so hartherzig sein wie der große König. Schon beim Propheten Jesaja, den Jesus in seiner Antwort an den Täufer zitiert, sind die »Armen« (»anawim«) die Niedergedrückten im umfassenden Sinn: die Bedrängten, Zerschlagenen, Verzagten, Verzweifelten, Elenden. Und alle Elenden und Verlorenen in äußerer Not (Lukas) oder innerer Bedrängnis (Mattäus), eben alle, die mühselig und beladen sind, auch die Schuldbeladenen, ruft Jesus zu sich. Ihrer aller Anwalt ist er. Und hier allerdings liegt nun der eigentliche Skandal.

Die moralischen Versager

Was schlechthin unverzeihlich schien: Nicht dass er sich um Kranke, Krüppel, Aussätzige, Besessene kümmerte, nicht dass er Frauen und Kinder um sich duldete, auch nicht nur, dass er parteiisch war für die armen, kleinen Leute. Nein, dass er sich mit *moralischen Versagern*, mit offensichtlich *Unfrommen und Unmoralischen* eingelassen hat: mit moralisch und politisch nicht einwandfreien Leuten, mit so manchen zweifelhaften, zwielichtigen, verlorenen, hoffnungslosen Existenzen, die es am Rande jeder Gesellschaft gibt, als unausrottbares, notwendiges Übel. Das war das eigentliche Ärgernis. Musste man es denn gerade so weit treiben? Solches praktisches Verhalten unterscheidet sich in der Tat gar sehr vom allgemeinen religiösen Verhalten, insbesondere von der elitären (mönchischen, aristokratischen oder kastengebundenen) Ethik östlicher Religionen und wohl am meisten von der strengen Moral der eigentlichen Gesetzesreligionen (Judentum, Mazdaismus, Islam):

Es mag vielleicht die Gemeinde gewesen sein, die es aus dem Rückblick so allgemein und programmatisch formulierte: Jesus sei gekommen, um das Verlorene zu suchen und zu retten, gekommen, nicht um Gerechte zu berufen, sondern Sünder. Aber auch die kritischsten Exegeten bestreiten es nicht: Er hat, wie immer es historisch um die einzelnen Worte stehen mag, in provozierender Weise mit moralischen Versagern, mit Unfrommen und Unmoralischen verkehrt. Mit denen, auf die man mit Fingern zeigte, die man mit Auszeichnung und Abscheu »Sünder« nannte. Das bereits berichtete und zweifellos nicht von der Gemeinde erfundene Schimpfwort der Gegner Jesu vom »Fresser und Säufer« hat ja noch eine – um vieles schwerer wiegende – Fortsetzung: »Freund von Zöllnern und Sündern«!

Zöllner – das waren, wie gesagt, die Sünder schlechthin: die traurigen Sünder par excellence. Angehörige eines verfemten Gewerbes, Verhasste, Betrüger und Gauner, reich geworden im Dienst der Besatzungsmacht, mit permanenter Unreinheit behaftete Kollaborateure und Verräter der nationalen Sache, unfähig zur Buße, weil sie gar nicht mehr wissen können, wen sie alles um wie viel betrogen haben. Und gerade mit solchen professionellen Gaunern musste sich Jesus einlassen! Auch hier ist nicht wichtig herauszufinden, wie weit die Erzählung vom skandalösen Festgelage beim Oberzöllner Zachäus oder auch die von der Aufnahme des Zöllners Levi in Jesu Jüngerkreis geschichtliche Erinnerungen wiedergeben; solche dürfen weder von vornherein angenommen noch – gerade etwa bezüglich der schon bei Markus überlieferten Berufung des Levi, Sohn des Alfäus – von vornherein ausgeschlossen werden. Dass die Evangelien nicht weniger als drei Zöllner mit Namen kennen, die zu Jesu Anhängern gehören, ist auffällig genug. Als historisch gesichert wird jedenfalls allgemein anerkannt, was der Vorwurf der gegnerischen Kritik war: dieser nimmt Sünder an und isst mit ihnen.

Er verweigerte den *Sündern*, den Gesetzlosen und Gesetzesbrechern, den Umgang nicht, wiewohl natürlich auch Gerechte zu ihm kamen. Er kehrte bei Zöllnern und notorischen Sündern ein. »Wenn dieser ein Prophet wäre, wüsste er, wer es ist und was für eine Frau, die ihn anrührt«: Es lässt sich nicht mehr überprüfen, ob jene Erzählung von der reichlich unkonventionellen Huldigung der stadtbekannten Sünderin, wohl Prostituierte, die seine Füße unwidersprochen mit parfümiertem Öl salbte, ebenso wie die in der johanneischen Überlieferung auftauchende ergreifende Erzählung von der beim Ehebruch in flagranti Ertappten, die er vom Zugriff der Gesetzeswächter gerettet hat, ob dies alles Legenden oder Erinnerungen oder beides in einem, typisierte Erzählungen sind. Zu den sichersten Elementen der Überlieferung gehört jedenfalls: Jesus zeigte eine provokative Zuneigung zu den Sündern und solidarisierte sich mit den Unfrommen und Unmoralischen. Verkommene und Abgeschriebene hatten bei ihm eine Zukunft. Auch jene sexuell ausgenützten und dafür noch verachteten Frauen – alle Opfer einer Gesellschaft von »Gerechten«. Und die Worte aus jenen Szenen trafen: Ihre vielen Sünden sind ihr vergeben, weil sie viel geliebt hat! Wer unter euch ohne Sünde ist, werfe den ersten Stein!

Es lässt sich somit nicht bestreiten: Jesus war »in schlechter Gesellschaft« (A. Holl). Immer wieder tauchen in den

Evangelien zweifelhafte Gestalten, Schuldiggewordene auf, von denen anständige Menschen besser Distanz halten. Entgegen allen Erwartungen, die seine Zeitgenossen vom Prediger des Gottesreiches hegten, hat sich Jesus geweigert, die Rolle des frommen Asketen, der Gastmählern und bestimmten Leuten fernbleibt, zu spielen. Gewiss wäre es nicht richtig, den bei Jesus unbestreitbaren »Zug nach unten« zu romantisieren. Kein »gleich und gleich gesellt sich gern«! Jesus zeigte keine verbotene Lust an der »dolce vita«, keinen Hang zur Halbwelt, zum Hippietum. Er rechtfertigte nicht das »Milieu«. Er entschuldigte keine Schuld. Aber nach den evangelischen Berichten kann nicht bestritten werden: Entgegen allen gesellschaftlichen Vorurteilen und Schranken hat Jesus *jede soziale Disqualifizierung* bestimmter Gruppen oder unglücklicher Minderheiten *abgelehnt*.

Ob vielleicht Günter Herburger mit seinem Roman doch recht hatte, wenn er Jesus in Osaka unter Gastarbeitern sieht? Unbekümmert um alles Geschwätz hinter seinem Rücken, unbekümmert um alle offene Kritik hat sich Jesus mit Randexistenzen der Gesellschaft, mit gesellschaftlich Verfemten, religiös Ausgestoßenen, mit Diskriminierten und Deklassierten eingelassen. Er machte sich mit ihnen gemein. Er akzeptierte sie einfach. Er predigt nicht nur die Offenheit der Liebe gegenüber allen Menschen, er praktiziert sie auch. Gewiss, er biedert sich nicht an, macht das Treiben der anrüchigen Kreise keineswegs mit. Er sinkt nicht auf ihr Niveau ab, sondern zieht sie zu sich herauf. Aber er setzt sich mit diesen notorisch schlechten Menschen nicht nur auseinander, sondern *setzt sich* – ganz wörtlich – *mit ihnen zusammen*. Unmöglich, so empörte man sich.

Ob er nicht realisierte, was er tat? Ob er nicht realisierte, wie sehr ein gemeinsames Essen – damals wie heute – kompromittieren kann? Man überlegt doch, wen man einlädt, von wem man sich einladen lässt. Und wen man auf jeden

Fall ausschließt! Für einen Orientalen erst recht sollte es deutlich sein: *Tischgemeinschaft* meint mehr als nur Höflichkeit und Freundlichkeit. Tischgemeinschaft bedeutet Frieden, Vertrauen, Versöhnung, Bruderschaft. Und dies sogar – würde der gläubige Jude hinzufügen – nicht nur vor den Augen der Menschen, sondern vor den Augen Gottes. Noch heute bricht in jüdischen Familien der Hausvater zu Beginn der Mahlzeit mit dem Segensspruch ein Stück Brot, damit jeder durch ein abgebrochenes Stücklein Anteil habe am herabgerufenen Segen. Tischgemeinschaft vor den Augen Gottes – mit Sündern? Genau das. Als ob das Gesetz nicht genauester Maßstab wäre, um festzustellen, mit wem man Gemeinschaft zu halten hat, wer zur Gemeinde der Frommen gehört.

Diese Mahlgemeinschaft mit den von den Frommen Abgeschriebenen war für Jesus nicht nur Ausdruck liberaler Toleranz und humanitärer Gesinnung. Sie war Ausdruck seiner Sendung und Botschaft: Friede, Versöhnung für alle ohne Ausnahme, auch für die moralischen Versager. Die Moralischen empfanden das als eine Verletzung aller konventionellen moralischen Normen, ja als eine Zerstörung der Moral. Zu Unrecht?

Das Recht der Gnade

Auch das Judentum kannte einen Gott, der vergeben kann. Aber vergeben wem? Demjenigen, der sich geändert hat, der alles wiedergutgemacht, der Buße geleistet, der die Schuld durch Leistungen (Gesetzeserfüllung, Gelübde, Opfer, Almosen) abgetragen und einen besseren Lebenswandel an den Tag gelegt hat. Kurz: Vergeben wird dem, der vom Sünder zum Gerechten geworden ist. Aber doch nicht dem Sünder: den Sünder trifft Gericht, trifft Strafe. Das ist Gerechtigkeit!

Soll es also nicht mehr gelten: zuerst Leistung, Buße, dann Gnade? Soll dieses ganze System außer Kraft gesetzt sein? Muss nicht – wie im alttestamentlichen Deuteronomium und den Büchern der Chronik völlig deutlich gemacht – Gesetzestreue von Gott belohnt und Gesetzlosigkeit bestraft werden? Nach diesem Freund der Zöllner und Sünder soll Gott, der heilige Gott, *gerade den Sündern*, den Unheiligen, *vergeben*? Ein solcher Gott wäre doch ein Gott der Sünder! Ein Gott, der die Sünder mehr liebt als die *Gerechten*!

Hier wird, so erscheint es vielen, *an den Fundamenten der Religion gerüttelt*: Den Verrätern, Betrügern und Ehebrechern wird gegenüber den Frommen und Gerechten Recht gegeben. Dem zu Hause hart Arbeitenden wird der heruntergekommene Gammler-Bruder vorgezogen. Den Einheimischen wird ein verhasster Ausländer und dazu noch Ketzer als Vorbild hingestellt. Und am Ende werden dann alle denselben Lohn erhalten!? Was sollen alle die großen Reden zugunsten des Verlorenen? Sollen die Schuldiggewordenen etwa Gott näher stehen als die Gerechtgebliebenen? Skandalös, dass im Himmel mehr Freude sein soll über einen Sünder, der Buße tut, als über 99 Gerechte, die der Buße nicht bedürfen! Die Gerechtigkeit scheint auf den Kopf gestellt.

Ist da nicht zu erwarten, dass ein solcher Sympathisant von Outlaws, von Gesetzlosen, auch selber das Gesetz bricht? Dass er weder die rituellen noch die disziplinären Vorschriften so treu hält, wie es sich nach Gottes Gebot und der Väter Tradition gehört? Schöne Reinheit des Herzens, Festen statt Fasten! Der Mensch Maßstab der Gebote Gottes! Statt gestraft wird gefeiert! Dass unter solchen Umständen Prostituierte und Betrüger vor den Frommen ins Gottesreich kommen sollen, die Ungläubigen aus allen Richtungen vor den Kindern des Reiches, wen wundert's? Was für eine verrückte Gerechtigkeit, die faktisch alle geheiligten Maßstäbe aufhebt und in einer Umwertung aller Rangfolge die Ersten zu Letzten und die Letzten zu Ersten macht! Was für eine naive, gefährliche Liebe, die ihre Grenzen nicht kennt: die Grenzen zwischen Volksgenossen und Nicht-Volksgenossen, Parteigenossen und Nicht-Parteigenossen, zwischen Nächsten und Fernsten, anständigen und unanständigen Berufen, Moralischen und Unmoralischen, Guten und Bösen? Als ob da Distanzierung nicht unbedingt erfordert wäre. Als ob man da nicht richten müsste. Als ob man da je vergeben dürfte.

Ja, Jesus ging so weit: *man darf vergeben.* Endlos vergeben, siebenundsiebzigmal. Und alle Sünden: außer es sündige einer gegen den Heiligen Geist, die Wirklichkeit Gottes selbst, und wolle keine Vergebung. *Jedem* ist da offensichtlich *eine Chance* angeboten, unabhängig von sozialen, ethnischen, politisch-religiösen Grenzen. Und zwar ist er schon angenommen, bevor er umkehrt. Zuerst die Gnade, dann die Leistung! Der Sünder, der alle Strafe verdient hat, ist begnadigt: er braucht den Gnadenakt nur anzuerkennen. Vergebung ist ihm geschenkt: er braucht das Geschenk nur anzunehmen und umzukehren. Eine eigentliche Amnestie – umsonst: er braucht nur vertrauensvoll daraus zu leben. So gilt denn *Gnade vor Recht.* Oder besser: Es gilt das Recht der Gnade! Nur so ist die neue bessere Gerechtigkeit möglich. Aus vorbehaltloser Vergebung: einzige Vorbedingung das gläubige Vertrauen oder der vertrauende Glaube; einzige Konsequenz das großmütige Weitergeben der Vergebung. Wer aus der großen Vergebung leben darf, soll die kleine nicht verweigern.

Freilich: Wer seine kritische Situation erfasst hat, der weiß auch, dass die Entscheidung keinen Aufschub duldet. Wo der moralische Ruin der Existenz droht, wo alles auf dem Spiel steht, muss kühn, entschlossen und klug gehandelt werden. Nach dem – anstößig aufreizenden – Beispiel jenes skrupellosen Verwalters, der illusionslos seine letzte Stunde nützt.

Es ist nicht irgendeine Chance, es ist die Chance des Lebens: Wer sein Leben gewinnen will, wird es verlieren, und wer es verliert, wird es gewinnen. Eng ist die Pforte. Viele sind gerufen, wenige erwählt. Die Rettung des Menschen bleibt ein Gnadenwunder, möglich allein durch den Gott, bei dem freilich alles möglich ist.

So ist das große Festmahl bereit: bereit für alle, selbst für die Bettler und Krüppel in den Gassen und gar die draußen auf den Landstraßen. Und welches Zeichen hätte deutlicher sprechen können für die allen angebotene Vergebung als jene *Mahlzeiten* Jesu mit all denen, die dabei sein wollten, unter Einschluss derer, die von anständigen Tischrunden ausgeschlossen bleiben? So empfanden es diese sonst Ausgeschlossenen mit nicht geringer Freude: hier erfährt man statt der üblichen Verurteilung Schonung. Statt des rasch gefällten Schuldspruchs erbarmenden Freispruch. Statt der allgemeinen Ungnade überraschend Gnade. Eine wahre Befreiung! Eine echte Erlösung! Hier wird Gnade ganz praktisch demonstriert. So sind diese Mahlzeiten Jesu den Gemeinden in Erinnerung geblieben und nach seinem Tod in noch ganz anderer Tiefe verstanden worden: als erstaunliches Bild, gleichsam als Vorfeier, als Vorwegnahme des in den Parabeln angekündigten endzeitlichen Heilsmahles.

Aber es blieb die Frage: *Wie* lassen sich solche Gnade, Vergebung, Befreiung und Erlösung für die Sünder rechtfertigen?

Rechtfertigung der Sünder?

Jesu Parabeln geben deutlich Auskunft. Seine Verteidigung besteht zunächst im Gegenangriff: Sind denn die Gerechten, die der Buße nicht bedürfen, wirklich so gerecht, die Frommen so fromm? Bilden sie sich nicht etwas ein auf ihre Moral und Frömmigkeit und werden gerade dadurch schuldig? Wissen sie überhaupt, was Vergebung ist? Sind sie nicht erbarmungslos gegenüber ihren versagenden Brüdern? Geben sie nicht vor zu gehorchen und tun es faktisch doch nicht? Verweigern sie sich nicht dem Rufe Gottes? Es gibt eine Schuld der Unschuldigen: wenn sie meinen, Gott nichts schuldig geblieben zu sein. Und eine Unschuld der Schuldigen: wenn sie sich in ihrer Verlorenheit gänzlich Gott ausliefern. Das bedeutet: die Sünder sind wahrhaftiger als die Frommen, weil sie ihre Sündhaftigkeit nicht verbergen. Jesus gibt ihnen recht gegenüber denen, die ihre Sündhaftigkeit nicht wahrhaben wollen.

Doch Jesu eigentliche Rechtfertigung und Antwort ist eine andere: Warum darf man vergeben statt zu verurteilen, warum geht Gnade vor Recht? Weil *Gott selbst* nicht verurteilt, sondern *vergibt*! Weil Gott selbst in Freiheit Gnade vor Recht gehen lässt, das Recht der Gnade übt! So erscheint Gott durch alle Parabeln hindurch in immer wieder neuen Variationen als der Generöse: als der großmütig sich erbarmende König, als der großzügig verzichtende Geldverleiher, als der suchende Hirte, als die nachforschende Frau, als der entgegenlaufende Vater, als der den Zöllner erhörende Richter. Immer wieder neu ein Gott grenzenlosen Erbarmens und alles übersteigender Güte. Der Mensch soll gleichsam Gottes Geben und Vergeben durch sein Geben und Vergeben abbilden. Nur von daher ist die Bitte des Vaterunser zu verstehen: Vergib uns unsere Schuld, wie auch wir vergeben haben unseren Schuldigern.

Jesus verkündet dies alles wie immer untheologisch, ohne große Gnadentheologie. Das Wort »Gnade« kommt bei den Synoptikern – abgesehen von Lukas in wohl meist nicht ursprünglichen Zusammenhängen – ebenso wie bei Johannes (abgesehen vom Prolog) überhaupt nicht vor. »Vergebung« erscheint meist formelhaft im Zusammenhang mit der Taufe, das Hauptwort »Barmherzigkeit« fehlt in den Evangelien überhaupt. Anders die Tätigkeitsworte »vergeben«, »erlassen«, »schenken«. Was auf das Entscheidende hinweist: Über Gnade und Vergebung spricht Jesus vor allem *im Vollzug*. Dass über den verkommenen Sohn kein Strafgericht ergeht, sondern der Vater, das Schuldbekenntnis unterbrechend, ihm um den Hals fällt, dass Festkleid, Fingerring und Sandalen gebracht, das Mastkalb geschlachtet und ein Fest gefeiert wird, das ist Gnade im Vollzug. Wie eben der Knecht, der Geldleiher, der Zöllner, das verlorene Schaf Generosität, Vergebung, Barmherzigkeit, Gnade erfahren. Ohne Erforschung der Vergangenheit und ohne besondere Auflagen ein unbedingtes Angenommenwerden, so dass der Mensch befreit wieder leben, sich selber – und das ist nicht nur für den Zöllner das Schwierigste – annehmen kann: Gnade – eine neue Lebenschance.

Die Parabeln Jesu waren also mehr als nur Gleichnisse einer zeitlosen Idee eines liebenden Vatergottes. In diesen Parabeln wurde im Wort zugesprochen, was in Jesu Tat, seiner Annahme der Sünder, geschah: Vergebung. In Tat und Wort Jesu wurde die vergebende und befreiende Liebe Gottes zu den Sündern Ereignis. *Nicht Bestrafung der Bösen, sondern* die *Rechtfertigung der Sünder*: Hier bricht Gottes Reich schon an, die kommende Gottesgerechtigkeit.

Jesus setzte durch alles, was er lehrte und praktizierte, diejenigen ins Unrecht, die, obwohl fromm, weniger großzügig, barmherzig, gut waren als er. Zum großen Ärgernis dieser weniger großzügigen Frommen muss es denn Jesus mit Berufung auf diesen Gott, dessen Liebe den Sündern gilt, der die Sünder den Gerechten vorzieht, auch gewagt haben, das Gottesrecht der Gnade zu antizipieren und diese Gnade, Barmherzigkeit und Vergebung Gottes nicht nur allgemein anzukünden: Er hat es gewagt, wie auch kritischste Exegeten als historisch annehmen, die *Vergebung direkt dem einzelnen Schuldiggewordenen zuzusprechen*.

Die erste Konfrontation, die Jesus nach dem ersten Evangelium mit seinen Gegnern hat und die einen typischen Charakter aufweist, dreht sich um einen solchen Zuspruch der Sündenvergebung: »Mein Sohn, deine Sünden sind dir vergeben!« Dass Gott Sünden vergibt, glaubt auch der fromme Jude. Aber dieser Mensch hier vermisst sich, dies einem ganz Bestimmten ganz bestimmt hier und jetzt zuzusagen. Ganz persönlich gewährt und verbürgt er Sündenvergebung. Mit welchem Recht? *Mit welcher Vollmacht?* Die Reaktion erfolgt augenblicklich: »Was redet der so? Er lästert. Wer kann Sünden vergeben außer Gott allein?«

Nun ist dies für Jesus zweifellos die Voraussetzung: *Gott* ist es, der vergibt. Das genau ist es, was die passive Umschreibung im überlieferten Zuspruch (»sind vergeben«) meint. Aber es ist für die Zeitgenossen offensichtlich: Hier wagt einer etwas, was bisher keiner, auch nicht Mose und die Propheten gewagt haben: Er wagt es, Gottes Vergebung nicht nur wie der Hohepriester am Versöhnungstag im Tempel aufgrund der von Gott gesetzten höchst detaillierten Sühneordnung dem ganzen Volk anzusagen. Er wagt es, irgendwelchen moralischen Versagern die Vergebung in ihrer ganz konkreten Situation, »auf Erden«, gleichsam auf der Straße, ganz persönlich zuzusprechen und so Gnade nicht nur zu predigen, sondern hier und jetzt selber autoritativ zu üben.

Soll das also heißen: jetzt als Gegenteil einer eigenmächtigen Lynchjustiz eine eigenmächtige Gnadenjustiz? Hier nimmt doch ein Mensch Gottes Gericht vorweg. Hier tut einer gegen alle Traditionen Israels, was Gott allein vorbehalten ist: ein Eingriff und Übergriff in Gottes ureigenstes Recht! Faktisch, auch wenn der Name Gottes nicht verflucht wird, eine *Gotteslästerung*: Gotteslästerung nämlich durch Arroganz! Was maßt dieser junge Mann sich an? Sein sonst schon unerhörter Anspruch gipfelt in dem, was Empörung und leidenschaftlichen Protest herausfordern muss: im Anspruch,

Sünden vergeben zu können. Der Konflikt – ein Konflikt auf Leben und Tod – mit all denen, die durch ihn ins Unrecht gesetzt wurden, deren Fehlverhalten er aufgedeckt hat, ist unvermeidlich geworden. Schon früh – unmittelbar nach den Berichten von der Sündenvergebung, dem Bankett mit den Zöllnern, der Vernachlässigung des Fastens, der Verletzung der Sabbatruhe – bringt das Markusevangelium die Notiz von der Beratung seiner Gegner, der Vertreter von Gesetz, Recht und Moral: auf welche Weise sie ihn liquidieren können.

V. Der Konflikt

Skandalon: ein kleiner Stein, über den man fallen kann. Jesus war in Person der Stein des Anstoßes geworden – mit allem, was er sagt und tut, ein fortgesetzter Skandal. Seine merkwürdig radikale Identifikation der Sache Gottes mit der Sache des Menschen: zu welch ungeheuerlichen Konsequenzen hatte sie ihn in Theorie und Praxis geführt! Selber streitbar nach allen Seiten, war er nun von allen Seiten umstritten. Keine der erwarteten Rollen hatte er gespielt: Für die Law-and-order-Leute erwies er sich als systemgefährdender Provokateur. Die aktivistischen Revolutionäre enttäuschte er durch seine gewaltlose Friedensliebe. Die passiv weltflüchtigen Asketen umgekehrt durch seine unbefangene Weltlichkeit. Den weltlich angepassten Frommen schließlich war er zu kompromisslos. Den Stillen im Lande zu laut und den Lauten im Lande zu leise, den Strengen zu mild und den Milden zu streng. Als offensichtlicher Außenseiter in einem lebensgefährlichen gesellschaftlichen Konflikt: im Widerspruch zu den herrschenden Verhältnissen und im Widerspruch zu denen, die ihnen widersprechen.

1. Die Entscheidung

Ein ungeheurer Anspruch, doch so wenig dahinter: von niedriger Herkunft, ohne Unterstützung seiner Familie, ohne besondere Bildung. Ohne Geld, Amt und Würden. Ohne alle Hausmacht, von keiner Partei gedeckt und von keiner Tradition legitimiert – ein machtloser Mensch beansprucht solche Vollmacht? War seine Lage nicht von vornherein aussichtslos? Wer war schon für ihn? Aber: er, der durch seine Lehre und sein ganzes Verhalten tödliche Aggressionen auf sich lenkte, fand auch spontan Vertrauen und Liebe! Kurz: an ihm schieden sich die Geister.

Ohne Amt und Würden

Wie soll man sich stellen zu dieser Botschaft, zu diesem Verhalten, zu diesem Anspruch, ja, schließlich und endlich zu dieser Person? Die Frage war nicht zu umgehen. Sie durchzieht als eine schon vorösterliche Frage die nachösterlichen Evangelien und ist bis heute nicht zur Ruhe gekommen: Was haltet ihr von ihm? *Wer* ist er? Einer der Propheten? Oder mehr?

Ja, was für eine »Rolle« spielt er im Zusammenhang mit seiner Botschaft? Wie verhält er sich zu seiner »Sache«? Wer ist er, der doch jedenfalls nicht ein auf Zeit menschlich verkleidetes Himmelswesen ist, sondern ein vollmenschliches, verwundbares, historisch fassbares Menschenwesen, der als Haupt einer Jüngergruppe nicht zu Unrecht mit dem Titel »Rabbi«, »Lehrer« angesprochen wird. Der aber als Prediger des nahenden Gottesreiches manchen eher als ein »Prophet«, vielleicht sogar als der erwartete Prophet der Endzeit erschien und über den die Zeitgenossen offensichtlich selber uneins waren. Von einem eigentlichen prophetischen Berufungserlebnis Jesu wie bei Mose und den Propheten, auch bei Zarathustra und Mohammed, von einer Erleuchtung wie bei Buddha wird in den Evangelien auffälligerweise nichts berichtet.

Manchen Christen erscheint die Aussage »Jesus ist *Gottes Sohn*« als das Zentrum des christlichen Glaubens. Und manche Inquisitoren, große und kleine, stellen ihren Zeitgenossen gern die Fangfrage: Ist er wirklich Gottes Sohn? Aber hier ist aufgrund der Quellen genauer hinzusehen. Jesus selber jedenfalls hat das Reich Gottes und nicht seine eigene Rolle, Person, Würde in die Mitte seiner Verkündigung gestellt. Es bestreitet niemand, dass die nachösterliche Gemeinde, an der vollen Menschlichkeit Jesu von Nazaret stets energisch festhaltend, diesen Menschen als »Christus«, »Messias«, »Davidssohn«, »Gottessohn« tituliert hat. Und dass sie aus ihrer jüdischen und dann auch hellenistischen Umwelt die gewichtigsten und gefülltesten Titulaturen ausgesucht und auf Jesus übertragen hat, um auf diese Weise dessen Bedeutung für den Glauben zum Ausdruck zu bringen, lässt sich verstehen und soll später dargelegt werden. Dass sich jedoch schon Jesus selber diese Titulaturen beigelegt hat, darf aufgrund der Natur unserer Quellen nicht einfach vorausgesetzt werden. Das ist vielmehr fraglich und muss ohne Voreingenommenheit überprüft werden.

Gerade wenn es hier um das Zentrum des christlichen Glaubens geht – und darum geht es bei Jesus als dem Christus –, ist doppelte Vorsicht geboten, damit nicht Wunschdenken das kritisch verantwortete Denken überspielt. Gerade hier ist zu bedenken, dass die Evangelien nicht Dokumente der reinen Historie, sondern Schriften der praktischen Glaubensverkündigung sind; sie wollen den Glauben an Jesus als den Christus herausfordern und befestigen. Gerade hier ist die Grenze zwischen geschehener Geschichte und Interpretation der Geschichte, zwischen historischem Bericht und theologischer Reflexion, zwischen vorösterlichem Wort und nachösterlicher Erkenntnis besonders schwer zu ziehen.

Nicht nur auf die Worte des Auferstandenen und Erhöhten, sondern schon auf die Worte des irdischen Jesus, besonders die christologischen Selbstaussagen, können die jungen Christengemeinden, ihr Gottesdienst und ihre Verkündigung, ihre Disziplin und Mission, können 30, 40, 70 Jahre später auch die Redaktoren der Evangelien Einfluss gehabt haben. Das aber bedeutet für den heutigen Interpreten: Nicht wer möglichst *viele* Jesusworte der Evangelienüberlieferung als echt ansieht, ist der rechtgläubigste Theologe. Allerdings auch: Nicht wer möglichst *wenige* evangelische Jesusworte als echt ansieht, ist der kritischste Theologe. In dieser zentralen Frage spricht kritikloser Glaube ebenso an der Sache vorbei wie die ungläubige Kritik. Die wahre Kritik zerstört den Glauben nicht, der wahre Glaube hindert nicht die Kritik.

Muss vernünftigerweise nicht damit gerechnet werden, dass das Glaubensbekenntnis und die Theologie der Gemeinden in einigen *messianischen Geschichten* besonders durchgeschlagen haben?

Etwa in den bereits genannten beiden *Stammbäumen*, die Jesus als Davidssohn und Kind der Verheißung ankünden wollen, die aber im ältesten Evangelium bezeichnenderweise fehlen und die bei Mattäus und Lukas, abgesehen von ihrem Zusammentreffen bei David, so wenig übereinstimmen;

oder in den legendär ausgestalteten *Kindheitsgeschichten*, welche das Geheimnis dieser Herkunft beschreiben, die sich aber ebenfalls nur bei Mattäus und Lukas finden und dabei wenig historisch Verifizierbares bieten;

oder in den *Tauf- und Versuchungsgeschichten*, die ebenfalls einen besonderen literarischen Charakter haben und die als Lehr-Erzählungen Jesu Sendung herauszustellen trachten;

oder in der *Verklärungsgeschichte*, die schon bei Markus verschiedene Traditionsschichten umfasst und mit verschiedenen Epiphaniemotiven Jesu endzeitliche messianische Rolle und Würde deutlich machen will?

Selbstverständlich soll nicht behauptet werden, alle diese Geschichten seien *nur* Legende oder Mythos. Knüpfen sie doch vielfach – man denke etwa an die Taufe Jesu – an historische Ereignisse an. Aber das Historische ist oft kaum auszumachen, und jedenfalls dürften die damit verbundenen messianischen Aussagen nicht einfach vorausgesetzt werden. Diese messianischen Geschichten haben ihren Sinn, aber gerade diesen Sinn verfehlt man und gerät vielfach in Widersprüche, wenn man sie Satz für Satz als historischen Rapport verstehen will.

Dass sich Glaube und Theologie der Urchristenheit besonders bei den *messianischen Titeln* ausgewirkt haben, wird heute von jedem ernsthaften Exegeten herausgestellt. Eine genauere Untersuchung kann zeigen, dass Jesus selber sich keinen einzigen messianischen Würdetitel – weder Messias noch Davidssohn, weder Sohn noch Gottessohn – zugelegt hat. Vielmehr hat man nach Ostern zurückblickend die gesamte Jesusüberlieferung – und wie deutlich werden wird: nicht zu Unrecht – in einem messianischen Licht gesehen und hat von daher das Messiasbekenntnis in die Darstellung der Jesusgeschichte eingetragen. Auch die Redaktoren der Evangelien schauen zurück und reden aus *österlichem Glauben*, für den die Messianität – jetzt ganz anders verstanden – keine Frage ist. Vorher aber war sie eine Frage, eine echte Frage.

Ein negativer Befund? Ja, möglicherweise ja, bezüglich der Titulaturen durch Jesus selbst. Nein, in jedem Fall nein, bezüglich des Anspruchs Jesu. Denn offensichtlich *fällt sein Anspruch nicht mit seinen Titeln*. Im Gegenteil, die große Frage nach dem, was und wer er ist, wird durch diesen Befund nicht etwa erledigt, sondern in verschärfter Weise gestellt: Was und wer ist denn der, der nicht nur keine besondere Herkunft, Familie, Bildung, Hausmacht, Partei ins Feld führt, sondern der möglicherweise auch auf keine besonderen Titel

191

und Würden Wert legt und der doch, wie bereits deutlich wurde, einen ungeheuren Anspruch erhebt?

Man darf nicht vergessen: Die hier in Frage kommenden Titel waren – ein jeder auf seine Weise – *belastet* durch die verschiedenen Traditionen und die mehr oder weniger politischen Erwartungen seiner Zeitgenossen. So wie man nun gemeinhin einen »Messias«, einen »Davidssohn«, einen »Menschensohn« erwartete, so war dieser Jesus nun einmal nicht. So wollte er allem Anschein nach auch gar nicht sein. Keiner der geläufigen Begriffe, keine der üblichen Vorstellungen, keines der traditionellen Ämter, keiner der gängigen Titel war offensichtlich geeignet, um seinem Anspruch Ausdruck zu verleihen, um seine Person und Sendung zu umschreiben, um das Geheimnis seines Wesens zu erschließen. Gerade die messianischen Hoheitstitel lassen es noch deutlicher werden als die menschlich-allzumenschlichen Rollenerwartungen der Priester und Theologen, der Revolutionäre und Asketen, der frommen oder unfrommen kleinen Leute: Dieser Jesus ist anders!

Und gerade so ließ er niemanden gleichgültig. Er war eine öffentliche Person geworden, er hatte den Konflikt mit seiner Umwelt herausgefordert. Mit ihm konfrontiert, sahen sich die Menschen und insbesondere die Hierarchie unweigerlich vor ein Letztes gestellt. Er forderte eine letzte *Entscheidung* heraus: aber nicht ein Ja oder Nein zu einem bestimmten Titel, zu einer bestimmten Würde, zu einem bestimmten Amt oder auch zu einem bestimmten Dogma, Ritus oder Gesetz. Seine Botschaft und Gemeinschaft warfen die Frage auf, woraufhin und wonach einer sein Leben letztlich ausrichten will. Jesus forderte eine letzte Entscheidung für die Sache Gottes und des Menschen. In dieser »Sache« geht er selbst völlig auf, ohne für sich selber etwas zu fordern, ohne seine eigene »Rolle« oder Würde zum Thema seiner Botschaft zu machen. Die große *Frage* nach seiner

Person war nur *indirekt* gestellt, und die Vermeidung aller Titel verdichtete das Rätsel.

Die Anklage

Vor einigen Jahren hat man in Jerusalem die von Herodes gebaute Straße zum Tempelaufgang ausgegraben, über die Jesus gegangen ist. Irgendwelche Zeugnisse vom Prozess gegen ihn hat man nicht gefunden. Man hat sich immer wieder darüber gewundert, dass auch die Prozessberichte der Evangelien so wenig zur Motivierung anführen, *warum* Jesus von Nazaret zum Tode verurteilt wurde. Denn wenn etwas an diesem Leben historisch gesichert ist, dann sein gewaltsamer Tod. Aber selbst wenn einer die Frage des Hohepriesters nach der Messianität Jesu nicht als nachösterliche Deutung ansieht: Liest er nur die Passionsgeschichte, bleibt ihm Jesu Verurteilung zum Tod weithin unverständlich. Messiasanwärter gab es einige; aber wegen messianischen Anspruchs wurde niemand zum Tode verurteilt. War es vielleicht doch nur ein tragischer Justizirrtum, rückgängig zu machen durch eine Revision des Prozesses, wie es einige gutmeinende Christen und Juden heute fordern? Oder war es doch die bewusste Bosheit eines verstockten Volkes, welche moralische Schuld dann in den zwanzig Jahrhunderten Christenheit zahllosen Juden das Leben kosten sollte? Oder war es einfach einer jener wohlbekannten Willkürakte der schließlich letztverantwortlichen römischen Autorität, wie man zur Entlastung der Juden sagen könnte? Oder aber die planmäßige Aktion der jüdischen Führer, die das harmlose Volk aufwiegelten und – wie schon die Evangelisten zur Entlastung des Vertreters Roms insinuieren – den von Jesu Unschuld überzeugten Römer als willenloses Werkzeug benutzten? Die Pilatusfrage »Was hat er denn Böses getan?« wird nach Markus nur mit dem »überlauten« Ruf »Kreuzige ihn!« beantwortet.

Man kann es aber auch umgekehrt sehen und dann fragen: Was hätte Jesus eigentlich noch Böses tun müssen, um ausreichende Gründe für seine Verurteilung zu liefern? Kann die Begründung seiner Verurteilung in der Passionsgeschichte nicht deshalb so kurz sein, weil die Evangelien als ganze eine umfassende und wahrhaft ausreichende Begründung für seine Verurteilung bieten? Darnach, so scheint es, wäre die *Anklage* nicht schwer zu formulieren.

Oder muss denn jetzt noch einmal wiederholt werden, dass dieser Mensch sich gegen ungefähr alles vergangen hat, was diesem Volk und dieser Gesellschaft und ihren Repräsentanten heilig war: dass er sich unbekümmert um die Hierarchie in Wort und Tat über die kultischen Tabus, die Fastengewohnheiten und besonders das Sabbatgebot hinweggesetzt, dass er nicht nur gegen bestimmte Gesetzesinterpretationen (»Überlieferungen der Alten«), sondern gegen das Gesetz selbst (eindeutig im Verbot der Ehescheidung, im Verbot der Wiedervergeltung, im Gebot der Feindesliebe) angegangen ist; dass er das Gesetz nicht nur anders interpretiert, auch nicht nur an bestimmten Punkten verschärft, sondern verändert, ja sich in befremdender Selbständigkeit und Freiheit darüber hinweggesetzt hat, wann und wo es ihm mit Rücksicht auf den Menschen richtig schien; dass er eine andere, »bessere Gerechtigkeit« als die des Gesetzes proklamiert hat, als ob es eine solche gäbe und das Gesetz Gottes nicht die letzte Instanz wäre?

Hat er also nicht faktisch, auch wenn er es nicht programmatisch ankündigte, die bestehende Ordnung des jüdischen Gesetzes und damit das gesamte gesellschaftliche System in Frage gestellt? Hat er so nicht die bestehenden Normen und Institutionen, die geltenden Gebote und Dogmen, Ordnungen und Einrichtungen, auch wenn er sie gewiss nicht abschaffen wollte, doch faktisch völlig unterhöhlt, insofern er ihre unbedingte Geltung in Frage gestellt hat durch die Behauptung, sogar der Sabbat sei um des Menschen willen da und nicht der Mensch um seinetwillen? Die Frage lag nahe: Ist dieser etwa *mehr als Mose*, der das Gesetz gegeben?

Aber weiter: Hat er nicht, obwohl auch dies wiederum nicht programmatisch, so doch faktisch, den gesamten Kult, die Liturgie in Frage gestellt? Hat er nicht alle Riten und Bräuche, Feiern und Zeremonien, auch wenn er sie keineswegs abschaffen wollte, so doch praktisch unterlaufen, insofern er den Menschendienst dem Gottesdienst vorordnete? Seine Protestaktion gegen den Tempelbetrieb war vermutlich die entscheidende Provokation, die zur Aktion gegen ihn führte. Die Frage ließ sich verschärfen: Ist dieser etwa *mehr als Salomo*, der den Tempel gebaut?

Und schließlich: Hat er durch seine Identifikation der Sache Gottes mit der Sache des Menschen, des Willens Gottes mit dem Wohl des Menschen nicht den Menschen zum Maßstab der Gebote Gottes gemacht? Forciert er nicht von daher eine Menschen-, Nächsten-, Feindesliebe, welche die natürlichen Grenzen zwischen Familienangehörigen und Nicht-Familienangehörigen, zwischen Volksgenossen und Nicht-Volksgenossen, Parteigenossen und Nicht-Parteigenossen, zwischen Freunden und Feinden, Nächsten und Fernsten, Guten und Bösen nicht wahrhaben will? Relativiert er nicht die Bedeutung von Familie, Volk, Partei, ja Gesetz und Moral? Muss er so nicht die Herrschenden und die Rebellierenden, die Stillen und die Lauten im Lande gegen sich aufbringen? Werden nicht alle anerkannten Unterschiede, nützlichen Konventionen und gesellschaftlichen Schranken aufgegeben, wenn man ein Vergeben ohne Ende, ein Dienen ohne Rangordnung, ein Verzichten ohne Gegenleistung predigt? Mit der Konsequenz, dass man sich gegen alle Vernunft auf die Seite der Schwachen, Kranken, Armen, Unterprivilegierten, also gegen die Starken,

Gesunden, Reichen, Privilegierten stellen muss, dass man wider die guten Sitten Frauen, Kinder, kleine Leute hätschelt, ja, dass man sich gar gegen alle Gesetze der Moral mit eigentlich Unfrommen und Unmoralischen, Gesetzlosen und Gesetzesbrechern, im Grunde Gottlosen kompromittiert und sie gegenüber den frommen, moralischen, gesetzestreuen, gottgläubigen Menschen favorisiert? Hat sich dieser Freund öffentlicher Sünder und Sünderinnen nicht auf diesem Weg so weit verstiegen, dass er statt Bestrafung des Bösen ihre Begnadigung propagiert und gar hier und jetzt in ungeheurer Vermessenheit Einzelnen Vergebung ihrer Verfehlungen direkt zusagt, wie wenn das Reich Gottes schon da und er selber der Richter, des Menschen letzter Richter wäre? Schließlich muss man sich die Frage stellen: Ist dieser etwa *mehr als Jona*, der die Buße predigte, mehr als ein Prophet?

So also hat Jesus die Grundlagen, die ganze Theologie und Ideologie der Hierarchie untergraben. Und was für ein *Kontrast*, auch daran sei nochmals erinnert: Ein beliebiger Mann aus Nazaret, woher »nichts Gutes kommen« kann, von niedriger Herkunft, unbedeutender Familie, mit einer Gruppe junger Männer und ein paar Frauen, ohne Bildung, Geld, Amt und Würden, von keiner Autorität ermächtigt, keiner Tradition legitimiert, keiner Partei gedeckt – und doch ein solch unerhörter *Anspruch*. Ein Neuerer, der sich faktisch über Gesetz und Tempel, über Mose, König und Prophet stellt und der überhaupt viel das verdächtige Wort »Ich« – nicht nur bei Johannes, sondern literarkritisch unausmerzbar schon in der synoptischen Überlieferung – im Munde führt. Dem entspricht völlig – selbst wenn es einer hyperkritisch nicht auf Jesus, sondern auf die Gemeinde zurückführen sollte – sowohl jenes »Ich aber sage euch« der Bergpredigt wie auch das merkwürdig am Anfang vieler Sätze gebrauchte »Amen«, womit eine Autorität in Anspruch genommen wird, die über die Autorität eines Rabbi oder auch eines Propheten hinausgeht. Diesen Anspruch – in den Evangelien eine Frage sowohl bezüglich seiner Worte wie bezüglich seiner Taten – begründet er nirgendwo. Ja, in der Vollmachtsdiskussion lehnt er eine Begründung ab. Er nimmt die Vollmacht einfach in Anspruch. Er hat sie und bringt sie zur Geltung, redet und handelt aus ihr, ohne sich auf eine höhere Instanz zu berufen. Er macht eine völlig unabgeleitete, höchst persönliche Autorität geltend: Nicht nur ein *Sach-Kenner und Sach-Verständiger* wie die Priester und Theologen. Sondern einer, der ohne alle Ableitung und ohne Begründung eigenmächtig in Wort und Tat Gottes Willen (= das Wohl des Menschen) verkündet, sich mit *Gottes Sache* (= die Sache des Menschen) *identifiziert*, ganz in dieser Sache aufgeht und so ohne allen Anspruch auf Titel und Würden zum höchstpersönlichen öffentlichen *Sach-Walter Gottes und des Menschen* wird!

Ein Sach-Walter Gottes und des Menschen

»Selig, der an mir keinen Anstoß nimmt«? Kann man, muss man nicht vielmehr Anstoß nehmen?
– Ist ein Gesetzeslehrer, der sich gegen Mose stellt, nicht ein *Irrlehrer*?
– Ist ein Prophet, der nicht mehr in der Nachfolge des Mose steht, nicht ein *Lügenprophet*?
– Ist ein über Mose und die Propheten Erhabener, der sich hinsichtlich der Sünde gar die Funktion eines letzten Richters anmaßt, der so an das rührt, was Gottes und Gottes allein ist, nicht – es muss deutlich ausgesprochen werden – ein *Gotteslästerer*?
– Ist er nicht alles andere als das unschuldige Opfer eines verstockten Volkes, vielmehr ein Schwärmer und Ketzer und als solcher ein höchst gefährlicher und die Position der Hier-

archie sehr real bedrohender Ordnungsstörer, Unruhestifter, *Volksverführer*?

Erst vor diesem Hintergrund wird deutlich: Ob sich Jesus besondere Titel zulegte oder nicht, ist völlig zweitrangig. Dass sie ihm zumindest nachträglich zugelegt wurden, ist in seinem ganzen Wirken angelegt, wenn auch nach seinem Tod und Scheitern keineswegs selbstverständlich. Sein ganzes Tun und Lassen hatte einen Anspruch erhoben, der einen rabbinischen und prophetischen übersteigt und einem messianischen durchaus gleichkommt: Ob zu Recht oder Unrecht – er agiert faktisch in Wort und Tat als der Sachwalter Gottes für den Menschen in dieser Welt. Damit erhellt zugleich, wie falsch es wäre, Jesu Geschichte simpel als eine unmessianische zu bezeichnen, die dann nachträglich zur messianischen gemacht wurde. Jesu Anspruch *und* Wirkung waren solcher Art, dass durch seine Verkündigung und gesamte Tätigkeit *messianische Erwartungen* geweckt wurden und auch Glauben gefunden haben, wie es im tradierten Wort der Emmausjünger deutlich zum Ausdruck gebracht wird: »Wir aber hofften, er sei der, der Israel erlösen sollte.« Nur so lässt sich auch der unbedingte Ruf in die Nachfolge, nur so die Berufung der Jünger und die Auswahl der Zwölf, nur so die gesamte Volksbewegung, nur so allerdings auch die heftige Reaktion und bleibende Unversöhnlichkeit seiner Gegner verstehen.

Als der öffentliche Sachwalter Gottes und des Menschen war Jesus in Person zum großen *Zeichen der Zeit* geworden. In seiner ganzen Existenz stellte er vor eine Entscheidung: sich für oder gegen seine Botschaft, sein Wirken, ja seine Person zu entscheiden. Sich zu ärgern oder sich zu ändern, zu glauben oder nicht zu glauben, weiterzumachen oder umzukehren. Und ob einer Ja oder Nein sagte – er war gezeichnet für das nahende Reich, für Gottes endgültiges Urteil; dies unterstreichen die apokalyptisch gefärbten Reden und Bilder vom Weltgericht durch den »Menschensohn«. In seiner Person wirft die Zukunft Gottes ihren Schatten, ihr Licht für den Menschen voraus.

Hätte er als Sachwalter Gottes und des Menschen recht, wäre wirklich die alte Zeit abgelaufen und eine neue angebrochen. Dann wäre eine neue, bessere Welt im Kommen. Aber wer sagt schon, ob er recht hat? Als machtloser, armer, unbedeutender *Mensch* tritt er mit solchem Anspruch, solcher Vollmacht, solcher Bedeutung auf, setzt er die Autorität Moses und der Propheten praktisch außer Kraft und beansprucht für sich die Autorität *Gottes*: wie sollte da der Vorwurf der Irrlehre, der Lügenprophetie, ja der Gotteslästerung und Volksverführung nicht berechtigt sein?

Gewiss, auf *Gott* beruft er sich für all sein Tun und Reden. Aber wiederum: Wie wäre Gott, wenn er recht hätte!? Jesu ganzes Verkündigen und Handeln stellen mit letzter Unausweichlichkeit die Frage nach Gott: wie er ist und wie er nicht ist, was er tut und was er nicht tut. Um Gott selbst geht letztlich der ganze Streit.

2. Der Streit um Gott

Der aus Israels Geschichte wohlbekannte eine und einzige Gott, sprechend in den Erfahrungen der Menschen und angesprochen in ihrem Antworten und Fragen, Beten und Fluchen: dass dieser Gott ein naher und lebendiger Gott mit menschlichem Antlitz ist, darüber war (und ist heute zwischen Christen und Juden) kein Streit notwendig. Es lässt sich sogar sagen, dass Jesus nur das *Gottesverständnis Israels* mit besonderer Reinheit und Konsequenz erfasst hat. Nur?

Revolution im Gottesverständnis

Jesu Originalität darf in der Tat nicht übertrieben werden; das ist wichtig für das Gespräch mit den Juden heute. Oft tat und tut man so, als ob Jesus als erster Gott den *Vater* sowie die Menschen seine Kinder genannt habe. Als ob Gott nicht in verschiedensten Religionen Vater genannt würde, auch bei den Griechen: Genealogisch schon in Homers Epen, wo Zeus, der Sohn des Chronos, als der Vater der Götterfamilie erscheint. Kosmologisch geläutert dann in der stoischen Philosophie, wo die Gottheit als der Vater des vernunftdurchwalteten Kosmos und der mit ihm verwandten und von ihm umsorgten vernunftbegabten Menschenkinder gilt.

Doch gerade angesichts des religionsgeschichtlichen Befundes wird auch schon die *Problematik der Anwendung des Vaternamens* auf Gott sichtbar, worauf im Zeitalter der Frauenemanzipation zu Recht neu aufmerksam gemacht wird. Ist es denn so selbstverständlich, dass die geschlechtliche Differenzierung auf Gott übertragen wird? Ist Gott ein Mann, maskulin, viril? Wird nicht gerade hier Gott nach dem Bild des Menschen, ja genauer des Mannes geschaffen? Im Allgemeinen treten die Götter in der Religionsgeschichte geschlechtlich differenziert auf, wiewohl es vielleicht schon am Anfang zweigeschlechtliche oder geschlechtsneutrale Wesen gegeben hat und sich auch später immer wieder doppelgeschlechtliche Züge zeigen. Es muss aber zu denken geben, dass in den mutterrechtlichen Kulturen die »große Mutter«, aus deren Schoß alle Dinge und Wesen hervorgegangen sind und in den sie zurückkehren, an der Stelle des Vatergottes steht. Sollte das Matriarchat älter sein als das Patriarchat – die Frage ist unter den Historikern nach wie vor umstritten –, so wäre der Kult der Muttergottheit, von welchem etwa in Kleinasien der spätere Marienkult gewichtige Impulse übernommen hat, dem des Vatergottes auch zeitlich vorangegangen.

Aber wie immer diese historische Frage entschieden wird: die Vaterbezeichnung für Gott ist nicht nur von der Einzigkeit Jahwes bestimmt. Sie erscheint auch gesellschaftlich bedingt, geprägt von einer männerorientierten Gesellschaft. *Gott* ist jedenfalls *nicht gleich Mann*.

Schon in der Hebräischen Bibel, bei den Propheten, zeigt Gott auch weibliche, *mütterliche Züge*. Aus heutiger Perspektive aber muss dies noch deutlicher gesehen werden. Die Vaterbezeichnung wird nur dann nicht missverstanden, wenn sie nicht im Gegensatz zu »Mutter«, sondern symbolisch (analog) verstanden wird: »Vater« als patriarchales Symbol – mit auch matriarchalen Zügen – für eine trans-humane, trans-sexuelle letzte Wirklichkeit. Der eine Gott darf heute weniger denn je nur durch den Raster des Männlich-Väterlichen gesehen werden, wie dies eine allzu männliche Theologie tat. Es muss an ihm auch das weiblich-mütterliche Moment erkannt werden. Eine so verstandene Vater-Anrede kann dann nicht mehr zur religiösen Begründung eines gesellschaftlichen Paternalismus auf Kosten der Frau und insbesondere zur permanenten Unterdrückung des Weiblichen in der Kirche und deren Ämtern benützt werden.

Anders als in anderen Religionen erscheint Gott in der *Hebräischen Bibel* jedoch nicht als der physische Vater von Göttern, Halbgöttern oder Heroen. Allerdings auch nie einfach als der Vater aller Menschen. Jahwe ist der Vater des Volkes Israel, welches Gottes erstgeborener Sohn genannt wird. Er ist dann insbesondere der Vater des Königs, der in ausgezeichnetem Sinn als Gottes Sohn gilt: »Du bist mein Sohn, heute habe ich dich gezeugt« – ein »Beschluss Jahwes« bei der Thronbesteigung, der nicht eine mirakulöse irdische Zeugung, sondern die Einsetzung des Königs in die Sohnesrechte meint. Im späteren Judentum wird Gott dann auch als Vater des einzelnen Frommen und des erwählten Volkes der Endzeit verheißen: »Sie werden nach meinen Geboten tun, und ich werde ihr Vater sein, und sie werden meine Kinder sein.« Hier überall zeigt sich das Vatersymbol jenseits aller sexuellen Bezüge und eines religiösen Paternalismus in seinen unverzichtbaren positiven Aspekten: als Ausdruck der Macht und zugleich der Nähe, des Schutzes und der Fürsorge.

Doch hierbei künden sich bei *Jesus* bedeutsame Unterschiede an. Manche überlieferten Worte Jesu könnten für sich allein genommen auch aus der Weisheitsliteratur stammen, wo sich Parallelen finden. Dass sie von Jesus selber stammen, ist wie so oft schwer aufweisbar. Aber sie erhalten ihre besondere Färbung vom gesamten Kontext, mögen sie nun immer direkt von ihm selbst stammen oder nicht. Es fällt zunächst auf, dass Jesus die Vaterschaft Gottes nie auf das Volk als solches bezieht. Wie für den Täufer Johannes, so stellt auch für ihn die Zugehörigkeit zum auserwählten Volk keine Heilsgarantie dar. Noch auffälliger ist, dass Jesus ganz anders als selbst Johannes die Vaterschaft auch auf die Bösen und Ungerechten bezieht und dass er von dieser vollkommenen Vaterschaft Gottes her die für ihn so spezifische Feindesliebe begründet. Was geht hier vor?

Vater der Verlorenen

Hier überall wird mit dem Hinweis auf den »Vater« gewiss zunächst auf Gottes tätige Vorsehung und Fürsorge in allen Dingen hingewiesen: die sich um jeden Sperling und um jedes Haar kümmert; die um unsere Bedürfnisse weiß, bevor wir ihn bitten; was unsere Sorgen als überflüssig erscheinen lässt. Der Vater, der um alles in dieser so gar nicht heilen Welt weiß und ohne den nichts geschieht: die *faktische Antwort auf die Theodizeefrage* nach den Lebensrätseln, dem Leid, der Ungerechtigkeit, dem Tod in der Welt! Ein Gott, dem man unbedingt vertrauen und auf den man sich auch in Leid, Ungerechtigkeit, Schuld und Tod ganz verlassen kann.

Ein Gott nicht mehr in unheimlicher, transzendenter Ferne, sondern nahe in unbegreiflicher Güte. Ein Gott, der nicht auf ein Jenseits vertröstet und die gegenwärtige Dunkelheit, Vergeblichkeit und Sinnlosigkeit verharmlost, sondern der selbst in Dunkelheit, Vergeblichkeit und Sinnlosigkeit zum Wagnis der Hoffnung einlädt.

Aber es geht noch um mehr. Hier kommt das zum Durchbruch, was so unvergleichlich nachdrücklich vor Augen gemalt wird in jener Parabel, die eigentlich nicht den Sohn oder die Söhne, sondern den Vater zur Hauptfigur hat: jener Vater, der den Sohn in Freiheit ziehen lässt, der ihm weder nachjagt noch nachläuft, der aber den aus dem Elend Zurückkehrenden sieht, bevor dieser ihn sieht, ihm entgegenläuft, sein Schuldbekenntnis unterbricht, ihn ohne alle Abrechnung, Probezeit, Vorbedingungen aufnimmt und ein großes Fest feiern lässt – zum Ärgernis des korrekt Daheimgebliebenen.

Was also wird hier mit »Vater« zum Ausdruck gebracht? Offensichtlich nicht nur, dass es ein Missverständnis Gottes ist, wenn der Mensch meint, ihm gegenüber seine Freiheit wahren zu müssen. Nicht nur, dass Gottes Walten und des Menschen Aktivität, Theonomie und Autonomie sich nicht ausschließen. Nicht nur, dass das von Theologen vieltraktierte Problem des »Zusammenwirkens« (»concursus«) von göttlicher Vorherbestimmung und menschlicher Freiheit, von göttlichem und menschlichem Willen kein echtes Problem ist ... Sondern genau das, was dieser»Freund von Zöllnern und Sündern«, der das Verlorene und Verkommene meint, suchen und retten zu müssen, auch in anderen Parabeln zum Ausdruck brachte: wenn er sprach von Gott – wie wir schon sahen – als der Frau (!) oder dem Hirten, die sich über das wiedergefundene Verlorene freuen, als dem großmütigen König, dem großzügigen Geldverleiher, dem gnädigen Richter, und wenn er sich daraufhin auch selber

203

mit moralischen Versagern, Unfrommen und Unmoralischen einließ, sie bevorzugt behandelte und ihnen sogar auf der Stelle Vergebung ihrer Schuld zusprach. Was bedeutet dies alles, wenn nicht: Jesus stellt Gott ganz ausdrücklich als Vater des »verlorenen Sohnes«, als den *Vater der Verlorenen* hin?

Dies also ist für Jesus der eine wahre Gott, neben dem es keine anderen auch noch so frommen Götter geben darf: der Gott des Bundes – besser verstanden! Ein Gott, der offensichtlich mehr ist als der oberste Garant eines fraglos zu akzeptierenden, wenn auch vielleicht geschickt zu manipulierenden Gesetzes. Ein Gott, der mehr ist auch als jenes von oben alles diktierende und zentral lenkende, allmächtig-allwissende Wesen, das seine Planziele unerbittlich, und sei es mit »heiligen Kriegen« im Großen und Kleinen und ewiger Verdammung der Gegner, zu erreichen trachtet. Dieser Vater-Gott will kein Gott sein, wie ihn Marx, Nietzsche und Freud fürchteten, der dem Menschen von Kind auf Ängste und Schuldgefühle einjagt, ihn moralisierend ständig verfolgt, und der so tatsächlich nur die Projektion anerzogener Ängste, menschlicher Herrschaft, Machtgier, Rechthaberei und Rachsucht ist. Dieser Vater-Gott will kein theokratischer Gott sein, der auch nur indirekt den Repräsentanten totalitärer Systeme zur Rechtfertigung dienen könnte, die, ob fromm-kirchlich oder unfromm-atheistisch, seinen Platz einzunehmen und seine Hoheitsrechte auszuüben versuchen: als fromme oder unfromme Götter der orthodoxen Lehre und unbedingten Disziplin, des Gesetzes und der Ordnung, der menschenverachtenden Diktatur und Planung …

Nein, dieser Vater-Gott will ein Gott sein, der den Menschen als ein *Gott der rettenden Liebe* begegnet. Nicht der allzumännliche Willkür- oder Gesetzesgott. Nicht der Gott geschaffen nach dem Bilde der Könige und Tyrannen, der Hierarchen und Schulmeister. Sondern der – wie schade um das so verniedlichte große Wort – *liebe Gott*, der sich mit den Menschen, ihren Nöten und Hoffnungen solidarisiert. Der nicht fordert, sondern gibt, der nicht niederdrückt, sondern aufrichtet, nicht krank macht, sondern heilt. Der diejenigen schont, die sein heiliges Gesetz und damit ihn selbst antasten. Der statt verurteilt vergibt, der statt bestraft befreit, der statt Recht vorbehaltlos Gnade walten lässt. Der Gott also, der sich nicht den Gerechten, sondern den Ungerechten zuwendet. Der die Sünder vorzieht: der den verlorenen Sohn lieber hat als den daheimgebliebenen, den Zöllner lieber als den Pharisäer, die Ketzer lieber als die Orthodoxen, die Dirnen und Ehebrecher lieber als ihre Richter, die Gesetzesbrecher oder Gesetzlosen lieber als die Gesetzeswächter!

Kann man hier noch sagen, der Vatername sei nur Echo auf innerweltliche Vatererfahrungen? Eine Projektion, die dazu dient, irdische Vater- und Herrschaftsverhältnisse zu verklären? Nein, *dieser* Vater-Gott ist anders! Nicht ein Gott des Jenseits auf Kosten des Diesseits, auf Kosten des Menschen (Feuerbach). Nicht ein Gott der Herrschenden, der Vertröstung und des deformierten Bewusstseins (Marx). Nicht ein Gott von Ressentiments erzeugt, das Oberhaupt einer erbärmlichen Eckensteher-Moral von Gut und Böse (Nietzsche). Nicht ein tyrannisches Über-Ich, das Wunschbild illusionärer frühkindlicher Bedürfnisse, ein Gott des Zwangsrituals aus einem Schuld- und Vaterkomplex (Freud).

An einen ganz anderen Gott und Vater appelliert Jesus zur Rechtfertigung seines skandalösen Redens und Benehmens: ein wunderlicher, ja gefährlicher, ein im Grunde unmöglicher Gott. Oder sollte man das wirklich annehmen können? Dass Gott selbst die Gesetzesübertretungen rechtfertigt? Dass Gott selbst sich rücksichtslos über die Gerechtigkeit des Gesetzes hinwegsetzt und eine »bessere Gerechtigkeit« proklamieren lässt? Dass er selbst also die bestehende gesetzliche Ordnung und damit das gesamte gesellschaftliche System, ja auch den Tempel und den ganzen Gottesdienst in Frage stellen lässt? Dass er selber den Menschen zum Maßstab seiner Gebote macht, selber die natürlichen Grenzen zwischen Genossen und Nichtgenossen, Fernsten und Nächsten, Freunden und Feinden, Guten und Bösen durch Vergeben, Dienen, Verzichten, durch die Liebe aufhebt und sich so auf die Seite der Schwachen, Kranken, Armen, Unterprivilegierten, Unterdrückten, ja der Unfrommen, Unmoralischen, Gottlosen stellt? Das wäre doch ein neuer Gott: ein Gott, der sich von seinem eigenen Gesetz gelöst hat, ein Gott nicht der Gesetzesfrommen, sondern der Gesetzesbrecher, ja – so zugespitzt muss es gesagt sein, um die Widersprüchlichkeit und Anstößigkeit deutlich zu machen – ein Gott nicht der Gottesfürchtigen, sondern ein *Gott der Gottlosen*!? Eine wahrhaft unerhörte *Revolution im Gottesverständnis*!?

Ein »Aufstand gegen Gott« gewiss nicht im Sinn des älteren oder neueren Atheismus, Amoralismus, Anomismus, wohl aber ein Aufstand gegen den Gott der Frommen: Sollte man es denn tatsächlich annehmen können, sollte man es wirklich glauben dürfen, dass Gott selbst, der wahre Gott, sich hinter einen solchen unerhörten Neuerer stellt, der sich, revolutionärer als alle Revolutionäre, über Gesetz und Tempel erhebt und sich sogar zum Richter über Sünde und Vergebung aufschwingt? Käme Gott nicht in Widerspruch zu sich selbst, wenn er einen solchen Sach-Walter hätte? Wenn ein solcher mit Recht Gottes Autorität und Willen gegen Gottes Gesetz und Tempel in Anspruch nehmen, mit Recht sich die Vollmacht zu solchem Reden und Handeln zuschreiben dürfte? Ein Gott der Gottlosen, und ein Gotteslästerer als sein Prophet!?

Die nicht selbstverständliche Anrede

Unermüdlich versucht es Jesus mit allen Mitteln deutlich zu machen: Gott ist wirklich so, er ist wirklich ein Vater der Verlorenen, wirklich ein Gott der moralischen Versager, der Gottlosen. Und sollte das nicht eine ungeheure Befreiung für alle sein, die mit Mühen und Schuld beladen sind? Aller Anlass zur Freude und Hoffnung? Es ist kein neuer Gott, den er verkündigt; es ist nach wie vor der Gott des Bundes. Aber dieser alte Gott des Bundes in entschieden neuem Licht. Gott ist *kein anderer, aber* er ist *anders*! Nicht ein Gott des Gesetzes, sondern ein Gott der Gnade! Und rückwärtsblickend lässt sich vom Gott der Gnade her auch der Gott des Gesetzes besser, tiefer, eben gnädiger verstehen: das Gesetz schon als ein Ausdruck der Gnade.

Freilich, selbstverständlich ist dies alles für den Menschen nicht. Da ist ein Umdenken mit allen Konsequenzen, da ist ein wirklich neues Bewusstsein, ein eigentliches inneres Umkehren erfordert, gründend in jenem unbeirrbaren Vertrauen, das man Glaube nennt. Jesu ganze Botschaft ist ein einziger Appell, sich nicht zu ärgern, sondern sich zu ändern: sich auf sein Wort zu verlassen und dem Gott der Gnade zu trauen. Sein Wort ist die einzige Garantie, die den Menschen gegeben wird dafür, dass Gott wirklich so ist. Wer diesem Wort nicht glaubt, wird seine Taten der Dämonie verdächtigen. Ohne sein Wort bleiben seine Taten zweideutig. Nur sein Wort macht sie eindeutig.

Aber wer immer sich auf Jesu Botschaft und Gemeinschaft einlässt, dem geht an Jesus der auf, den er mit »*mein Vater*« anredete. Mit »Vater« – Vater, wie er ihn (nicht im Gegensatz zu Mutter) verstand – war der Kern des ganzen Streits getroffen. Der sprachliche Befund gibt dafür eine merkwürdige Bestätigung. Bei dem großen Reichtum an Gottesanreden, über die das antike Judentum verfügt, ist es erstaunlich, dass

Jesus gerade die Anrede »Mein Vater« ausgewählt hat. Vereinzelte Aussagesätze über Gott den Vater findet man in der Hebräischen Bibel. Nirgendwo jedoch ließ sich bis jetzt in der Literatur des antiken palästinischen Judentums die individuelle hebräische Gottesanrede »Mein Vater« nachweisen. Nur im hellenistischen Bereich gibt es, wohl unter griechischem Einfluss, einige spärliche Belege für die griechische Gottesanrede »patér«.

Aber noch außergewöhnlicher ist der Befund bezüglich der aramäischen Form von Vater = »Abba«: Jesus scheint nach den vorliegenden Zeugnissen Gott stets mit »Abba« angeredet zu haben. Nur so erklärt sich der nachhaltige Gebrauch dieser ungewöhnlichen aramäischen Gottesanrede selbst in griechisch sprechenden Gemeinden. Denn umgekehrt gibt es in der gesamten umfangreichen sowohl liturgischen wie privaten Gebetsliteratur des antiken Judentums bis hinauf ins Mittelalter keinen einzigen Beleg für die Gottesanrede »Abba«. Wie soll man das erklären? Bisher fand man nur die eine Erklärung: »Abba« – ganz ähnlich dem deutschen »Papa« – ist seinem Ursprung nach ein Lallwort des Kindes, zur Zeit Jesu freilich auch gebraucht zur Vater-Anrede erwachsener Söhne und Töchter und als Höflichkeitsausdruck gegenüber älteren Respektspersonen. Aber diesen so gar nicht männlichen Ausdruck der Kindersprache, der Zärtlichkeit, diesen Alltags- und Höflichkeitsausdruck zur Anrede Gottes zu gebrauchen, musste den Zeitgenossen so unehrerbietig und so ärgerlich familiär vorkommen, wie wenn wir Gott mit »Papa« oder »Väterchen« ansprächen.

Für Jesus aber ist dieser Ausdruck so wenig respektlos, wie es die vertraute Anrede des Kindes an seinen Vater ist. Vertrautheit schließt ja Respekt nicht aus. Ehrfurcht bleibt die Grundlage seines Gottverständnisses. Aber nicht sein Zentrum: Genau wie ein Kind seinen irdischen Vater, so soll nach Jesus der Mensch seinen himmlischen Vater ansprechen – ehrerbietig und gehorsamsbereit, doch vor allem geborgen und vertrauensvoll. Mit diesem Vertrauen, welches Ehrfurcht einschließt, lehrt Jesus auch seine Jünger Gott anreden. »Unser Vater – in den Himmeln«. Gott mit »Vater« anzureden, ist der gewagteste und einfachste Ausdruck jenes unbedingten Vertrauens, das dem lieben Gott Gutes, alles Gute zutraut, das auf ihn vertraut und sich ihm anvertraut.

Das *Vaterunser*: Ohne Buchstabenfrömmigkeit und allen Formularzwang in zwei Fassungen – einer kürzeren (Matthäus) und einer längeren (Lukas) – überliefert, ist es ein Bittgebet ganz aus der Gewöhnlichkeit des unsakralen Alltags heraus gesprochen. Ohne mystische Versenkung und Läuterung, allerdings auch ohne allen Anspruch auf Verdienst: nur unter der Bedingung der eigenen Bereitschaft zum Vergeben. Zu den einzelnen Bitten sind leicht Parallelen in jüdischen Gebeten, etwa im Achtzehn-Bitten-Gebet, zu finden. Im Ganzen aber ist das Vaterunser durchaus unverwechselbar in seiner Kürze, Präzision und Schlichtheit. Ein neues unsakrales Beten, nicht in der hebräischen Sakralsprache, sondern in der aramäischen Muttersprache, ohne die üblichen pompösen rituellen Anreden und Huldigungen Gottes. Ein sehr persönliches Beten, das doch die Beter durch die Anrede »Unser Vater« intensiv zusammenschließt. Ein sehr einfaches Bittgebet, aber ganz konzentriert auf das Wesentliche: auf die Sache Gottes (dass sein Name geheiligt werde, sein Reich komme und sein Wille geschehe), die unlöslich verbunden erscheint mit der Sache des Menschen (seine leibliche Sorge, seine Schuld, die Versuchung und Gewalt des Bösen).

Alles eine vorbildliche Realisierung dessen, was Jesus zuvor gegenüber dem wortreichen Beten gesagt hat: nicht durch Plappern vieler Worte Erhörung finden zu wollen, als ob der Vater nicht schon unsere Bedürfnisse wüsste. Dies eine Aufforderung, nicht etwa das Bittgebet zu unterlassen und sich auf Lob und Preis zu beschränken, wie die Stoiker aus Gottes Allwissenheit und Allmacht folgerten. Eine Aufforderung vielmehr, im Bewusstsein von Gottes Nähe in unbeirrbarem Vertrauen ganz menschlich unermüdlich zu drängen wie der unverschämte Freund in der Nacht, wie die unerschrockene Witwe vor dem Richter. Nirgendwo taucht die Frage der unerhörten Gebete auf; die Erhörung ist zugesichert. Die Erfahrung des Nichterhörtwerdens soll nicht zum Schweigen, sondern zu erneutem Bitten führen. Immer jedoch unter der Voraussetzung, dass sein und nicht unser Wille geschehe: hierin liegt das Geheimnis der Gebetserhörung.

Jesus hat das Gebet fern von den Augen der Öffentlichkeit empfohlen, sogar in der Abgeschiedenheit der profanen Vorratskammer. Jesus selber hat so gebetet: Sosehr die meisten Stellen in den synoptischen Evangelien redaktionelle Eintragungen des Lukas in das Markusevangelium sind, so berichtet doch schon das Markusevangelium vom stundenlangen Beten Jesu außerhalb der liturgischen Gebetszeiten in der Einsamkeit. Jesus selber hat gedankt. Sosehr die johanneisch klingende Fortsetzung von gegenseitigem Erkennen des Vaters und des Sohnes in ihrer Authentizität umstritten ist, sowenig das unmittelbar vorausgehende Dankgebet, welches allen Misserfolgen zum Trotz den Vater preist, dass er »solches« vor Weisen und Klugen verborgen und es Unmündigen, Ungebildeten, Geringen, Anspruchslosen geoffenbart hat.

Sein Vater und unser Vater

Doch hier machen wir nun eine neue überraschende Feststellung. Zahlreich sind die Stellen, wo Jesus »mein Vater (im Himmel)« und dann auch »dein Vater« oder »euer Vater« sagt. Aber in allen Evangelien gibt es keine einzige Stelle, wo sich Jesus mit seinen Jüngern zu einem »Unser Vater« zusammenschließt. Ist diese grundsätzliche *Unterscheidung von* »*mein*« *und* »*euer*« *Vater* christologischer Stil der Gemeinde? Man kann zumindest ebenso gut der Meinung sein, dass dieser sehr bestimmte Sprachgebrauch deshalb im ganzen Neuen Testament so beständig ist, weil er, wie es die Evangelien deutlich machen, schon für Jesus selbst charakteristisch war: als Ausdruck nämlich seiner Sendung.

Eine Überinterpretation der Gottesanrede »Abba« ist aufgrund des alltäglichen Klangs des Wortes zu vermeiden. Jesus selber hat sich wohl nie einfach als »der Sohn« bezeichnet. Ja, er hat eine direkte Identifikation mit Gott, eine Vergötterung, in aller Ausdrücklichkeit abgelehnt: »Was nennst du mich gut? Niemand ist gut als Gott allein.« Aber andererseits sagte er nie wie die alttestamentlichen Propheten: »So spricht der Herr« oder »Spruch Jahwes«. Er spricht vielmehr – was ohne Parallele in der jüdischen Umwelt ist und zu Recht auf den vorösterlichen Jesus zurückgeführt wird – mit einem emphatischen »Ich« oder gar »Ich aber sage euch«. Kann man sich aufgrund der Quellen der Einsicht verschließen, dass dieser Künder des Vatergottes aus einer ungewöhnlichen Verbundenheit mit ihm heraus gelebt und gewirkt hat? Dass eine besondere Gotteserfahrung seine Botschaft vom Reich und Willen Gottes getragen hat? Dass sein ungeheurer Anspruch, seine souveräne Sicherheit und selbstverständliche Direktheit ohne eine sehr eigenartige *Unmittelbarkeit zu Gott*, seinem Vater und unserem Vater, nicht denkbar ist?

Offensichtlich ist Jesus öffentlicher *Sach-Walter Gottes* nicht nur in einem äußerlich-juristischen Sinn: nicht nur ein Beauftragter, Bevollmächtigter, Anwalt Gottes. Sondern Sach-Walter in einem zutiefst innerlich-existentiellen Sinn: ein persönlicher Botschafter, Treuhänder, Vertrauter, Freund Gottes. In ihm wurde der Mensch ohne allen Zwang, aber unausweichlich und unmittelbar mit jener letzten Wirklichkeit konfrontiert, die ihn zur Entscheidung über das letzte Wonach und Wohin herausfordert. Von dieser letzten Wirklichkeit scheint er angetrieben zu sein in all seinem Leben und Handeln: gegenüber dem religiös-politischen System und seiner Oberschicht, gegenüber Gesetz, Kult und Hierarchie, gegenüber Institution und Tradition, Familienbanden und Parteibindungen. Aber auch gegenüber den Opfern dieses Systems, den leidenden, beiseitegeschobenen, getretenen, schuldiggewordenen und gescheiterten Menschen aller Art, für die er erbarmend Partei ergreift. Von dieser letzten Wirklichkeit scheint sein Leben durchleuchtet zu sein: wenn er Gott als den Vater verkündet, wenn er die religiösen Ängste und Vorurteile seiner Zeit nicht teilt, wenn er sich mit dem religiös unwissenden Volk solidarisiert. Auch wenn er die Kranken nicht als Sünder behandelt und Gott den Vater nicht als Feind des Lebens verdächtigt sehen will, wenn er die Besessenen von den psychischen Zwängen befreit und den Teufelskreis von seelischer Störung, Dämonenglauben und gesellschaftlicher Ächtung durchbricht. Aus dieser Wirklichkeit scheint er ganz und gar zu leben: wenn er die Herrschaft dieses Gottes verkündet und die menschlichen Herrschaftsverhältnisse nicht einfach hinnimmt, wenn er die Frauen in der Ehe nicht der Willkür der Männer ausgeliefert haben will, wenn er die Kinder gegen die Erwachsenen, die Armen gegen die Reichen, überhaupt die Kleinen gegen die Großen in Schutz nimmt. Auch wenn er sich sogar für die religiös Andersgläubigen, die politisch Kompromittierten, die moralischen Versager, die sexuell Ausgenützten, die an den Rand der Gesellschaft Gedrängten einsetzt und ihnen Vergebung zusagt. Wenn er sich so für alle Gruppen offenhält und nicht einfach gelten lässt, was die Vertreter der offiziellen Religion und ihre Experten für unfehlbar wahr oder falsch, gut oder böse erklären.

In dieser letzten Wirklichkeit also, die er Gott, seinen Vater und unseren Vater nennt, wurzelt seine Grundhaltung, die sich mit einem Wort umschreiben lässt: seine *Freiheit*, die ansteckend wirkt und für den Einzelmenschen wie die Gesellschaft in ihrer Eindimensionalität eine wirklich *andere Dimension* eröffnet: eine reale Alternative mit anderen Werten, Normen und Idealen. Ein echter qualitativer Überstieg zu einem neuen Bewusstsein, einem neuen Lebensziel und Lebensweg und damit auch zu einer neuen Gesellschaft in Freiheit und Gerechtigkeit. Ein wahres Transzendieren, das eben nicht ein Transzendieren ohne Transzendenz sein kann, sondern ein *Transzendieren aus der Transzendenz in die Transzendenz.*

Wir rühren bei Jesu Bezug zum Vater an Jesu letztes Geheimnis. Die Quellen geben uns keinen Einblick in Jesu Inneres. Psychologie und Bewusstseinsphilosophie helfen uns nicht weiter. Dies aber wird man sagen dürfen: Sowenig Jesus selber den prononcierten Sohnestitel in Anspruch genommen hat und sowenig eine nachösterliche Gottessohn-Christologie in die vorösterlichen Texte eingetragen werden darf, sowenig kann doch übersehen werden, wie sehr die *nachösterliche Bezeichnung Jesu als »Sohn Gottes« im vorösterlichen Jesus ihren realen Anhalt hat.* Jesus deutete in seinem ganzen Verkündigen und Verhalten *Gott.* Aber musste dann von diesem anders verkündigten Gott her nicht auch *Jesus* in einem anderen Licht erscheinen? Wer immer sich auf Jesus in unbeirrbarem Vertrauen einließ, dem veränderte sich in ungeahnter, befreiender Weise das, was er bisher als »Gott« gesehen hat. Aber wenn sich einer durch Jesus auf diesen Gott und Vater einließ, musste sich dem nicht auch umgekehrt der verändern, als den er bisher Jesus gesehen hat?

Es war ein Faktum: Die eigentümlich neue Verkündigung und Anrede Gottes als des Vaters warfen ihr Licht zurück auf den, der ihn so eigentümlich neu verkündigte und anredete. Und wie man schon damals von Jesus nicht sprechen konnte, ohne von diesem Gott und Vater zu sprechen, so war es in der Folge schwierig, von diesem Gott und Vater zu sprechen, ohne von Jesus zu sprechen. Nicht bestimmten Namen und Titeln gegenüber, wohl aber diesem Jesus gegenüber fiel die Entscheidung des Glaubens, wenn es um den einen wahren Gott ging. Wie man mit Jesus umging, entschied darüber, wie man zu Gott steht, wofür man Gott hält, welchen Gott man hat. Im Namen und in der Kraft des einen Gottes Israels hat Jesus gesprochen und gehandelt. Und schließlich für ihn hat er sich umbringen lassen.

3. Das Ende

In fast allen wichtigen Fragen – Ehe, Familie, Nation, das Verhältnis zur Autorität, Umgang mit anderen Menschen und Gruppen – denkt Jesus anders, als man das gewohnt ist. Der Konflikt um das System, um Gesetz und Ordnung, Kult und Bräuche, Ideologie und Praxis, um die herrschenden Normen, die zu respektierenden Grenzen und zu meidenden Leute, der Streit um den offiziellen Gott des Gesetzes, des Tempels, der Nation und Jesu Anspruch drängt dem Ende entgegen. Es sollte sichtbar werden, wer recht hat. Ein Konflikt auf Leben und Tod war es geworden. Der in seiner Großzügigkeit, Zwangslosigkeit, Freiheit so herausfordernde junge Kämpfer wird zum schweigenden Dulder.

Ein letztes Mahl

Jesus, der aufgrund seines Redens und Handelns sein Leben vielfach verwirkt hatte, musste mit einem gewaltsamen Ende rechnen. Nicht dass er den Tod direkt provoziert oder gewollt hätte. Er hatte keine Todessehnsucht, aber *lebte angesichts des Todes*. Und er hat den Tod frei – in jener großen Freiheit, die Treue zu sich selbst und Treue zum Auftrag, zu Selbstverantwortung und Gehorsam vereint – auf sich genommen, weil er darin den Willen Gottes erkannte: Es war nicht nur ein Erleiden des Todes, sondern eine Hergabe und Hingabe des Lebens. Dies muss man sich vor Augen halten angesichts jener Szene am Vorabend seiner Hinrichtung, auf die der spezifisch christliche Gottesdienst in den ganzen zwei Jahrtausenden zurückgeführt wird: das letzte Mahl.

Dass Jesus wie zumindest einige seiner Jünger *getauft* war, aber dass er selber, und nach den synoptischen Evangelien auch seine Jünger, vor Ostern nicht getauft hat und dass auch der Taufbefehl des österlichen Herrn historisch nichts Verifizierbares liefert: das wird heute in der kritischen Exegese allgemein angenommen. Allgemein angenommen wird heute freilich zugleich: dass es keine tauflose Anfangszeit der Kirche gegeben und dass man schon in der Urgemeinde bald nach Ostern zu taufen begonnen hat. Ein widersprüchlicher Befund? Er findet seine Erklärung darin, dass die Gemeinde auch ohne bestimmte Weisung oder gar »Einsetzung« eines Taufritus des Glaubens sein konnte, den Willen Jesu zu erfüllen, wenn sie tauft. In Erinnerung nämlich an das von Jesus bejahte Taufen des Johannes. In Erinnerung an Jesu und der Jünger Taufe selbst. Als Antwort also zwar nicht auf bestimmte Auftragsworte Jesu, wohl aber auf seine Botschaft als ganze, die zu Umkehr und Glauben aufruft und Sündenvergebung und Heil verheißt. So tauft denn die Gemeinde im Sinn und Geist Jesu: in Erfüllung seines Willens, in Antwort auf seine Botschaft und deshalb auf seinen Namen.

War es vielleicht beim *Abendmahl* ähnlich: dass Jesus selber kein solches Mahl gefeiert hat, wohl aber die nachösterliche Gemeinde ein solches feierte »zu seinem Gedächtnis«, im Sinn und Geist und so im Auftrag Jesu? Die Mahlfeier der Kirche ließe sich auf diese Weise ebenso gut rechtfertigen wie ihre Taufe. Doch ist der Befund hier komplexer. Taufe und Abendmahl lassen sich historisch gesehen nicht einfach auf dieselbe Stufe stellen. Freilich, dass Jesus ein Abendmahl »eingesetzt« hat, lässt sich füglich bezweifeln; der bei Paulus sich findende zweimalige Wiederholungsbefehl fehlt denn auch bei Markus. Aber dass Jesus ein Abschiedsessen, ein letztes Abendmahl mit seinen Jüngern *gefeiert* hat, lässt sich aufgrund der Quellen so leicht nicht bezweifeln.

Ein letztes Mahl, ein Abschiedsessen Jesu kann sachgemäß nur auf dem Hintergrund einer langen *Reihe von Mahlzeiten* gesehen werden, die von seinen Jüngern auch nach Ostern fortgesetzt wurden. Von daher ist bereits zu verstehen, dass Jesus mit diesem Mahl nicht eine neue Liturgie stiften wollte. Noch einmal sollte sich die Gemeinschaft des Mahles mit denen verwirklichen, die so lange mit ihm gelebt und gewandert, gegessen und getrunken hatten. In der Erwartung des kommenden Reiches und seines Abschiedes wollte Jesus mit den Seinen dieses Mahl halten.

Ob Passamahl oder nicht: Die besonderen *Worte Jesu* fielen jedenfalls nicht, wie eine isolierte Deutung voraussetzte, als heilige Einsetzungsworte gleichsam vom Himmel. Sie passten sich leicht in den rituell geregelten – und zum Teil noch heute in jüdischen Familien üblichen – Ablauf eines festlichen jüdischen Mahles ein. Das Brotwort im Anschluss an das Tischgebet vor der Hauptmahlzeit: wo der Hausvater über dem flachen, runden Brot den Lobspruch spricht, es bricht und die Stücke des einen Brotes den Tischgenossen verteilt. Das Weinwort dann im Anschluss an das Dankgebet nach dem Mahl: wo der Hausvater den Becher mit Wein kreisen und jeden daraus trinken lässt. Eine Geste der Gemeinschaft, die jeder antike Mensch auch ohne begleitende Worte verstehen konnte.

Jesus brauchte also keinen neuen Ritus zu erfinden, sondern nur mit einem alten Ritus eine Ankündigung und neue Deutung zu verbinden: Er deutete das Brot und – zumindest nach der markinischen Fassung – auch den Wein auf sich selbst. Angesichts seines drohenden Todes deutete er Brot und Wein als gleichsam prophetische Zeichen auf seinen Tod und damit auf all das, was er war, was er getan und gewollt hat: auf das Opfer, die Hingabe seines Lebens. Wie dieses Brot, so wird auch sein Leib gebrochen, wie dieser rote Wein, so wird auch sein Blut vergossen: das ist mein Leib, mein Blut! Womit beide Mal ganzheitlich die ganze Person und ihre Hingabe gemeint sind. Und wie der Hausvater den Essenden und Trinkenden unter Brot und Wein Anteil am Tischsegen gibt, so gibt Jesus den Seinen Anteil an seinem in den Tod gegebenen Leib (»Leib« oder »Fleisch« meinen im Hebräischen oder Aramäischen immer den ganzen Menschen) und an seinem für »viele« (einschlussweise = alle) vergossenen Blut.

So werden die Jünger in Jesu Schicksal hineingenommen. Im Zeichen des Mahles wird eine neue, bleibende Gemeinschaft Jesu mit den Seinen aufgerichtet, ja ein »*neuer Bund*« begründet. Noch mehr als in der markinischen steht in der (ursprünglicheren?) paulinischen Fassung »Dieser Kelch ist der Neue Bund in meinem Blut« der Gedanke des Neuen Bundes im Vordergrund: der Bund, der in der (durch Blutbesprengung und in einem Mahl vollzogenen) Bundesschließung am Sinai vorgebildet ist, der von Jeremia für die Heilszeit geweissagt wurde und der zur Zeit Jesu auch in der Qumran-Gemeinde, wo man ein tägliches Gemeinschaftsmahl mit Segnung von Brot und Wein kennt, eine wichtige Rolle spielte. Das vergossene Blut, der hingegebene Leib Jesu also als Zeichen des neuen Bundesschlusses zwischen Gott und seinem Volk.

Sicher unsachgemäß ist die in der Reformationszeit umstrittene Frage nach der Bedeutung des »*ist*«, da weder die

Gemeinde noch Jesus selber unseren Begriff einer Substanz hatten. Man fragt nicht, was ein Ding ist, sondern wozu es dient. Nicht woraus es besteht, sondern was seine Funktion ist. Paradoxerweise war der ursprünglich aramäische Satz aller Wahrscheinlichkeit nach überhaupt ohne dieses Wort formuliert worden, um das der jahrhundertelange Streit ging. Man sagte in der Ursprache einfach: »Dies – mein Leib!«

Alte Gemeinschaft also wird durch die Handlung und das Wort des Mahles bestätigt, und zugleich *neue Gemeinschaft* verheißen: »koinonia«, »communio« mit Jesus und untereinander. Abschied vom Meister wird dem Jüngerkreis angekündigt, und doch bleibt die Gemeinschaft untereinander und mit ihm begründet: bis sich im Gottesreich die Tischgemeinschaft erneuert. Vereint sollen sie bleiben, auch in der Zeit seiner Abwesenheit. Nicht umsonst hat man später die Idee der Kirche mit Jesu Abendmahl in Verbindung gebracht.

Verhaftung, Prozess, Verurteilung

Die *Passionsgeschichte* ist hier nicht zu referieren. Leichter wird sie in einem der Evangelien, am besten zunächst nach Markus, nachgelesen. In Bezug auf die Reihenfolge stimmt hier sogar einmal Johannes, der einen älteren Passionsbericht benutzt haben muss, mit den drei Synoptikern überein: Verrat des Judas, letztes Mahl mit Bezeichnung des Verräters, Verhaftung und Verhör, Verhandlung vor Pilatus und Kreuzigung. Zu diesen Abschnitten, die auch bei Johannes an gleicher Stelle erscheinen, kommen noch die Fußwaschung der Jünger, die Gethsemane-Szene und die Verleugnung des Petrus samt ihrer Ansage.

Knapp vor dem Fest erfolgte die *Verhaftung* nach übereinstimmenden Berichten außerhalb der Stadt, jenseits des Kidrontales auf dem Ölberg in einem Garten *Gethsemane*.

Von der dortigen Anfechtung und dem Gebetskampf Jesu, der keine Zeugen hatte, können wir nichts Historisches wissen. Für die Dogmengeschichte ist von nicht geringer Bedeutung geblieben, dass Jesu Angst und Entsetzen, ganz anders als in jüdischen oder christlichen Märtyrergeschichten, nachdrücklich geschildert werden: Nicht ein über alle menschliche Not erhabener Stoiker oder gar Übermensch leidet hier. Sondern in vollem Sinn ein Mensch, versucht und angefochten, freilich völlig unverstanden von seinen engsten Vertrauten, die eingeschlafen sind.

In einer nächtlichen Überraschungsaktion unter Führung des *Judas aus Iskariot*, der mit Jesu Gewohnheiten vertraut war, wird Jesus von einer Rotte seiner Gegner verhaftet. Der Judaskuss für den in Schüler-Weise angeredeten »Rabbi«, historisch schwer erklärbar, blieb Symbol gemeinsten Verrates. *Unklar* bleibt, *wer den Befehl gegeben* und wer bei der Verhaftung beteiligt war. Wohl sicher ein Kommando der Tempelpriester auf Betreiben der Oberpriester im Kontakt mit dem Synedrion. Aber vielleicht hatte schon früh eine Absprache zwischen jüdischen und römischen Stellen stattgefunden. Was die Erwähnung der römischen Kohorte (wohl neben der jüdischen Tempelpolizei) durch Johannes, der sonst die römische Beteiligung zurücktreten lässt, ebenso erklären würde wie die rasche Aburteilung durch den nicht gerade als nachgiebig bekannten Gouverneur Pontius Pilatus. Das spätere Zusammenwirken von jüdischen und römischen Behörden kann nicht in Zweifel gezogen werden. Nach allen Berichten ist Jesus aber zunächst von den jüdischen Behörden in Gewahrsam genommen worden.

Bezeichnend ist, dass die Verhaftung *ohne jegliche Gegenwehr* Jesu und seiner Jünger erfolgte. Was ein ungeschickter, lächerlich wirkender Schwertschlag eines Unbekannten und die Legende von der Heilung des abgehauenen Ohres nur unterstreicht. Von jetzt an steht Jesus ohne jegliche Anhänger in völliger Einsamkeit da. Die *Jüngerflucht* wird wie die Verhaftung selbst knapp und ohne alle Entschuldigung berichtet; sie ist nicht zu bezweifeln. Nur Lukas versucht diese peinliche Tatsache zunächst durch Stillschweigen und nachher durch Erwähnung der von ferne zuschauenden Bekannten zu vertuschen. Johannes überhöht die Freiwilligkeit Jesu apologetisch ins Mythologische: Wie vor der Erscheinung der Gottheit sinken die Häscher nieder, um ihn dann, als er seine Jünger entlassen hatte, zu ergreifen.

In besonders deutlichem Kontrast zu Jesu Treue (vor dem Gericht) steht die Untreue jenes Jüngers (vor einem Mädchen), der ihm in nachdrücklicher Weise Treue bis in den Tod geschworen hatte: Diese in allen vier Evangelien schlicht und glaubwürdig erzählte Geschichte von der *Verleugnung Petri* – ursprünglich wohl ein zusammenhängend für sich erzähltes Traditionsstück – konnte von Petrus selbst der Gemeinde überliefert worden sein. Jedenfalls dürfte sie – abgesehen vom wohl markinischen dramatischen Schluss mit dem zweiten Hahnenschrei (Hühner waren anscheinend in Jerusalem verboten) – den geschichtlichen Tatsachen entsprechen, da es für irgendeine Aversion gegen Petrus in der Gemeinde keine Belege gibt.

Trotz eingehendster kritischer Durchleuchtung dürfte es nicht mehr möglich sein, das *Prozessverfahren* Jesu, von dem wir weder Originalakten noch direkte Zeugenaussagen haben, zu rekonstruieren. Klar ist jedenfalls:

In Zusammenarbeit zwischen geistlichen und politischen Autoritäten wurde Jesus *zum Tode verurteilt*: Nach allen Berichten geriet der Politiker Pilatus durch die Anklage in einige Verlegenheit, weil er für Jesus, den er wohl für einen zelotischen Führer hielt, kaum einen der Anklage entsprechenden handgreiflichen Tatbestand zu finden vermochte. Auch wenn man die Tendenz der Evangelisten, den Vertreter Roms als Zeugen der Unschuld Jesu hinzustellen und zu entlasten, in Rechnung stellt: es ist doch glaubhaft, dass er Jesu Amnestierung – freilich als Einzelfall, da eine alljährliche Sitte unwahrscheinlich ist – betrieb, aber schließlich auf Wunsch des verhetzten Volkes doch dem zelotischen Revolutionär Barabbas (Sohn des Abbas) die Freiheit gab. Dies jedenfalls berichten die Quellen übereinstimmend, während die Fürsprache der Gattin des Pilatus nur von Mattäus, das ergebnislose Verhör vor Herodes Antipas nur von Lukas, das Verhör vor dem Althohepriester Annas und die ausführliche Befragung durch Pilatus nur von Johannes berichtet werden. Indem aber Pilatus diesen Jesus, der nie auf messianische Titel Anspruch erhoben hatte, als »König (= Messias) der Juden« verurteilte, machte er ihn für die Öffentlichkeit paradoxerweise zum gekreuzigten Messias! Was für den nachösterlichen Glauben und sein Verständnis des vorösterlichen Jesus wichtig werden sollte. Die Ironie der Kreuzesaufschrift konnte vom Römer bewusst gewollt sein. Dass sie von den Juden – für die ein gekreuzigter Messias ein ungeheuerliches Skandalon war – so empfunden wurde, zeigt der Streit um die Formulierung.

Die Hinrichtung

Jesus wurde vor der Hinrichtung – auch dafür gibt es historische Parallelen – dem Hohn und Spott der römischen Soldateska überlassen. Die *Verhöhnung* Jesu als Spottkönig bestätigt die Verurteilung wegen messianischer Prätentionen. Die scheußliche Auspeitschung mit Hilfe von Lederpeitschen mit eingeflochtenen Metallstückchen, die *Geißelung,* war vor der Kreuzigung üblich. Ein Zusammenbruch Jesu auf dem Weg unter der Last des Querholzes und die erzwungene Hilfe jenes Simon aus dem nordafrikanischen Kyrene haben – auch abgesehen von der Erwähnung von Simons Söhnen – hohe Wahrscheinlichkeit. Der Kreuzweg ist freilich nicht die heutige Via dolorosa. Vielmehr führt er vom Palast des Herodes – dieser und nicht die Burg Antonia war Residenz des Pilatus in Jerusalem – zur Hinrichtungsstätte auf einem kleinen Hügel außerhalb der damaligen Stadtmauer, der vermutlich wegen seiner Form »Golgotha« (»Schädel«) hieß.

Knapper als vom Evangelisten kann die *Hinrichtung* nicht mehr beschrieben werden. »Und sie kreuzigten ihn.« Jedermann kannte damals nur zu gut die grauenhafte römische (aber vermutlich von den Persern erfundene) Exekutionsart für Sklaven und politische Rebellen: der Verurteilte wurde ans Querholz angenagelt und dieses auf dem zuvor eingerammten Pfahl festgemacht, wobei die Füße mit Nägeln oder Stricken befestigt wurden. Die dem Verbrecher auf dem Weg zum Richtplatz umgehängte Tafel mit dem Hinrichtungsgrund wurde dann an dem Kreuz angeschlagen, für jeden sichtbar. Oft erst nach langer Zeit, manchmal erst am folgenden Tage, verblutete oder erstickte der blutig Geschlagene und Gehenkte. Eine ebenso grausame wie diskriminierende Hinrichtungsart. Ein römischer Bürger durfte enthauptet, aber nicht gekreuzigt werden.

In den Evangelien wird *nichts ausgemalt*. Es werden keine Schmerzen und Qualen beschrieben, keine Emotionen und Aggressionen geweckt. Es soll überhaupt Jesu Verhalten in diesem Tod nicht beschrieben werden. Vielmehr soll mit allen Mitteln – alttestamentlichen Zitaten und Andeutungen, wunderbaren Zeichen – die Bedeutung dieses Todes herausgestellt werden: des Todes dieses Einen, der so viele Erwartungen geweckt und der nun von den Feinden liquidiert und verspottet und von den Freunden, ja von Gott selbst völlig im Stiche gelassen wird. Dabei läuft alles schon nach Markus auf die Glaubensfrage hinaus: Sieht einer in diesem furchtbaren Tod der Schande wie die Spötter das Sterben eines irregeleiteten, gescheiterten Enthusiasten, der vergebens um Rettung nach Elija schreit? Oder wie der römische Centurio

– das erste Zeugnis eines Heiden – das Sterben des Gottes-
sohnes?

Warum er sterben musste

Was in der Darstellung der Evangelien als Ziel und Krönung
des irdischen Weges Jesu von Nazaret erscheint, musste den
Zeitgenossen als das absolute Ende erscheinen. Hatte einer
mehr den Menschen verheißen als er? Und nun dieses völlige Fiasko in einem Tod von Schimpf und Schande!

Wer schon findet, alle Religionen und ihre »Stifter« seien
gleich, der vergleiche ihren Tod, und er wird *Unterschiede*
sehen: Mose, Buddha, Kung-futse, sie alle starben in hohem
Alter, bei allen Enttäuschungen erfolgreich, inmitten ihrer
Schüler und Anhänger, »lebenssatt« wie die Erzväter Israels. Mose starb nach der Überlieferung angesichts des ver-
heißenen Landes inmitten seines Volkes im Alter von 120
Jahren, ohne dass seine Augen trübe geworden und seine
Frische gewichen war. Buddha mit 80 Jahren friedlich im
Kreis seiner Jünger an einer Lebensmittelvergiftung, nachdem er als Wanderprediger eine große Gemeinde von Mönchen, Nonnen und Laien-Anhängern gesammelt hatte.
Kung-futse, im Alter schließlich nach Lu, von wo er als Jus-
tizminister vertrieben war, zurückgekehrt, nachdem er die
letzten Jahre der Heranbildung einer Gruppe meist adliger
Schüler, die sein Werk bewahren und fortsetzen werden, sowie der Redaktion der alten Schriften seines Volkes, die nur
in seiner Redaktionsform der Nachwelt überliefert werden
sollten, gewidmet hatte. Mohammed schließlich starb, nachdem er als politischer Herr Arabiens die letzten Lebensjahre
gut genossen hatte, mitten in seinem Harem in den Armen
seiner Lieblingsfrau.

Und nun dagegen dieser hier: ein junger Mann von 30
Jahren nach einem Wirken von maximal drei Jahren, viel-

leicht sogar nur wenigen Monaten. Ausgestoßen von der Gesellschaft, verraten und verleugnet von seinen Schülern und Anhängern, verspottet und verhöhnt von seinen Gegnern, von den Menschen und von Gott verlassen, stirbt einen Ritus, der zu den scheußlichsten und hintergründigsten gehört, die der Menschen erfinderische Grausamkeit zum Sterben erfunden hat.

Gegenüber der Sache, um die es hier letztlich geht, verblassen die ungeklärten historischen Fragen dieses Weges zum Kreuz als zweitrangig. Was immer der nähere Anlass zum offenen Ausbruch des Konflikts war, welches immer die Motive des Verräters, wie immer die genauen Umstände der Verhaftung und Modalitäten des Verfahrens, wer auch die einzelnen Schuldigen, wo und wann genau die einzelnen Stationen dieses Weges, ob seine Mutter unter dem Kreuz stand (dem ältesten Evangelium zufolge nicht): der Tod Jesu war kein Zufall, war kein tragischer Justizirrtum und auch kein reiner Willkürakt, sondern eine – die Schuld der Verantwortlichen einschließende – geschichtliche Notwendigkeit. Nur ein völliges Umdenken, eine wirkliche Metanoia der Betroffenen, ein neues Bewusstsein, eine Abkehr von der Verschlossenheit in ihr eigenes Tun, von aller gesetzlichen Selbstsicherung und Selbstrechtfertigung, und eine Umkehr in radikalem Vertrauen in den von Jesus verkündigten Gott der unbedingten Gnade und unbegrenzten Liebe hätte diese Not abwenden können.

Jesu gewaltsames Ende lag *in der Logik seiner Verkündigung und seines Verhaltens.* Jesu Passion war Reaktion der Hüter von Gesetz, Recht und Moral auf seine Aktion. Er hat den Tod nicht einfach passiv erlitten, sondern aktiv provoziert. Nur seine Verkündigung erklärt seine Verurteilung. Nur sein Handeln erhellt sein Leiden. Nur sein Leben und Wirken insgesamt machen deutlich, was das Kreuz dieses Einen unterscheidet von den Kreuzen jener jüdischen

Widerstandskämpfer, die die Römer wenige Jahrzehnte nach Jesu Tod angesichts der Mauern der eingeschlossenen Hauptstadt massenhaft aufrichteten, aber auch von jenen 7000 Kreuzen römischer Sklaven, die man an der Via Appia nach dem gescheiterten Aufstand des (selber nicht gekreuzigten, sondern in der Schlacht gefallenen!) Spartakus aufrichtete, und überhaupt von den zahllosen großen und kleinen Kreuzen der Gequälten und Geschundenen der Weltgeschichte.

Jesu Tod war die Quittung auf sein Leben. Aber ganz anders als – nach missglückter Königserhebung! – jener Mord am Politiker Julius Cäsar durch Brutus, wie er von Plutarch in historischer und poetischer Neugierde aufgeschrieben und von Shakespeare ins Drama gebracht wurde. Das Sterben des gewaltlosen Jesus von Nazaret, der nach keiner politischen Macht strebte, sondern nur für Gott und seinen Willen eintrat, hat einen anderen Rang. Und die evangelische Passionsgeschichte bedarf der Umsetzung ins Drama oder in Historie nicht, sondern lässt selber in ihrer nüchternen Erhabenheit die Frage aufkommen, warum man gerade diesen in dieser grenzenlosen Weise leiden ließ.

Nimmt man freilich nicht nur die Passionsgeschichte, sondern die Evangelien als ganze, auf deren Hintergrund die Passionsgeschichte überhaupt erst verständlich wird, so ist völlig klar, warum es so weit kam, warum er nicht durch eine Vergiftung, einen Herzschlag, einen Unfall oder durch Altersschwäche gestorben ist, sondern ermordet wurde. Oder hätte die Hierarchie diesen Radikalen, der eigenmächtig ohne Ableitung und Begründung Gottes Willen verkündete, laufenlassen sollen?

Diesen *Irrlehrer*, der das Gesetz und die gesamte religiös-gesellschaftliche Ordnung vergleichgültigte und Verwirrung ins religiös und politisch unwissende Volk brachte?

Diesen *Lügenpropheten*, der den Untergang des Tempels prophezeite und den ganzen Kult relativierte und gerade die traditionell Frommen zutiefst verunsicherte?

Diesen *Gotteslästerer*, der in einer keine Grenzen kennenden Liebe Unfromme und moralisch Haltlose, Gesetzesbrecher und Gesetzlose in seine Gefolgschaft und Freundschaft aufgenommen hat, der so in untergründiger Gesetzes- und Tempelfeindlichkeit den hohen und gerechten Tora- und Tempelgott zu einem Gott dieser Gottlosen und Hoffnungslosen erniedrigte und in ungeheuerlicher Anmaßung sogar durch persönliche Gewährung und Verbürgung von Vergebung hier und jetzt in Gottes ureigenste souveräne Rechte eingriff?

Diesen *Volksverführer*, der in Person eine beispiellose Herausforderung des gesamten gesellschaftlichen Systems, eine Provokation der Autorität, eine Rebellion gegen die Hierarchie und ihre Theologie darstellt, was alles nicht nur Verwirrung und Verunsicherung, sondern eigentliche Unruhen, Demonstrationen, ja einen neuen Volksaufstand und den jederzeit drohenden großen Konflikt mit der Besatzungsarmee und die bewaffnete Intervention der römischen Weltmacht zur Folge haben konnte?

Der Gesetzesfeind ist – theologisch und politisch gesehen – auch ein Volksfeind! Es war durchaus nicht übertrieben, wenn nach dem oft so klarsichtigen Johannes der Hohepriester Kajefas in der entscheidenden Sitzung des Synedriums zu bedenken gab: »Ihr seid ganz ohne Einsicht und bedenkt nicht, dass es besser für euch ist, wenn ein einzelner Mensch für das Volk stirbt und nicht das ganze Volk zugrunde geht.«

Der politische Prozess und die Hinrichtung Jesu als eines politischen Verbrechers durch die römische Behörde waren also keineswegs nur ein Missverständnis und ein sinnloses Schicksal, beruhend nur auf einem politischen Trick oder einer plumpen Fälschung der römischen Behörde. Ein gewisser Anlass für die politische Anklage und Verurteilung war mit den damaligen politischen, religiösen, gesellschaftlichen Verhältnissen gegeben. Diese ließen *eine simple Trennung von Religion und Politik* nicht zu. Es gab weder eine religionslose Politik noch eine unpolitische Religion. Wer Unruhe in den religiösen Bereich brachte, brachte auch Unruhe in den politischen. Ein Sicherheitsrisiko stellte Jesus für die religiöse wie die politische Autorität dar. Und *trotzdem*: Die *politische Komponente* darf – soll Jesu Leben und Sterben nicht verzeichnet werden – *nicht als mit der religiösen gleichrangig* angesetzt werden. Der politische Konflikt mit der römischen Autorität ist nur eine (an sich nicht notwendige) Konsequenz des religiösen Konflikts mit der jüdischen Hierarchie. Hier ist genau zu unterscheiden:

Die *religiöse Anklage*, dass Jesus sich gegenüber Gesetz und Tempel eine souveräne Freiheit herausgenommen, dass er die überkommene religiöse Ordnung in Frage gestellt und mit der Verkündigung der Gnade des Vatergottes und mit der persönlichen Zusage der Sündenvergebung sich eine wahrhaft unerhörte Vollmacht zugemutet hat, war eine *wahre* Anklage. Nach allen Evangelien erscheint sie begründet: Vom Standpunkt der traditionellen Gesetzes- und Tempelreligion her musste die jüdische Hierarchie gegen den Irrlehrer, Lügenpropheten, Gotteslästerer und religiösen Volksverführer tätig werden, außer eben sie hätte eine radikale Umkehr vollzogen und der Botschaft mit allen Konsequenzen Glauben geschenkt.

Aber die *politische Anklage*, dass Jesus nach politischer Macht gestrebt, zur Verweigerung der Steuerzahlung an die Besatzungsmacht und zum Aufruhr aufgerufen, sich als politischer Messias-König der Juden verstanden habe, war eine *falsche* Anklage. Nach allen Evangelien erscheint sie als Vorwand und Verleumdung: Wie sich schon im Abschnitt über Jesus und die Revolution in allen Details ergeben hat und durch alle folgenden Kapitel hindurch bestätigt wurde, war Jesus kein aktiver Politiker, kein Agitator und Sozialrevolutionär, kein militanter Gegner der römischen Macht.

Das heißt: Jesus wurde als politischer Revolutionär verurteilt, obwohl er es nicht war! Wäre Jesus politischer gewesen, hätte er eher mehr Chancen gehabt. Die politische Anklage verdeckte den religiös bedingten Hass und »Neid« der Hierarchie und ihrer Hoftheologen. Ein Messiasprätendent zu sein, war nach geltendem jüdischem Recht nicht einmal ein Verbrechen, konnte man dem Erfolg oder Misserfolg überlassen, war aber für den Gebrauch der Römer spielend leicht in einen politischen Herrschaftsanspruch zu verdrehen. Eine solche Anklage musste für Pilatus einleuchtend sein, war bei den damaligen Verhältnissen scheinbar berechtigt. Trotzdem war sie nicht nur zutiefst tendenziös, sondern im Kern falsch. Deshalb konnte »König der Juden« in der Gemeinde nun gerade nicht als christologischer Hoheitstitel Jesu gebraucht werden. Vom Standpunkt der römischen Macht aus musste Pontius Pilatus gegen *diesen* »König der Juden« keineswegs tätig werden, und das vom Gouverneur allgemein berichtete Zögern bestätigt es. Nach den Quellen geht es denn auch beim politischen Konflikt keineswegs um eine ständige politische »Dimension« in der Geschichte Jesu. Offensichtlich erst in letzter Stunde und nicht aus eigener Initiative tritt die römische Behörde auf den Plan: nach allen Evangelien nur durch die Denunziation und gezielte politische Machenschaft der jüdischen Hierarchie auf den Plan gerufen.

Umsonst gestorben?

Für damals bedeutete der Tod Jesu: Das Gesetz hat gesiegt! Von Jesus radikal in Frage gestellt, hat es zurückgeschlagen und ihn getötet. Sein Recht ist erneut erwiesen. Seine Macht hat sich durchgesetzt. Sein Fluch hat getroffen. »Jeder, der am Holz hängt, ist von Gott verflucht«: Dieser alttestamentliche Satz für die am Pfahl nachträglich aufgehängten Verbrecher konnte auf ihn angewendet werden. Als Gekreuzigter ist er ein Gottverfluchter: für jeden Juden, noch Justins Dialog mit dem Juden Tryphon um das Jahr 150 zeigt es, ein entscheidendes Argument gegen Jesu Messianität. Sein Kreuzestod war der *Vollzug des Fluches des Gesetzes.*

Das widerspruchslose Leiden und hilflose Sterben in Fluch und Schande waren für die Feinde und doch wohl auch Freunde das untrügliche Zeichen, dass es mit ihm aus war und er mit dem wahren Gott nichts zu tun hatte. Er hatte unrecht, voll und ganz: mit seiner Botschaft, seinem Benehmen, seinem ganzen Wesen. Sein *Anspruch* ist nun *widerlegt,* seine Autorität dahin, sein Weg als falsch demonstriert. Wer könnte es übersehen: Verurteilt ist der Irrlehrer, desavouiert der Prophet, entlarvt der Volksverführer, verworfen der Lästerer! Das Gesetz hat über dieses »Evangelium« triumphiert: es ist nichts mit dieser »besseren Gerechtigkeit« aufgrund eines Glaubens, der sich gegen die Gesetzesgerechtigkeit aufgrund gerechter Werke stellt. Das Gesetz, dem sich der Mensch bedingungslos zu unterziehen hat, und mit ihm der Tempel ist und bleibt die Sache Gottes.

Der Gekreuzigte zwischen den beiden gekreuzigten Verbrechern ist sichtbar die verurteilte Verkörperung der Ungesetzlichkeit, Ungerechtigkeit, Gottlosigkeit: »unter die Gottlosen gerechnet«, »zur Sünde gemacht«, die *personifizierte Sünde.* Buchstäblich der Stellvertreter aller Gesetzesbrecher und Gesetzlosen, für die er eingetreten ist und die im Grund dasselbe Schicksal wie er verdienen: der *Stellvertreter der Sünder* im bösesten Sinn des Wortes! Der Hohn der Feinde erscheint ebenso begründet wie die Flucht der Freunde: für diese bedeutet dieser Tod das Ende der mit ihm gegebenen

Hoffnungen, die Widerlegung ihres Glaubens, den Sieg der Sinnlosigkeit.

Das ist das Besondere dieses Sterbens: Jesus starb *nicht nur in* – bei Lukas und Johannes abgemilderter – *Menschenverlassenheit, sondern in uneingeschränkter Gottverlassenheit.* Und erst hier kommt die tiefste Tiefe dieses Sterbens zum Ausdruck, welche diesen Tod von dem so oft mit ihm verglichenen »schönen Tod« des der Gottlosigkeit und Jugendverführung angeklagten Sokrates oder mancher stoischer Weiser unterscheidet. Restlos war Jesus dem Leiden ausgesetzt. Von Heiterkeit, innerer Freiheit, Überlegenheit, Seelengröße ist in den Evangelien nicht die Rede. Kein humaner Tod nach siebzig Jahren in Reife und Ruhe, mild durch Vergiftung mit dem Schierling. Sondern ein allzu früher, alles abbrechender, total entwürdigender Tod von kaum erträglicher Not und Qual. Ein Tod, bestimmt nicht durch überlegene Gelassenheit, sondern eine nicht mehr zu überbietende allerletzte Verlassenheit! Aber gerade so: gibt es einen Tod, der die Menschheit in ihrer langen Geschichte mehr erschüttert und vielleicht auch erhoben hat als dieser in der Grenzenlosigkeit seines Leidens so unendlich menschlich-unmenschliche Tod?

Die einzigartige Gottesgemeinschaft, in der sich Jesus wähnte, machte auch seine einzigartige Gottesverlassenheit aus. Dieser Gott und Vater, mit dem er sich bis zum Ende völlig identifiziert hatte, identifizierte sich am Ende nicht mit ihm. Und so schien alles wie nie gewesen: *umsonst.* Er, der die Nähe und Ankunft Gottes, seines Vaters, öffentlich vor aller Welt angekündigt hatte, stirbt in dieser völligen Gottverlassenheit und wird so öffentlich vor aller Welt als Gottloser demonstriert: ein von Gott selbst Gerichteter, der ein für alle Male erledigt ist: »Eloi, eloi, lema sabachthani, das heißt: Mein Gott, mein Gott, warum hast du mich verlassen?« Und nachdem die Sache, für die er gelebt und gekämpft hatte, so sehr an seine Person gebunden war, fiel mit seiner Person auch seine Sache. Eine von ihm unabhängige Sache gibt es nicht. Wie hätte man seinem Wort glauben können, nachdem er in dieser himmelschreienden Weise verstummte und verschied?

Vor der bei jüdischen Hingerichteten üblichen Verscharrung ist der Gekreuzigte bewahrt worden. Nach römischer Sitte konnte der Leichnam Freunden oder Verwandten überlassen werden. Kein Jünger, so wird berichtet, aber ein einzelner Sympathisant, der nur an dieser Stelle erscheinende Ratsherr Josef von Arimathia, anscheinend später nicht Glied der Gemeinde, lässt den Leichnam in seinem Privatgrab beisetzen. Nur einige Frauen, die der Kreuzigung von ferne zugeschaut hatten, sind Zeugen. Schon Markus hat auf die offizielle Feststellung des Todes Gewicht gelegt. Und nicht nur er, sondern auch schon das von Paulus überlieferte alte Glaubensbekenntnis betonen das Faktum des Begräbnisses, das nicht zu bezweifeln ist. Aber so groß in der damaligen Zeit das religiöse Interesse an den Gräbern der jüdischen Märtyrer und Propheten war, zu einem Kult um das Grab Jesu von Nazaret ist es merkwürdigerweise nicht gekommen. Warum nicht?

VI. Das neue Leben

Wir sind am problematischsten Punkt unserer Ausführungen über Jesus von Nazaret angekommen. Wer bisher verständnisvoll folgte, könnte hier stocken. Wir empfinden dies so stark, weil dies der problematischste Punkt auch unserer eigenen Existenz ist.

1. Der Neuanfang

Der Punkt, wo alle Prognosen und Planungen, Sinndeutungen und Identifikationen, Aktionen und Passionen an eine unbedingte, unübersteigbare Grenze stoßen: der Tod.

Ist mit dem Tod alles aus?

Alles aus? Oder war etwa mit Jesu Sterben nicht alles aus? Größte Behutsamkeit ist gerade hier angebracht. Es darf nicht der Projektionsverdacht Feuerbachs bestätigt werden, für den Jesu Auferstehung nur das befriedigte Verlangen des Menschen nach unmittelbarer Vergewisserung seiner persönlichen Unsterblichkeit ist. Auch darf nicht nachträglich durch theologischen Kunstgriff rückgängig gemacht werden, dass Jesus von Nazaret überhaupt wahrhaft den Tod eines Menschen gestorben ist.

235

Es darf Jesu gottverlassener Tod *nicht uminterpretiert*, mystifiziert, mythisiert werden, als ob er gleichsam nur zur Hälfte erfolgt sei: wie – mit Berufung auf Jesu unsterbliche Gottheit – die frühen Gnostiker Jesu Tod überhaupt in Zweifel gezogen, wie die mittelalterlichen Scholastiker die Gottverlassenheit des Sterbenden durch die unbiblische Behauptung einer gleichzeitigen beglückenden Gottesschau mehr oder weniger aufgehoben haben und wie heute, wiederum aufgrund von dogmatischen Voraussetzungen, einzelne Exegeten Jesu Tod voreilig als ein Bei-Gott-Sein und seinen Todesschrei als ein Vertrauenslied interpretieren. Da wird der Tod, diese stärkste Nicht-Utopie, selber zur Utopie. Doch Jesu Sterben war real, seine Menschen- und Gottverlassenheit manifest, seine Verkündigung und sein Verhalten desavouiert, sein Scheitern vollständig: ein totaler Bruch, wie ihn im Leben und Werk eines Menschen allein der Tod vollziehen kann.

Freilich, es ist nun auch eine historisch verbürgte Tatsache: *Erst nach Jesu Tod* hat die auf ihn sich berufende *Bewegung ernsthaft angefangen.* Zumindest in diesem Sinn war mit seinem Tod keineswegs alles aus: seine »Sache« ging weiter! Und wer immer auch nur den Gang der Weltgeschichte verstehen, wer nur den Beginn einer neuen Weltepoche deuten, wer nur den Ursprung jener weltgeschichtlichen Bewegung, die man Christentum nennt, erklären will, sieht sich vor unausweichliche und zusammenhängende *Fragen* gestellt:

– Wie kam es nach solchem katastrophalen Ende zu einem neuen Anfang? Wie nach Jesu Tod zu dieser für das weitere Geschick der Welt so folgenreichen Jesus-Bewegung? Wie zu einer Gemeinschaft, die sich gerade auf den Namen eines Gekreuzigten bezieht, zur Bildung einer Gemeinde, einer christlichen »Kirche«? Oder wenn man präziser fragen will:

– Wie kam es dazu, dass dieser verurteilte Irrlehrer zum Messias Israels, also zum »Christus«, dass dieser desavouierte Prophet zum »Herrn«, dieser entlarvte Volksverführer zum »Erlöser«, dieser verworfene Gotteslästerer zum »Gottessohn« wurde?

– Wie kam es dazu, dass die geflohenen Gefolgsleute dieses in völliger Isolierung Gestorbenen nicht etwa nur unter dem Eindruck seiner »Persönlichkeit«, seiner Worte und Taten an seiner Botschaft festhielten, vielmehr einige Zeit nach der Katastrophe wieder Mut fassten und schließlich seine Botschaft vom Reich und Willen Gottes – etwa die »Bergpredigt« – weiterverkündeten, sondern dass sie sogleich ihn selber zum eigentlichen Inhalt der Botschaft machten?

– Wie kam es dazu, dass sie also nicht nur das Evangelium Jesu, sondern Jesus selber als das Evangelium verkündigten, so dass der Verkündiger selber unversehens zum Verkündigten, die Botschaft Jesu vom Reiche Gottes unversehens zur Botschaft von Jesus als dem Christus Gottes geworden war?

– Woher ist somit zu erklären, dass dieser Jesus nicht trotz seines Todes, sondern gerade wegen seines Todes, dass also gerade der Gehenkte zum zentralen Inhalt ihrer Verkündigung wurde? War nicht sein ganzer Anspruch durch den Tod hoffnungslos kompromittiert? Hatte er nicht Größtes gewollt und war in seinem Wollen hoffnungslos gescheitert? Und ließ sich in der damaligen religiös-politischen Situation ein größeres psychologisches und soziologisches Hindernis für das Weitergehen seiner Sache ersinnen als gerade dieses katastrophale öffentliche Ende in Schimpf und Schande?

– Warum konnte man also gerade an ein solches hoffnungsloses Ende irgendwelche Hoffnung knüpfen, den von Gott Gerichteten als Gottes Messias proklamieren, den Galgen der Schande zum Zeichen des Heiles erklären und den offensichtlichen Bankrott der Bewegung zum Ausgang ihrer phänomenalen Neuerstehung machen? Hatten sie nicht, da ja seine Sache mit seiner Person verbunden war, seine Sache verloren gegeben?

– Woher bezogen diejenigen, die schon so bald nach solchem Fehlschlag und Misslingen als seine Boten auftraten und keine Mühen, keine Widrigkeiten, keinen Tod scheuten, die Kraft, um diese »gute« Nachricht unter die Menschen, ja schließlich bis an die Grenzen des Imperiums zu bringen?

– Warum entstand jene Bindung an den Meister, die so ganz anders ist als die Bindung anderer Bewegungen an ihre Gründerpersönlichkeit, etwa der Marxisten an Marx oder enthusiastischer Freudianer an Freud: dass also Jesus nicht nur als Gründer und Lehrer, der vor Jahren gelebt hat, verehrt, studiert, befolgt, sondern – insbesondere in der gottesdienstlichen Versammlung – als Lebender verkündet und gegenwärtig Wirkender erfahren wird? Wie entstand die ungewöhnliche Vorstellung, dass er selber die Seinen, seine Gemeinde, leite durch seinen Geist?

Also in einem Wort: das *historische Rätsel der Entstehung*, des Anfangs, des Ursprungs *des Christentums*. Wie verschieden von der allmählichen stillen Ausbreitung der Lehren der erfolgreichen Weisen Buddha und Kung-futse, wie verschieden auch von der zum Teil gewaltsamen Ausbreitung der Lehren des siegreichen Mohammed, alles schon zu deren Lebzeiten: diese unvermittelt nach völligem Scheitern und schändlichem Sterben erfolgte Entstehung und fast explosionsartige Ausbreitung dieser Botschaft und Gemeinschaft im Zeichen gerade eines Zu-Fall-Gekommenen! Was war denn nach dem katastrophalen Ausgang dieses Lebens die Initialzündung für jene einzigartige welthistorische Entwicklung: dass vom Galgen eines in Schande Aufgehängten eine wahrhaft weltverändernde »Weltreligion« entstehen konnte?

Mit Psychologie lässt sich vieles in der Welt erklären, aber wohl nicht alles. Und auch die herrschenden Verhältnisse erklären nicht alles. Jedenfalls wird man, wenn man die Anfangsgeschichte des Christentums psychologisch deuten will, nicht nur vermuten, postulieren und neunmalklug konstruieren dürfen, sondern man wird unvoreingenommen diejenigen fragen müssen, die die Bewegung initiiert haben und deren gewichtigste Zeugnisse uns erhalten geblieben sind. Und aus denen wird klar: Jene *Passionsgeschichte* mit katastrophalem Ausgang – warum hätte sie schon in das Gedächtnis der Menschheit eingehen sollen? – wurde nur überliefert, weil es zugleich eine *Ostergeschichte* gab, welche die Passionsgeschichte (und die dahinter stehende Aktionsgeschichte) in einem völlig anderen Licht erscheinen ließ.

Aber hier hören nun freilich die Schwierigkeiten nicht auf, hier beginnen sie erst. Der Tod – zwischen diesem und einem anderen Leben, sozusagen die Grenze zwischen Zeit und Ewigkeit? Ein höchst behutsames, differenziertes Reflektieren und Argumentieren ist hier angezeigt.

Schwierigkeiten mit dem Auferstehungsglauben

Wer nun diese sogenannten Auferstehungs- oder Ostergeschichten, statt sie psychologisch zu erklären, in schlichtem Glauben wörtlich annehmen möchte, wird, wenn er nachdenkt und nicht alle Vernunft verliert, auf schwer übersteigbare Hindernisse stoßen. Die Verlegenheit ist durch die historisch-kritische Exegese eher noch vergrößert worden, nachdem vor 200 Jahren der scharfsinnigste Polemiker der klassischen deutschen Literatur, Gotthold Ephraim Lessing, jene »Fragmente eines Ungenannten« (des Hamburger Aufklärers H. S. Reimarus, gest. 1768) – darunter die »Von dem Zwecke Jesu und seiner Jünger« und »Über die Auferstehungsgeschichte« – einer verwirrten Öffentlichkeit preisgegeben hat. Will man als Mensch des 21. Jahrhunderts nicht nur halbherzig und mit schlechtem Gewissen, sondern redlich und überzeugt an so etwas wie eine Auferweckung glauben, so müssen die Schwierigkeiten scharf und ohne Vorurteile des Glaubens oder Unglaubens in den Blick gefasst werden. Gerade dann zeigen sie freilich auch ihre *Kehrseite*. Es sind übersteigbare Schwierigkeiten.

Erste Schwierigkeit: Was von den Evangelien insgesamt gilt, gilt von den Ostergeschichten ganz besonders: es sind *keine unparteiischen Berichte* von unbeteiligten Beobachtern, sondern gläubig für Jesus Partei ergreifende Zeugnisse höchst Interessierter und Engagierter. Also weniger historische als vielmehr theologische Dokumente: nicht Protokolle oder Chroniken, sondern Glaubenszeugnisse. Der Osterglaube, der die gesamte Jesus-Überlieferung von Anfang an mitbestimmt hat, bestimmt selbstverständlich auch die Osterberichte selbst, was eine historische Überprüfung von vornherein ungemein erschwert. Es muss nach der Osterbotschaft *in* den Ostergeschichten gefragt werden.

Die Kehrseite dieser Schwierigkeit ist: Gerade so wird die zentrale Bedeutung des Osterglaubens für die Urchristenheit deutlich. Zumindest für die Urchristenheit gilt, dass der christliche Glaube steht und fällt mit dem Zeugnis von Jesu Auferweckung, ohne die die christliche Predigt leer und leer auch der Glaube ist, wie der Apostel Paulus zugibt. Damit erscheint Ostern – ob bequem oder unbequem – nicht nur als Keimzelle, sondern auch als bleibender konstitutiver Kern des christlichen Glaubensbekenntnisses. Schon die ältesten christologischen Kurzformeln in den Paulusbriefen sind, wenn sie mehr bieten als einen Titel, konzentriert auf Jesu Tod und Auferweckung.

Zweite Schwierigkeit: Wenn man die zahlreichen Wundergeschichten des Neuen Testamentes auch ohne die *unbeweisbare Annahme eines supranaturalistischen »Eingriffs«* in die Naturgesetze zu verstehen sucht, erscheint es als ein von vornherein verdächtiger Rückfall in überwundene Vorstellungen, wenn man für das Wunder der Auferweckung nun plötzlich doch wieder einen solch übernatürlichen »Eingriff« postuliert, der allem wissenschaftlichen Denken ebenso widerspricht wie allen alltäglichen Überzeugungen und Erfahrungen. Insofern erscheint die Auferweckung dem modernen Menschen eher als Last für den Glauben, ähnlich wie etwa Jungfrauengeburt, Höllenfahrt und Himmelfahrt.

Die Kehrseite: Es könnte sein, dass der Auferweckung doch ein besonderer Charakter eignet, der sie nicht ohne Weiteres auf die gleiche Stufe stellen lässt mit anderen wundersamen oder auch legendären Elementen der urchristlichen Überlieferung. So sind zwar Jungfrauengeburt, Höllenfahrt und Himmelfahrt zusammen mit der Auferweckung im sogenannten »apostolischen« Glaubensbekenntnis aufgeführt, das aus der römischen Tradition des 4. Jahrhunderts stammt, erscheinen aber im Neuen Testament selbst im Gegensatz zur Auferweckung nur an vereinzelten Stellen, und zwar ausnahmslos in späteren literarischen Schichten. Der älteste neutestamentliche Zeuge, der Apostel Paulus, sagt kein Wort von Jungfrauengeburt, Höllenfahrt und Himmelfahrt, hält aber die Auferweckung des Gekreuzigten in unerbittlicher Entschiedenheit für die Mitte der christlichen Predigt. Die Auferweckungsbotschaft ist nicht das Sondererlebnis einiger Begeisterter, die Sonderlehre einiger Apostel. Im Gegenteil: Sie gehört schon zu den ältesten Schichten des Neuen Testaments. Sie ist allen neutestamentlichen Schriften ohne Ausnahme gemeinsam. Sie erweist sich als für den christlichen Glauben zentral und zugleich als grundlegend für sämtliche weiteren Glaubensaussagen. Es ist also zumindest die Frage, ob mit der Auferweckung nicht vielleicht in anderer Weise als mit Jungfrauengeburt, Höllenfahrt und Himmelfahrt ein Allerletztes, ein Eschaton angesprochen wird, wo man sinnvollerweise nicht mehr von einem Eingriff gegen die Naturgesetze im supranaturalistischen Schema sprechen kann. Wir werden genauer hinsehen müssen.

Dritte Schwierigkeit: Es gibt *keine direkten Zeugnisse* von einer Auferweckung. Im ganzen Neuen Testament behauptet niemand, Zeuge der Auferweckung gewesen zu sein. Nirgendwo wird die Auferweckung beschrieben. Nur das um 150 n. Chr. entstandene unechte (apokryphe) Petrus-Evangelium macht eine Ausnahme und berichtet am Ende von der Auferweckung in naiver Dramatik mit Hilfe legendärer Einzelheiten, die dann freilich, wie so oft Apokryphes, Eingang gefunden haben in die kirchlichen Ostertexte, Osterfeiern, Osterlieder, Osterpredigten, Osterbilder und sich so mannigfach mit dem Volksglauben von Ostern vermischt haben. Auch einzigartige Meisterwerke der Kunst wie Grünewalds künstlerisch unübertroffene Auferweckungsdarstellung im Isenheimer Altar können da irreführen.

Die Kehrseite: Gerade die Zurückhaltung der neutestamentlichen Evangelien und Briefe gegenüber der Auferweckung weckt eher Vertrauen. Die Auferweckung wird vorausgesetzt, aber weder dargestellt noch beschrieben. Das Interesse an Übertreibungen und die Sucht des Demonstrierens, welche die Apokryphen kennzeichnen, machen diese unglaubwürdig. Die neutestamentlichen Osterzeugnisse wollen nicht Zeugnisse für die Auferweckung sein, sondern Zeugnisse für den Auferweckten und Auferstandenen.

Vierte Schwierigkeit: Eine genaue Analyse der Osterberichte zeigt nicht zu überwindende *Unstimmigkeiten und Widersprüchlichkeiten*. Zwar hat man immer wieder durch harmonisierende Kombination eine einheitliche Überlieferung zu konstruieren versucht. Aber die Übereinstimmung fehlt, zunächst kurz zusammengefasst, 1. bezüglich der betroffenen Personen: Petrus, Maria Magdalena und die andere Maria, die Jünger, die Apostel, die Zwölf, die Emmaus-Jünger, 500 Brüder, Jakobus, Paulus; 2. bezüglich der Lokalisierung der Ereignisse: Galiläa, ein Berg dort oder der See Tiberias, Jerusalem, beim Grab Jesu oder in einem Versammlungsort; 3. überhaupt bezüglich des Ablaufs der Erscheinungen: am Morgen und Abend des Ostersonntags, acht Tage und vierzig Tage später. Überall erweist sich die Harmonisierung als unmöglich, wenn man nicht eine Veränderung der Texte und eine Bagatellisierung der Unterschiede in Kauf zu nehmen gewillt ist.

Die Kehrseite: Offensichtlich brauchte und wollte man kein einheitliches Schema und keine glatte Harmonie, erst recht nicht so etwas wie eine Biographie des Auferweckten! Dass neutestamentliche Autoren sich weder an irgendeiner Vollständigkeit noch an einer bestimmten Reihenfolge noch überhaupt an einer kritischen historischen Überprüfung der verschiedenen Nachrichten interessiert zeigen, macht deutlich, wie sehr bei den einzelnen Erzählungen anderes im Vordergrund steht: Zunächst, wie bei Paulus und Markus deutlich, die Berufung und Sendung der Jünger. Dann, bei Lukas und Johannes, immer mehr auch die Wirklichkeit der Identität des Auferweckten mit dem vorösterlichen Jesus (Identitätserfahrung, schließlich sogar Identitätsbeweis durch Demonstration der Leiblichkeit und Mahlgemeinschaft bei immer stärker betonter Überwindung des Zweifels der Jünger). Dabei wird deutlich: Jegliches Wie, Wann und Wo der Erzählungen ist zweitrangig gegenüber dem in den verschiedenen Quellen nirgendwo fraglichen Dass einer Auferweckung, die – bei allem Zusammenhang – mit Tod und Begräbnis eindeutig nicht identisch ist. Eine Konzentration auf den eigentlichen Inhalt der Botschaft legt sich nahe, die dann ein erneutes Eingehen auf die historischen Unstimmigkeiten ermöglichen wird.

Ist Auferweckung historisch, vorstellbar, leiblich?

Von den *Ostergeschichten* der Evangelien ist auf die *Osterbotschaft* zurückzufragen. Während die Geschichte vom leeren Grab sich nur in den Evangelien findet, bezeugen auch andere neutestamentliche Schriften, insbesondere die Paulusbriefe, dass Jesus den Jüngern als Lebendiger begegnet ist. Während die Ostergeschichten der Evangelisten in legendärer Weise darstellen, sprechen andere neutestamentliche Zeugnisse bekenntnismäßig. Und während die Grabesgeschichten von keinen direkten Zeugen gedeckt sind, finden sich in den Paulusbriefen (den Evangelien um Jahrzehnte voraus) Aussagen des Paulus selbst, der von »Erscheinungen«, »Offenbarungen« des Auferweckten – wohl Visionen und Auditionen – berichtet. Schon das bereits genannte und von Paulus ausdrücklich »übernommene« und der Gemeinde von Korinth bei ihrer Gründung »übergebene« Glaubensbekenntnis stammt nach Sprache, Autorität und Personenkreis möglicherweise aus der frühen Jerusalemer Urgemeinde, jedenfalls aus der Zeit zwischen 35 und 45, da Paulus Christ und Missionar wurde. Es führt in seiner Erweiterung eine für die Zeitgenossen kontrollierbare Liste von Auferweckungszeugen an: denen der Auferweckte »sich sehen ließ«, »erschienen ist«, »sich geoffenbart hat«, begegnet ist und von denen die Mehrzahl in den Jahren 55/56, als der Brief in Ephesus geschrieben wurde, noch am Leben und befragbar ist.

In der (die Geschichte der Urgemeinde widerspiegelnden?) Liste der maßgebenden Zeugen erscheint der auffälligerweise mit seinem aramäischen Namen »*Kepha*« genannte Petrus an der Spitze: Gerade als der Erstzeuge des Auferweckten dürfte er wohl auch der »Felsenmann«, »Bestärker der Brüder« und »Hirte der Schafe« sein. Aber eine Reduktion aller Erscheinungen der Zwölf (das zentrale Führungsgremium in Jerusalem), des Jakobus (der Bruder Jesu), aller Apostel (der größere Kreis der Missionare), der über 500 Brüder, des Paulus selbst auf die petrinische Erscheinung, als ob jene diese nur bestätigten, ist weder von diesen noch von anderen Texten her gerechtfertigt. Zu verschieden sind Personen und Ereignisse, Ort und Zeit, zu verschieden auch die Weisen der Christusverkündigung gerade bei Petrus, Jakobus und Paulus.

Doch bevor der eigentliche Inhalt der Osterbotschaft herausgestellt werden soll, werden besser noch einige Klärungen versucht, die unnötige Missverständnisse dieser Botschaft von vornherein verhindern können. Für das Ostergeschehen werden nämlich im Neuen Testament ganz verschiedene Formulierungen und Vorstellungen gebraucht, die, richtig verstanden, in der Sachfrage weiterhelfen können: »Auferweckung« und »Auferstehung«, »Erhöhung« und »Verherrlichung«, »Entrückung« und »Himmelfahrt«. Wie sollen diese traditionellen Begriffe heutzutage verstanden werden?

1. *Auferstehung oder Auferweckung?* Zu selbstverständlich spricht man heute von Auferstehung, als ob dies einfach Jesu eigenmächtige Tat gewesen wäre. Auferstehung wird jedoch nach dem Neuen Testament nur dann richtig verstanden, wenn sie als *Auferweckung durch Gott* verstanden wird. Es geht grundlegend um ein Werk Gottes an Jesus, dem Gekreuzigten, Gestorbenen, Begrabenen. »Auferweckung« Jesu (passiv) dürfte denn auch im Neuen Testament ursprünglicher und jedenfalls allgemeiner sein als »Auferstehung« Jesu (aktiv). Bei »Auferweckung« wird ganz Gottes Tun an Jesus in den Mittelpunkt gestellt: Nur durch Gottes lebenschaffendes Handeln wird Jesu tödliche Passivität zu neu lebendiger Aktivität. Nur als der (von Gott) Auferweckte ist er der (selber) Auferstandene. Durchweg wird im Neuen Testament Auferstehung als Tat Jesu im Sinn von Auferweckung als Werk Gottes, des Vaters, verstanden. Wie es in altertümlicher Formulierung heißt: Gott ließ ihn auferstehen, nachdem er die Wehen des Todes gelöst hat. Wenn ich hier bewusst meist

von Auferweckung und vom Auferweckten spreche, so nicht um die anderen Ausdrücke auszuschließen, sondern um ein sich damit leicht einschleichendes mythologisches Missverständnis zu vermeiden.

2. *Auferweckung ein historisches Ereignis*? Weil es nach neutestamentlichem Glauben in der Auferweckung um ein Handeln Gottes in den Dimensionen Gottes geht, kann es sich *nicht* um ein im strengen Sinn *historisches*, das heißt von der historischen Wissenschaft mit historischer Methode feststellbares Geschehen handeln. Auferweckung meint ja nicht ein Naturgesetze durchbrechendes, innerweltlich konstatierbares Mirakel, nicht einen lozierbaren und datierbaren supranaturalistischen Eingriff in Raum und Zeit. Zu photographieren und registrieren gab es nichts. Historisch feststellbar sind der Tod Jesu und dann wieder der Osterglaube und die Osterbotschaft der Jünger. Die Auferweckung selber aber lässt sich so wenig wie der Auferweckte mit historischer Methode dingfest machen, objektivieren. Die historische Wissenschaft – die ebenso wie die chemische, biologische, psychologische, soziologische oder theologische Wissenschaft immer nur *einen* Aspekt der vielschichtigen Wirklichkeit sieht – dürfte hier überfragt sein, weil sie aufgrund ihrer eigenen Prämissen gerade jene Wirklichkeit bewusst ausschließt, die für eine Auferweckung ebenso wie für Schöpfung und Vollendung allein in Frage kommt: die Wirklichkeit Gottes!

Aber gerade weil es nun nach neutestamentlichem Glauben in der Auferweckung um das Handeln Gottes geht, geht es um ein nicht nur fiktives oder eingebildetes, sondern um ein im tiefsten Sinne *wirkliches* Geschehen: Es ist nicht nichts geschehen. Aber was geschehen ist, sprengt und übersteigt die Grenzen der Historie. Es geht um ein transzendentes Geschehen aus dem menschlichen Tod in die umgreifende Dimension Gottes hinein. Auferweckung bezieht sich auf eine völlig neue Daseinsweise in der ganz anderen Daseinsweise Gottes, umschrieben in einer Bilderschrift, die interpretiert werden muss. Dass Gott dort eingreift, wo menschlich gesehen alles zu Ende ist, das ist – bei aller Wahrung der Naturgesetze – das wahre Wunder der Auferweckung: das Wunder des Anfangs eines neuen Lebens aus dem Tod. Nicht ein Gegenstand der historischen Erkenntnis, wohl aber ein Anruf und ein Angebot an den Glauben, der allein an die Wirklichkeit des Auferweckten herankommen kann.

3. *Auferweckung vorstellbar?* Man vergisst nur zu leicht, dass es sich sowohl bei »Auferstehung« wie bei »Auferweckung« um metaphorische, bildhafte Termini handelt. Das Bild wird übernommen vom »Aufwecken« und »Aufstehen« aus dem Schlaf. Das ist aber ein ebenso leicht verständliches wie missverständliches Bild, Symbol, Metapher für das, was dem Toten widerfahren soll: Gerade nicht wie aus dem Schlaf die Rückkehr in den vorausgegangenen Zustand, in das vorige, irdische, sterbliche Leben! Vielmehr die radikale Verwandlung in einen ganz verschiedenen Zustand, in ein anderes, neues, unerhörtes, endgültiges, unsterbliches Leben: totaliter aliter, ganz anders!

Auf die immer wieder gern gestellte Frage, wie man sich dieses so ganz andere Leben vorstellen soll, ist schlicht zu antworten: überhaupt nicht! Hier gibt es nichts auszumalen, vorzustellen, zu objektivieren. Es wäre ja nicht ein ganz anderes Leben, wenn wir es mit den Begriffen und Vorstellungen aus unserem Leben anschaulich machen könnten! Weder unsere Augen noch unsere Phantasie können uns hier weiterhelfen, sie können uns nur irreführen. Die Wirklichkeit der Auferweckung selbst ist also völlig *unanschaulich* und *unvorstellbar*. Auferweckung und Auferstehung sind bildhaft-anschauliche Ausdrücke, sind Bilder, Metaphern,

Symbole, die den Denkformen jener Zeit entsprachen und die sich natürlich vermehren lassen, für etwas, was selber unanschaulich und unvorstellbar ist und wovon wir – wie von Gott selbst – keinerlei direkte Kenntnis haben.

Gewiss können wir dieses unanschauliche und unvorstellbare neue Leben nicht nur bildhaft, sondern auch gedanklich zu umschreiben versuchen (so wie etwa die Physik die Natur des Lichts, das im atomaren Bereich zugleich Welle und Korpuskel ist und als solches nicht anschaulich und vorstellbar, mit Formeln zu umschreiben versucht). Wir stoßen da auch mit der Sprache an eine Grenze. Und es bleibt uns dann aber gar nichts anderes übrig, als in Formeln und Paradoxien zu reden: dass wir für dieses ganz andere Leben Begriffe verbinden, welche in diesem Leben Gegensätze bedeuten. So geschieht es etwa in den evangelischen Erscheinungsberichten an der äußersten Grenze des Vorstellbaren: kein Phantom und doch nicht greifbar, erkennbar-unerkennbar, sichtbar-unsichtbar, fassbar-unfassbar, materiell-immateriell, diesseits und jenseits von Raum und Zeit. »Wie die Engel im Himmel«, hatte schon Jesus selber in der Sprache der jüdischen Tradition bemerkt. Oder wie es Paulus sehr zurückhaltend und diskret mit paradoxen Chiffren anzeigt, die selbst auf die Grenze des Sagbaren hinweisen: ein unvergänglicher »Geistleib«, ein »Leib der Herrlichkeit«, der durch eine radikale »Verwandlung« aus dem vergänglichen Fleischesleib hervorgegangen ist. Damit meint Paulus gerade nicht in griechischer Weise eine (aus dem Kerker des Leibes befreite) Geist-Seele, wie sie von der modernen Anthropologie gar nicht mehr isoliert gedacht werden kann. Er meint in jüdischer Weise einen (von Gottes lebenschaffendem Geist umgestalteten und durchwalteten) ganzen leibhaftigen Menschen, wie dies sehr viel eher der modernen ganzheitlichen Auffassung vom Menschen und der grundlegenden Bedeutung seiner Leiblichkeit entspricht.

Der Mensch wird also nicht – platonisch – *aus* seiner Leiblichkeit erlöst. Er wird *mit* und *in* seiner nun verherrlichten, vergeistigten Leiblichkeit erlöst: eine Neuschöpfung, ein neuer Mensch.

4. *Leibliche Auferweckung*? Ja und nein, wenn ich mich auf ein persönliches Gespräch mit Rudolf Bultmann beziehen darf. Nein, wenn »Leib« naiv den physiologisch identischen Körper meint. Ja, wenn »Leib« im Sinn des neutestamentlichen »Soma« die identische personale Wirklichkeit, *dasselbe Ich* mit seiner ganzen Geschichte meint. Oder anders gesagt: Keine Kontinuität des Leibes: naturwissenschaftliche Fragen wie die nach dem Verbleib der Moleküle stellen sich nicht! Sondern eine Identität der Person: es stellt sich die Frage nach der bleibenden Bedeutung ihres ganzen Lebens und Geschicks! Also in jedem Fall kein minderes, sondern ein vollendetes Wesen. Die Auffassung östlicher Denker, dass das Ich den Tod nicht überlebt und nur die Werke überleben, ist gewiss bedenkenswert, insofern ein Übergang in nicht raumzeitliche Dimensionen gemeint ist. Aber sie ist ungenügend: Wenn die letzte Wirklichkeit Gott ist, dann ist der Tod weniger Zerstörung als eine Metamorphose – also nicht Minderung, sondern Vollendung.

Wenn es so in der Auferweckung Jesu nicht um ein Ereignis im menschlichen Raum und in der menschlichen Zeit geht, so doch auch nicht *nur* um den Ausdruck der Bedeutsamkeit seines Todes. Vielmehr um ein zwar nicht historisches (mit Mitteln der historischen Forschung feststellbares), wohl aber (für den Glauben) wirkliches Geschehen. Es geht folglich in der Auferweckung Jesu auch nicht *nur* um die von Jesus gebrachte »Sache«, die weitergeht und historisch mit seinem Namen verbunden bleibt, während er selber nicht mehr ist und nicht mehr lebt, tot ist und tot bleibt. Ähnlich etwa wie die »Sache« des verstorbenen Herrn Eiffel: Der

Mann ist tot, aber im Eiffelturm lebt er fort; ähnlich etwa wie Goethe, obwohl tot, in Werk und Erinnerung »auch heute spricht«. Es geht vielmehr um des lebendigen Jesu *Person* und *deshalb* Sache. Die Wirklichkeit des Auferweckten selbst lässt sich nicht ausklammern. Über Jesu Sache, die seine Jünger verlorengegeben hatten, wird von Gott selbst an Ostern entschieden: Jesu Sache hat Sinn und geht weiter, weil er selber nicht, gescheitert, im Tod geblieben ist, sondern bei Gott wirklich lebt.

Ostern ist somit ein Geschehen nicht *nur* für die Jünger und ihren Glauben: Jesus lebt nicht *durch* ihren Glauben. Der Osterglaube ist keine Funktion des Jüngerglaubens. Er war nicht einfach zu groß, um sterben zu können, wie manche Gnostiker meinten: er ist gestorben. Sondern Ostern ist ein Geschehen primär für Jesus selbst: Jesus lebt neu *durch Gott – für ihren Glauben*. Voraussetzung des neuen Lebens ist zwar nicht das zeitliche, aber das sachliche Prae, Voraus des Handelns Gottes. So wird jener Glaube erst ermöglicht, gestiftet, in welchem sich der Lebendige selber als lebendig erweist. Das bedeutet im Hinblick auf die auch nach Bultmann missverständliche Formulierung »Jesus ist auferstanden ins Kerygma (Verkündigung) hinein«: Jesus lebt auch nach Bultmann nicht, weil er verkündigt wird, sondern er wird verkündigt, weil er lebt. Also ganz anders als in Rodion Stschedrins damaligem Sowjet-Oratorium »Lenin im Herzen des Volkes«, wo am Totenbett Lenins der Rotgardist singt: »Nein, nein, nein! Das kann nicht sein! Lenin lebt, lebt, lebt!« Hier geht (ging nicht mehr lange) nur »Lenins Sache« weiter.

5. *Erhöhung*? In den alten Texten des Neuen Testaments ist die »Erhöhung« oder »Entrückung« Jesu einfach eine anders akzentuierte Ausdrucksweise für Jesu Auferweckung oder Auferstehung. Dass Jesus auferweckt ist, besagt im Neuen

Testament nichts anderes, als dass er in der Auferweckung selbst zu Gott erhöht wurde: Erhöhung als Vollendung der Auferweckung.

Meint aber Erhöhung nicht Aufnahme in den *Himmel?* Bildlich gesprochen kann man in der Tat von der Aufnahme in den »Himmel« sprechen. Dabei wird man sich heute darüber im Klaren sein, dass das blaue Firmament nicht mehr wie in biblischen Zeiten als die äußere Seite des Thronsaales Gottes verstanden werden kann. Wohl aber als das sichtbare Symbol oder Bild für den eigentlichen Himmel, nämlich die unsichtbare Domäne (»Lebensraum«) Gottes. Der Himmel des Glaubens ist nicht der Himmel der Astronauten, wie gerade die den biblischen Schöpfungsbericht aus dem Weltall rezitierenden Astronauten selber zum Ausdruck gebracht haben. Der Himmel des Glaubens ist der verborgene unsichtbar-unfassbare Bereich Gottes, den keine Weltraumfahrt je erreicht. Kein Ort, sondern eine Seinsweise: freilich nicht eine, die der Erde entzieht, sondern eine, die in Gott zum Guten vollendet und Anteil gibt an Gottes Ewigkeit.

Jesus ist also aufgenommen in die Herrlichkeit des Vaters: eingesetzt in seine himmlische, göttliche Würde, was traditionellerweise wiederum in einem Bild, welches an den Sohn oder Stellvertreter des Herrschers erinnert, ausgesagt wird: »Sitzet zur Rechten des Vaters.« Also seiner Macht am nächsten und sie stellvertretend ausübend in gleicher Würde und Stellung. In den ältesten christologischen Formeln, wie sie etwa in den Apostelpredigten der Apostelgeschichte verwendet werden, war Jesus zwar Mensch in Niedrigkeit, aber Gott hat ihn nach der Auferweckung zum Herrn und Messias gemacht. Erst vom Erhöhten und noch nicht vom Irdischen wird Messianität und Gottessohnschaft ausgesagt.

Dies ist wichtig für das Verständnis der österlichen *Erscheinungen,* wie immer sie letztlich zu verstehen sind: Aus dieser himmlischen, göttlichen Machtstellung und Herrlichkeit nämlich »erscheint« er denen, die er zu seinen »Werkzeugen« machen will, wie es Paulus erfahren hat und wie es in den Erscheinungen bei Mattäus, Johannes und im Markus-Nachtrag, wo über das Woher und Wohin des Erscheinenden nichts bemerkt wird, ganz selbstverständlich vorausgesetzt wird: Ostererscheinungen sind immer Manifestationen des bereits zu Gott Erhöhten! Immer ist es der Erhöhte, der von Gott her erscheint: ob nun Paulus den ihn Berufenden vom Himmel her erfährt oder ob bei Mattäus und Johannes der Auferweckte auf Erden erscheint.

Was aber – so lässt sich nun nach diesen Klärungen zusammenfassend fragen – ist bei all diesen Entwicklungen und zum Teil Verwicklungen der eigentliche Inhalt dieser Botschaft, welche den Glauben und den Gottesdienst von 2000 Jahren Christenheit am Leben erhalten hat, welche sowohl historischer Ursprung wie sachliches Fundament des christlichen Glaubens ist?

Was also meint Auferweckung?

Die Botschaft mit all ihren Schwierigkeiten, ihren zeitgebundenen Konkretisierungen und Ausmalungen, situationsbedingten Erweiterungen, Ausgestaltungen und Akzentverschiebungen zielt im Grunde auf etwas Einfaches. Und darin stimmen die verschiedenen urchristlichen Zeugen, Petrus, Paulus und Jakobus, die Briefe, die Evangelien und die Apostelgeschichte durch alle Unstimmigkeiten und Widersprüchlichkeiten der verschiedenen Traditionen bezüglich Ort und Zeit, Personen und Ablauf der Ereignisse überein: *Der Gekreuzigte lebt für immer bei Gott – als Verpflichtung und Hoffnung für uns!* Die Menschen des Neuen Testaments sind getragen, ja fasziniert von der Gewissheit, dass der Getötete nicht im Tod geblieben ist, sondern lebt, und dass, wer an ihn sich hält und ihm nachfolgt, ebenfalls leben wird. Das neue, ewige Leben des Einen als Herausforderung und reale Hoffnung für alle!

Dies also sind Osterbotschaft und Osterglaube – völlig eindeutig trotz aller Vieldeutigkeit der verschiedenen Osterberichte und Ostervorstellungen. Eine wahrhaft umwälzende Botschaft, sehr leicht zurückzuweisen freilich schon damals, nicht erst heute: »Darüber wollen wir dich ein ander Mal hören«, sagten auf Athens Areopag nach lukanischer Darstellung einige Skeptiker schon dem Apostel Paulus. Aufgehalten hat das den Siegeszug der Botschaft freilich nicht.

Der Gekreuzigte *lebt*? Was heißt hier »leben«? Was verbirgt sich hinter den verschiedenen zeitgebundenen Vorstellungsmodellen und Erzählungsformen, die das Neue Testament dafür gebraucht? Wir versuchen dieses Leben zu umschreiben mit zwei negativen Bestimmungen und einer positiven.

1. *Keine Rückkehr in dieses raumzeitliche Leben*: Der Tod wird nicht rückgängig gemacht, sondern definitiv überwunden. In Friedrich Dürrenmatts Schauspiel »Meteor« kommt es zu einer Wiederbelebung eines (freilich fingierten) Leichnams, der in ein völlig unverändertes irdisches Leben zurückkehrt – das klare Gegenteil von dem, was das Neue Testament unter Auferweckung versteht. Mit den Totenerweckungen, vereinzelt in der antiken Literatur von Wundertätern (sogar mit Arztzeugnissen beglaubigt) und in drei Fällen auch von Jesus (Tochter des Jairus, Jüngling von Nain, Lazarus) berichtet, darf Jesu Auferweckung nicht verwechselt werden. Auch ganz abgesehen von der historischen Glaubwürdigkeit solcher legendärer Berichte (Markus etwa weiß nichts von der sensationellen Totenerweckung des Lazarus): gerade die vorübergehende Wiederbelebung eines Leichnams ist mit der Auferweckung Jesu nicht gemeint. Jesus ist – selbst

bei Lukas – nicht einfach in das biologisch-irdische Leben zurückgekehrt, um wie die von ihrem Tod Aufgeweckten schließlich erneut zu sterben. Nein, nach neutestamentlichem Verständnis hat er den Tod, diese letzte Grenze, endgültig hinter sich. Er ist in ein ganz anderes, unvergängliches, ewiges, »himmlisches« Leben eingegangen: in das Leben Gottes, wofür schon im Neuen Testament sehr verschiedene Formulierungen und Vorstellungen gebraucht werden.

2. *Keine Fortsetzung dieses raumzeitlichen Lebens*: Schon die Rede von »nach« dem Tod ist irreführend: die Ewigkeit ist nicht bestimmt durch Vor und Nach. Sie meint vielmehr ein die Dimensionen von Raum und Zeit sprengendes neues Leben in Gottes unsichtbarem, unvergänglichem, unbegreiflichem Bereich: Nicht einfach ein endloses »Weiter«: Weiterleben, Weitermachen, Weitergehen. Sondern ein endgültig »Neues«: Neuschöpfung, Neugeburt, neuer Mensch und neue Welt. Was die Rückkehr des ewig gleichen »Stirb und werde« endgültig durchbricht. Definitiv bei Gott sein und so das endgültige Leben haben, das ist gemeint. Und für alles jenseits von Raum und Zeit ist nach Immanuel Kant die reine, theoretische Vernunft nicht zuständig.

3. *Vielmehr Aufnahme in die letzte Wirklichkeit*: Will man nicht bildhaft reden, so müssen Auferweckung (Auferstehung) und Erhöhung (Entrückung, Himmelfahrt, Verherrlichung) als ein identisches, einziges Geschehen gesehen werden. Und zwar als ein Geschehen in Zusammenhang mit dem Tod in der unanschaulichen Verborgenheit Gottes. Die Osterbotschaft besagt in allen so verschiedenen Varianten schlicht das eine: Jesus ist nicht ins Nichts hinein gestorben. Er ist im Tod und aus dem Tod in jene *unfassbare und umfassende letzte Wirklichkeit hineingestorben*, von ihr *aufgenommen* worden, die wir mit dem Namen *Gott* bezeichnen.

Wo der Mensch sein Eschaton, das Allerletzte seines Lebens erreicht, was erwartet ihn da? Nicht das Nichts, das würden auch Nirwana-Gläubige sagen. Sondern jenes Alles, das für Juden, Christen und Moslems Gott ist. Tod ist Durchgang zu Gott, ist Einkehr in Gottes Verborgenheit, ist Aufnahme in seine Herrlichkeit. Dass mit dem Tod *alles* aus sei, kann strenggenommen nur ein Gottloser sagen.

Im Tod wird der Mensch aus den ihn umgebenden und bestimmenden Verhältnissen entnommen. Von der Welt her, gleichsam von außen, bedeutet der Tod völlige Beziehungslosigkeit. Von Gott her aber, gleichsam von innen, bedeutet der Tod eine völlig neue Beziehung: zu ihm als der letzten Wirklichkeit. Im Tod wird dem Menschen, und zwar dem ganzen und ungeteilten Menschen, eine neue ewige Zukunft angeboten. Ein Leben anders als alles Erfahrbare: in Gottes unvergänglichen Dimensionen. Also nicht in unserem Raum und in unserer Zeit: »hier« und »jetzt« im »Diesseits«. Aber auch nicht einfach in einem anderen Raum und in einer anderen Zeit: ein »Drüben« oder »Droben«, ein »Außerhalb« oder »Oberhalb«, ein »Jenseits«. Der letzte, entscheidende, ganz andere Weg des Menschen führt nicht hinaus ins Weltall oder über dieses hinaus. Sondern – wenn man schon in Bildern reden will – gleichsam hinein in den innersten Urgrund, Urhalt, Ursinn von Welt und Mensch: aus dem Tod ins Leben, aus dem Sichtbaren ins Unsichtbare, aus dem sterblichen Dunkel in Gottes ewiges Licht. In Gott hinein ist Jesus gestorben, zu Gott ist er gelangt: aufgenommen in jenen Bereich, der alle Vorstellungen übersteigt, den keines Menschen Auge je geschaut hat, unserem Zugreifen, Begreifen, Reflektieren und Phantasieren entzogen! Nur das weiß der Glaubende: nicht das Nichts erwartet ihn, sondern sein Vater.

Aus dieser negativen und positiven Bestimmung folgt: *Tod* und *Auferweckung* bilden eine *differenzierte Einheit*.

Will man die neutestamentlichen Zeugnisse nicht gegen ihre Intention interpretieren, darf man aus der Auferweckung nicht einfach ein »Interpretament«, ein Ausdrucksmittel des Glaubens für das Kreuz machen:

Auferweckung ist Sterben in Gott hinein: Tod und Auferweckung stehen in engstem Zusammenhang. Die Auferweckung geschieht mit dem Tod, im Tod, aus dem Tod. Am schärfsten wird das herausgestellt in frühen vorpaulinischen Hymnen, in denen Jesu Erhöhung schon vom Kreuz aus zu erfolgen scheint. Und besonders im Johannesevangelium, wo Jesu »Erhöhung« zugleich seine Kreuzigung wie seine »Verherrlichung« meint und beides die eine Rückkehr zum Vater bildet. Aber im übrigen Neuen Testament folgt die Erhöhung auf die Niedrigkeit des Kreuzes:

Das In-Gott-hinein-Sterben ist keine Selbstverständlichkeit, keine natürliche Entwicklung, kein unbedingt zu erfüllendes Desiderat der menschlichen Natur: Tod und Auferweckung müssen in ihrem nicht notwendig zeitlichen, aber sachlichen Unterschied gesehen werden. Wie das auch durch die alte, vermutlich weniger historische als theologische Angabe »auferstanden am dritten Tag« – »drei« nicht als Kalenderdatum, sondern als Heilsdatum für einen Heilstag – betont wird. Der Tod ist des Menschen Sache, die Auferweckung kann nur Gottes sein: Von Gott wird der Mensch in ihn als die unfassbare, umfassende letzte Wirklichkeit aufgenommen, gerufen, heimgeholt, also endgültig angenommen und gerettet. Im Tod, oder besser: aus dem Tod, als ein eigenes Geschehen, gründend in Gottes Tat und Treue. Die verborgene, unvorstellbare, neue Schöpfertat dessen, der das, was nicht ist, ins Dasein ruft. Und deshalb – und nicht als supranaturalistischer »Eingriff« gegen die Naturgesetze – ein echtes Geschenk und wahres Wunder.

Radikalisierung des Gottesglaubens

Braucht man noch eigens hervorzuheben, dass das neue Leben des Menschen, weil es um die letzte Wirklichkeit, um Gott selber geht, von vornherein eine Angelegenheit des *Glaubens* ist? Es geht um ein Geschehen der Neuschöpfung, welches den Tod als letzte Grenze und damit überhaupt unseren Welt- und Denkhorizont sprengt. Bedeutet es doch den definitiven Durchbruch in die wahrhaft andere Dimension des eindimensionalen Menschen: die offenbare Wirklichkeit Gottes und die in die Nachfolge rufende Herrschaft des Gekreuzigten.

Nichts leichter als dies zu bezweifeln! Ich habe schon betont, dass die »reine Vernunft« sich hier vor eine unübersteigbare Grenze gestellt sieht: Kant ist zuzustimmen. Auch durch historische Argumente lässt sich die Auferweckung nicht beweisen; da versagt die traditionelle Apologetik. Weil es der Mensch hier mit Gott, und das heißt per definitionem mit dem Unsichtbaren, Ungreifbaren, Unverfügbaren zu tun hat, ist nur eine Form des Verhaltens angemessen, herausgefordert: *gläubiges Vertrauen, vertrauender Glaube.* Am Glauben vorbei führt kein Weg zum Auferweckten und zum ewigen Leben. Die Auferweckung ist kein beglaubigendes Mirakel. Sie ist selber Gegenstand des Glaubens.

Der Auferweckungsglaube ist jedoch – dies ist gegenüber allem Unglauben und Aberglauben zu sagen – nicht der Glaube an irgendeine unverifizierbare Kuriosität, die man auch noch »dazu« glauben müsste. Der Auferweckungsglaube ist auch nicht Glaube an das Faktum der Auferweckung oder an den Auferweckten isoliert genommen, sondern ist grundsätzlich Glaube an Gott, dem der Tote die Auferweckung verdankt:

Der Auferweckungsglaube ist deshalb nicht ein Zusatz zum Gottesglauben, sondern eine *Radikalisierung des Gottes-*

glaubens: Ein Glaube an Gott, der nicht auf halbem Weg anhält, sondern den Weg konsequent zu Ende geht. Ein Glaube, in welchem sich der Mensch ohne strikt rationalen Beweis, wohl aber in *durchaus vernünftigem Vertrauen* darauf verlässt, dass der Gott des Anfangs auch der Gott des Endes ist, dass er wie der Schöpfer der Welt und des Menschen so auch ihr Vollender ist. Nicht in ein Nichts hinein sterben wir; dies schiene mir wenig vernünftig. Wir sterben in Gott hinein, der uns wie Ursprung und Urhalt so auch Urziel ist.

Der Auferweckungsglaube ist also nicht nur als existentiale Verinnerlichung oder soziale Veränderung zu interpretieren, sondern als eine Radikalisierung des Glaubens an den *Schöpfergott*: Auferweckung meint die reale Überwindung des Todes durch den Schöpfergott, dem der Glaubende alles, auch das Letzte, auch die Überwindung des Todes, zutraut. Das Ende, das ein neuer Anfang ist! Wer sein Credo mit dem Glauben an »Gott den allmächtigen Schöpfer« anfängt, darf es auch ruhig mit dem Glauben an »das ewige Leben« beenden. Weil Gott das Alpha ist, ist er auch das Omega. Der allmächtige Schöpfer, der aus dem Nichtsein ins Sein ruft, vermag auch aus dem Tod ins Leben zu rufen.

Der christliche Glaube an den auferweckten Jesus ist sinnvoll nur als Glaube an Gott den Schöpfer und Erhalter des Lebens. Umgekehrt aber ist der christliche Glaube an den Schöpfergott entscheidend bestimmt dadurch, dass er Jesus von den Toten erweckt hat. »Der Jesus von den Toten erweckt hat« wird geradezu der Beiname des christlichen Gottes.

Damit wären nun auch die am Anfang dieses Kapitels gestellten Fragen beantwortet. Das historische Rätsel der Entstehung des Christentums erscheint hier in provozierender Weise gelöst: Die *Glaubenserfahrungen, Glaubensberufungen, Glaubenserkenntnisse* der Jünger um den lebendigen Jesus von Nazaret bilden nach den einzigen Zeugnissen, die wir haben, die Initialzündung für jene einzigartige welthistorische Entwicklung, in der vom Galgen eines in Gott- und Menschenverlassenheit Verendeten eine »Weltreligion«, und vielleicht mehr als das, entstehen konnte. Das Christentum, insofern es Bekenntnis zu Jesus von Nazaret als dem lebendigen und wirkmächtigen Christus ist, beginnt mit Ostern. Ohne Ostern kein Evangelium, keine einzige Erzählung, kein Brief im Neuen Testament! Ohne Ostern in der Christenheit kein Glaube, keine Verkündigung, keine Kirche, kein Gottesdienst!

2. Der Maßgebende

Die Verkündigung des auferweckten, erhöhten, lebendigen Christus bedeutete eine ungeheure Herausforderung. Aber wohlgemerkt: nicht die Verkündigung der Auferweckung an sich. Auferstanden sind in den hellenistischen wie in anderen Religionen viele: Heroen wie Herakles, die in den Olymp aufgenommen wurden. Sterbende und wiederbelebte Götter und Heilande wie Dionysos, deren Schicksal für das ihrer Gläubigen Vorbild und Urbild war und die in mystischer Partizipation immer wieder neu gefeiert wurden in jenen hellenistischen Mysterienreligionen, die umgebildete Naturkulte sind: abgelesen am natürlichen Rhythmus von Saat und Wachsen, Sonnenaufgang und Sonnenniedergang, Werden und Vergehen, projiziert von den Wünschen und Sehnsüchten der nach Unsterblichkeit verlangenden Menschen. Hier überall steht am Anfang der Mythos, der, wie etwa innerhalb des Alten Testaments, vergeschichtlicht wird. Bei Jesus ist es umgekehrt.

Gerechtfertigt

Bei Jesus steht am Anfang die Geschichte, die freilich oft mythologisch gedeutet wurde, für die aber das Sterben und Neuwerden des Samenkornes nicht der Ausgang, sondern nur ein Bild ist. Entscheidend für den christlichen Glauben ist nicht, dass hier ein Toter auferstanden ist als Vorbild für alle Sterblichen. Entscheidend ist, dass gerade der, der gekreuzigt wurde, auferweckt worden ist! Wäre der Auferweckte nicht der Gekreuzigte, so wäre er bestenfalls ein Begriffszeichen, ein Ideogramm, ein Symbol.

Das Osterereignis darf also nicht isoliert betrachtet werden. Es zwingt vielmehr zur Rückfrage nach Jesus, seiner Botschaft, seinem Verhalten, seinem Geschick und dann natürlich zur Vorausfrage nach uns und unseren Konsequenzen. Der »Erstgeborene aus den Toten« darf den Messias der Mühseligen und Beladenen nicht verdrängen. Ostern entschärft nicht das Kreuz, sondern bestätigt es. Die Auferweckungsbotschaft ruft also nicht zur Anbetung eines himmlischen Kultgottes, der das Kreuz hinter sich gelassen hat. Sie ruft zur Nachfolge: sich in glaubendem Vertrauen auf diesen Jesus, seine Botschaft einzulassen und das eigene Leben nach dem Maßstab des Gekreuzigten zu gestalten.

Die Auferweckungsbotschaft nämlich macht es offenbar, was so gar nicht zu erwarten war: dass dieser Gekreuzigte trotz allem *recht hatte!* Gott ergriff Partei für den, der sich ganz auf ihn eingelassen hatte, der sein Leben für die Sache Gottes und der Menschen hingegeben hat. Zu ihm bekannte er sich und nicht zur jüdischen Hierarchie. Er sagte Ja zu seiner Verkündigung, seinem Verhalten, seinem Geschick.

Die Aufnahme Jesu in das Leben Gottes bringt also nicht die Offenbarung zusätzlicher Wahrheiten, sondern das Offenbarwerden Jesu selbst: Er erhält nun die letzte Glaubwürdigkeit. In ganz neuer Weise wird so der gerechtfertigte Jesus zum herausfordernden Zeichen der Entscheidung: Die Entscheidung für die Herrschaft Gottes, wie er sie gefordert hatte, wird zur Entscheidung für ihn selbst. Hier besteht trotz allem Bruch eine Kontinuität in der Diskontinuität. Schon während Jesu irdischer Wirksamkeit hat die *Entscheidung für oder gegen die Gottesherrschaft* mit der *Entscheidung für oder gegen ihn* zusammengehangen. Jetzt fällt sie in eins: denn in dem zu Gottes Leben erweckten Gekreuzigten ist Gottes Nähe, Herrschaft, Reich bereits verwirklicht, bereits gegenwärtig. Insofern war die *Naherwartung in Erfüllung gegangen!*

Der *zum Glauben Rufende* ist damit zum *Inhalt des Glaubens* geworden. Der sich mit Gott Identifizierende, mit ihm hat sich Gott für immer identifiziert. An ihm hängt jetzt der Glaube an die Zukunft, an ihm die Hoffnung auf ein endgültiges Leben mit Gott. Wieder erklingt so die Botschaft vom kommenden Gottesreich, aber in neuer Gestalt: weil Jesus mit seinem Tod und neuem Leben in sie eingegangen ist und nun ihre Mitte bildet. Jesus als der zu Gott Erhöhte ist die *Personifizierung der Botschaft vom Gottesreich* geworden. Ihre zeichenhafte Abkürzung, ihre konkrete Füllung. Statt allgemein »Gottesreich verkünden« wird man jetzt immer mehr zugespitzt »Christus verkünden« sagen. Und die an ihn als den Christus Glaubenden wird man kurz die »Christen« nennen. Damit sind Botschaft und Botschafter, sind das »Evangelium Jesu« und das »Evangelium von Jesus Christus« zu einer Einheit geworden.

So erkennen die Glaubenden immer klarer, dass durch ihn Gottes in Bälde erwartete neue Welt in die von Sünde und Tod gezeichnete Welt bereits eingebrochen ist: Sein neues Leben hat die universale Herrschaft des Todes gebrochen. Seine Freiheit hat sich durchgesetzt, sein Weg sich bewährt. Und es erscheint immer deutlicher die ganze Relativität nicht nur des Todes, sondern auch des Gesetzes und des Tempels, woraus die christliche Gemeinde – zuerst die hellenistisch-jüdische und dann besonders Paulus mit den Heidenchristen – in wachsendem Ausmaß Konsequenzen ziehen wird: durch Jesus zum Leben berufen und zur Freiheit befreit. Befreit von allen Mächten der Endlichkeit, von Gesetz, Schuld und Tod. Wo für die Juden Gesetz und Tempel standen, steht für die Christen immer deutlicher der Christus, der die Sache Gottes und des Menschen vertritt. Wo die Juden noch auf Erfüllung warten, ist sie in dem Einen schon da. Und was bedeutet das für diesen Einen?

Ehrentitel

Jesu Person ist nach Ostern zum konkreten Richtmaß für das Gottesreich geworden: für die Beziehung des Menschen zu den Mitmenschen, zur Gesellschaft, zu Gott. Jetzt kann Jesu Sache von seiner Person nicht mehr getrennt werden. Nicht idealistisch nur um bleibend gültige Ideen ging es im Christentum von Anfang an. Sondern ganz real um die bleibend gültige Person: um Jesus den Christus. So lässt sich sagen: Die *Sache Jesu, die weitergeht,* ist *zunächst die Person Jesu,* die für den Glaubenden in einzigartiger Weise bedeutsam, lebendig, gültig, relevant, wirkkräftig bleibt. Die selber das Geheimnis ihrer Geschichte eröffnet und so das Bekenntnis, die Homologie bei Taufe und Abendmahl, in Verkündigung und Lehre, in ihr möglich macht: die Akklamation im Gottesdienst und die Proklamation vor der Welt. Und gar bald sollte das Bekenntnis auch vor Gericht erfolgen: Wo man das Bekenntnis »Kyrios Kaisar« verlangt, werden die Gläubigen antworten mit dem Bekenntnis: »Kyrios Jesous«. Der ganze Christusglaube voll verständlich ausgedrückt in dem einen Wort: *»Herr ist Jesus!«*

Ein provoziertes und provozierendes *Bekenntnis zu Jesus als dem Maßgebenden*: Kein Ehrentitel erschien den ersten Christen in der Folge zu hoch gegriffen, um die einzigartige, entscheidende, ausschlaggebende Bedeutung dessen auszudrücken, der aller Wahrscheinlichkeit nach, wie wir sahen, für sich überhaupt keine Titel in Anspruch genommen hatte.

Die Aufnahme der Titel durch die Gemeinde geschieht gerade deshalb tastend und zögernd. Nicht der einzelne Titel an sich war dabei wichtig. Sondern dass durch alle diese Titel zum Ausdruck gebracht wird, dass dieser selbst, der Getötete und Lebendige, der *Maßgebende* ist und bleibt: maßgebend in seiner Verkündigung, seinem Verhalten, seinem ganzen Geschick, in seinem Leben, seinem Werk, seiner Person, maßgebend für den Menschen, seine Beziehung zu Gott, Welt und Mitmenschen, sein Denken, Handeln und Leiden, Leben und Sterben.

Die *einzelnen Titel*, so verschieden gefärbt sie auch sind, sind in Bezug auf Jesus weithin austauschbar und ergänzen einander. Jede noch so kurze Formel ist nicht ein Teil des Credo, sondern das ganze Credo. *Nur in Jesus selbst* haben die verschiedenen Titel *einen klaren gemeinsamen Bezugspunkt*. Über 50 verschiedene Namen, so hat man gezählt, werden im Neuen Testament für den irdischen und auferweckten Jesus gebraucht. Die zum Teil noch heute gebrauchten Hoheitsnamen sind von den ersten Christen nicht erfunden, sondern – in der frühen palästinischen Urgemeinde, im hellenistischen Judenchristentum und dann im hellenistischen Heidenchristentum – aus der Umwelt übernommen und auf Jesus übertragen worden: Jesus als der kommende »Menschensohn«, der in Bälde erwartete »Herr« (»Mar«), der in der Endzeit eingesetzte »Messias«, der »Davidssohn« und stellvertretend leidende »Gottesknecht«, schließlich der gegenwärtige »Herr« (»Kyrios«), der »Heiland« (»Retter«), der »Gottessohn« (»Sohn«) und das »Gotteswort« (»Logos«). Das waren die wichtigsten der auf Jesus angewandten Titel. Die einen, wie etwa der geheimnisvolle apokalyptische Titel »Menschensohn« (gebraucht besonders in Q), kamen schon in den griechisch sprechenden Gemeinden vor Paulus und erst recht bei Paulus selbst wieder aus dem Gebrauch (ähnlich »Davidssohn«): weil in neuer Umgebung unverständlich oder missverständlich. Andere, wie etwa »Gottessohn« im hellenistischen Bereich, weiteten sich in ihrer Bedeutung und erhielten ein besonders starkes Gewicht oder wuchsen sogar – wie »Messias«, übersetzt durch »Christus« – mit dem Namen »Jesus« zu einem einzigen Eigennamen zusammen: »Jesus Christus«. Während es für Davidssohn etwa 20, für Gottessohn (Sohn) 75, für Menschensohn 80 neutestamentliche Belege gibt, wird Herr (Kyrios) etwa 350mal und Christus gar rund 500mal für Jesus gebraucht.

So entstand aufgrund des implizit (einschlussweise) christologischen Redens, Handelns und Leidens Jesu selbst die explizite (ausdrückliche) neutestamentliche »Christologie«. Oder besser: es entstanden je nach sozialem, politischem, kulturellem, geistigem Kontext, je nach dem anzusprechenden Publikum und der Eigenart des Verfassers sehr *verschiedene neutestamentliche »Christologien«.* Nicht ein einziges normatives Christusbild, sondern verschiedene, je anders akzentuierte Christusbilder!

Was meint »Gottes Sohn«?

Gott selber (griech.: »ho theós« = »der« Gott schlechthin) ist im Neuen Testament allein der Vater. Erst nach Jesu Tod, als man aufgrund bestimmter österlicher Erfahrungen, Visionen und Auditionen glauben durfte, dass er nicht in Leid und Tod geblieben, sondern in Gottes ewiges Leben aufgenommen, durch Gott zu Gott »erhöht« worden war, hat die *glaubende Gemeinde angefangen, den Titel »Sohn« oder »Sohn Gottes« für Jesus zu gebrauchen.*

Man erinnerte sich, aus welcher innigen Gotteserfahrung, Gottverbundenheit und Gottesunmittelbarkeit heraus der Nazarener gelebt, verkündet und gehandelt hat: wie er Gott als den Vater aller Menschen anzusehen gelehrt (»Vater unser«) und ihn selber Vater genannt hat (»Abba, lieber Vater«).

Es gab also für Juden, die Jesus nachfolgten, einen sachlichen Grund und eine innere Logik dafür, dass er, der Gott »Vater« genannt hatte, von seinen gläubigen Anhängern dann auch ausdrücklich der »Sohn« genannt wurde.

Man begann, die messianisch verstandenen Lieder des Psalters zu Ehren des vom Tod Erweckten zu singen, besonders die Thronbesteigungspsalmen. Die Erhöhung zu Gott konnte man sich als Jude damals leicht in Analogie zur Thronbesteigung des israelitischen Königs denken. Wie dieser – wahrscheinlich in Anlehnung an altorientalische Königsideologie – *im Moment seiner Thronbesteigung zum »Sohn Gottes« eingesetzt* wurde, so jetzt auch der Gekreuzigte durch seine Auferweckung und Erhöhung.

Besonders dürfte Psalm 110, in welchem König David seinen zukünftigen »Sohn« besang, der zugleich sein »Herr« war, immer wieder gesungen und zitiert worden sein: »Es sprach der Herr zu meinem Herrn: Setze dich zu meiner Rechten!« (Vers 1). Denn dieser Vers beantwortete den jüdischen Anhängern Jesu die brennende Frage nach dem »Ort« und der Funktion des Auferweckten: Wo ist der Auferstandene jetzt? Man konnte antworten: Beim Vater, »zur Rechten des Vaters«: nicht in einer Wesensgemeinschaft, wohl aber in einer »Throngemeinschaft« mit dem Vater, so dass Gottesreich und Messiasreich faktisch identisch werden: »Die Einsetzung des gekreuzigten Messias Jesus als des ›Sohnes‹ beim Vater ›durch die Auferweckung von den Toten‹ gehört so doch wohl zur ältesten, allen Verkündigern gemeinsamen Botschaft, mit der die ›Messiasboten‹ ihr eigenes Volk zur Umkehr und zum Glauben an den gekreuzigten und von Gott auferweckten und zu seiner Rechten erhöhten ›Messias Israels‹ aufriefen« (M. Hengel).

In Psalm 2,7 – einem Thronbesteigungsritual – wird der Messias-König sogar ausdrücklich als »Sohn« angesprochen: »Mein Sohn bist du; ich habe dich heute gezeugt.« Wohl zu beachten: »Zeugung« ist hier Synonym für Inthronisierung, Erhöhung. Von einer physisch-sexuellen Zeugung wie beim ägyptischen Gott-König und bei hellenistischen Göttersöhnen oder auch von einer meta-physischen Zeugung im Sinne der späteren hellenistisch-ontologischen Trinitätslehre gibt es, wie in der Hebräischen Bibel so auch im Neuen Testament, keine Spur!

Deshalb kann es dann in einem der ältesten Glaubensbekenntnisse (wohl schon vorpaulinisch) zur Einleitung des Römerbriefes heißen: Jesus Christus wurde »eingesetzt zum Sohne Gottes in Macht seit der Auferstehung von den Toten«. Deshalb kann in der Apostelgeschichte dieser Thronbesteigungspsalm 2 aufgegriffen und jetzt auf Jesus angewendet werden: »Er (Gott) sprach zu mir (nach dem Psalm zum König, zum Gesalbten, nach der Apostelgeschichte aber zu Jesus): ›Mein Sohn bist du; ich habe dich heute gezeugt.‹« Und warum kann dies alles geschehen? Weil hier im Neuen Testament noch gut jüdisch gedacht wird: »Gezeugt« als König, »gezeugt« als Gesalbter (= Messias, Christus) heißt eben nichts anderes als eingesetzt als Stellvertreter und Sohn. Und mit dem »heute« (im Psalm der Tag der Thronbesteigung) ist in der Apostelgeschichte eindeutig nicht etwa Weihnachten, sondern Ostern gemeint. Also nicht das Fest der Niederkunft, der Menschwerdung, der »Inkarnation«, sondern der Tag der Auferweckung, der Erhöhung Jesu zu Gott, Ostern, das Hauptfest der Christenheit.

Was also ist ursprünglich jüdisch und so auch neutestamentlich mit der Gottessohnschaft gemeint? Was immer später von hellenistischen Konzilien mit hellenistischen Begriffen in dieser Sache definiert wurde: Im Neuen Testament ist ohne Frage nicht eine Abkunft, sondern die *Einsetzung in eine Rechts- und Machtstellung im hebräisch-alttestamentlichen Sinne* gemeint. Nicht eine physische Gottessohnschaft, wie in den hellenistischen Mythen und wie von Juden und

Muslimen bis heute oft angenommen und zu Recht verworfen, sondern eine *Erwählung und Bevollmächtigung* Jesu durch Gott, ganz im Sinn der Hebräischen Bibel, wo bisweilen auch das Volk Israel kollektiv »Sohn Gottes« genannt wird. Gegen ein solches Verständnis von Gottessohnschaft war vom jüdischen Ein-Gott-Glauben her kaum Grundsätzliches einzuwenden; sonst hätte es die jüdische Urgemeinde auch gewiss nicht vertreten.

Würde die Gottessohnschaft auch heute wieder in ihrem ursprünglichen Verständnis vertreten, so bräuchte, scheint es, vom jüdischen oder islamischen Monotheismus her wenig Grundsätzliches eingewendet zu werden. Für Juden, Muslime, aber auch für Christen ist der Ausdruck »Mensch gewordener Gott« irreführend. Biblisch korrekt wird man mit Paulus von der »Sendung des Gottes-*Sohnes*« oder mit Johannes von der »Fleischwerdung« des »Gottes-*Wortes*« reden. Jesus ist in menschlicher Gestalt Gottes »Wort«, Gottes »Wille«, Gottes »Bild«, Gottes »Sohn«.

Unter diesen Voraussetzungen könnte die Rede von *Vater, Sohn und Geist* vielleicht auch für Juden und Muslime leichter verständlich sein. Ich versuche es in drei Sätzen zusammenzufassen, was mir vom Neuen Testament her, für heute überlegt, der biblische Kern der traditionellen Trinitätslehre zu sein scheint:

– An Gott, den *Vater*, glauben, heißt, an den einen Gott, Schöpfer, Bewahrer und Vollender von Welt und Mensch glauben: Diesen Glauben an den einen Gott haben Judentum, Christentum und Islam gemeinsam.

– An den *Heiligen Geist* glauben, heißt, an Gottes wirksame Macht und Kraft in Mensch und Welt glauben: Auch dieser Glaube an Gottes Geist kann Juden, Christen und Muslimen gemeinsam sein.

– An den *Sohn* Gottes glauben, heißt, an des einen Gottes Offenbarung im Menschen Jesus von Nazaret glauben, der so Gottes Wort, Bild und Sohn ist. Über diese entscheidende Differenz müsste gerade unter den drei prophetischen Religionen weiter gesprochen werden.

Sturz der Götter

So sind verschiedene zeitgenössische Würdetitel und mythische Symbole im Namen Jesu gleichsam getauft worden: um mit seinem Namen bei verändertem Gehalt verbunden zu bleiben, ihm zu Dienst zu sein und seine einzigartige maßgebliche Bedeutsamkeit für die Menschen jener Zeit und nicht nur jener Zeit verständlich zu machen. Sie waren nicht von vornherein verständliche Ausweise, sondern auf ihn zeigende Hinweise. Nicht a priori unfehlbare Definitionen, sondern aposteriorische Explikationen dessen, was er ist und bedeutet.

Ja, sie sind, wie sich eben bei den einzelnen Titeln zeigte, noch mehr: Sie definieren und explizieren nicht nur theologisch-theoretisch Jesu Wesen, Natur, Person. Sie sind nicht nur friedlich-liturgische oder harmlos-missionarische, sie sind zugleich höchst kritische und polemische Akklamationen und Proklamationen. Stillschweigende oder gar ausdrückliche *Kampfansagen gegen alle*, die sich, ihre Macht und Weisheit absolut setzen, die fordern, was Gottes ist, *die selber die letztlich Maßgebenden sein wollen*: seien es nun die jüdischen (und später christlichen) Hierarchen, die griechischen Philosophen oder die römischen Imperatoren, seien es die großen oder kleinen Herren, Herrschenden, Machthaber, Messiasse, Göttersöhne. Ihnen allen wird die letzte Maßgeblichkeit abgesprochen und sie dafür jenem Einen zugesprochen, der selber nicht für sich, sondern für die Sache Gottes und des Menschen steht. Insofern haben die nachösterlichen christologischen Ehrentitel eine indirekte gesellschaftliche, politische Bedeutung. Der *Sturz der Götter*, welcher Art auch immer, hatte eingesetzt. Und insofern gerade die Cäsaren (und ihre Nachfolger) immer mehr letzte Maßgeblichkeit beanspruchten, drohte der tödliche und in der Tat dann Jahrhunderte andauernde Konflikt mit der römischen Staatsmacht (und späteren Mächten). Wo immer Cäsar forderte, was Gottes ist – aber auch nur dort –, musste für die Christen das große Entweder-oder gelten: »aut Christus – aut Caesar«!

Damit ist nun aber auch schon deutlich: *Nicht die Titel an sich* sind das Entscheidende. Nicht an die Titel, *sondern an Jesus selbst* als den definitiv Maßgebenden sollen sich der Glaubende und die Glaubensgemeinschaft in Glauben und Handeln halten. Mit welchen Titeln sie dieses Maßgebende an Jesus ausdrückten, war am Anfang und ist auch heute eine zweitrangige Frage, ist wie damals so auch heute vom soziokulturellen Kontext mitbedingt.

Niemand braucht alle die damaligen Titel zu repetieren und zu rezitieren. Diese sind nun einmal von einer ganz bestimmten, für uns vergangenen Welt und Gesellschaft geprägt und haben sich unterdessen – wie immer, wenn Sprache konserviert wird – verändert. Niemand braucht aus den verschiedenen Titeln und den damit verbundenen Vorstellungen eine einzige Christologie zusammenzubauen. Als ob wir statt vier Evangelisten nur einen einzigen, statt vieler apostolischer Briefe nur eine einzige neutestamentliche Dogmatik hätten. Der Glaube an Jesus lässt viele Glaubensaussagen über ihn zu: der Christusglaube ist einer, und der Christologien sind viele. So wie der Gottesglaube einer ist und der Theologien viele sind.

Zu einer Bilder- oder Titelstürmerei ist mit all dem nicht aufgerufen, wohl aber zu einer *Übersetzung* der Titel und Vorstellungen von damals in die heutige Zeit und Sprache hinein, wie es in diesem ganzen Buch versucht wird: damit der Christusglaube derselbe bleibe, damit heute unverständliche oder gar irreführende Begriffe und Vorstellungen die Annahme und das Leben der Christusbotschaft nicht erschweren oder gar verhindern. Solche Übersetzung bedeutet nicht einfach Abschaffen alter Titel und Glaubensbekenntnisse, bedeutet nicht Absehen von der langen christologischen Tradition oder gar von deren biblischem Ursprung. Im Gegenteil: Jede gute *Übersetzung* muss sich am Urtext orientieren und von den Fehlern und Stärken früherer Übersetzungen lernen. Jede gute Übersetzung darf aber auch nicht nur mechanisch nachreden, sondern muss schöpferisch die Möglichkeiten der neuen Sprache erspüren und ergreifen. Vor neuen Bezeichnungen Jesu braucht man ebenso wenig Scheu zu haben wie vor den alten, die vielfach die schlechtesten nicht waren, sondern die Sache erstaunlich gut getroffen haben.

Wer in der nationalsozialistischen Zeit öffentlich das Bekenntnis ablegte, dass es in der Kirche nach wie vor nur einen maßgebenden »Herrn« (»Führer«) gibt, wurde – wie zwar nicht der katholische oder lutherische Episkopat, wohl aber Karl Barth, die »Bekennende Kirche« und die Synode von Barmen – ebenso gut verstanden wie diejenigen Christen, die beinahe 2000 Jahre früher vor römischen Tribunalen das Bekenntnis »Herr ist Jesus« ablegten. Bezahlen, oft teuer bezahlen, muss man für solche gesprochenen und gelebten Bekenntnisse nicht nur in Märtyrerzeiten, sondern auch in Wohlstandszeiten. Wo immer man mit Berufung auf Jesus die *Anbetung der Götzen der Zeit* – und es gibt ihrer viele – ablehnt. Nicht für christologische Titel und Prädikate, Formeln und Sätze braucht der Christ mit seinem Leiden oder in extremis mit seinem Leben zu bezahlen, wohl aber für diesen Jesus Christus selbst und für das, wofür er maßgebend stellvertretend gutsteht: die Sache Gottes und des Menschen.

VII. Folgen für eine christliche Lebenspraxis

Allzu oft – die Geschichte der christlichen Kirche, Theologie und Spiritualität beweist es – ging das *Christsein auf Kosten des Menschseins.* Aber ist das echtes Christsein? Für viele gab es dann nur eine einzige Alternative: *Menschsein auf Kosten des Christseins.* Aber ist das echtes Menschsein? Von den neuen Einsichten in die Entwicklung der menschlichen Gesellschaft und der Neubesinnung auf die christliche Botschaft her, wie wir sie kennengelernt haben, drängt sich eine Neubestimmung des Verhältnisses auf: Wie verhalten sich gerade im Hinblick auf das Handeln Menschsein und Christsein? So muss jetzt die Frage des Anfangs leitmotivisch wiederkehren.

Vor lauter Selbst-Verleugnung und Selbst-Entäußerung, so erscheint es manchen Nichtchristen, vernachlässige der Christ seine *Selbst-Verwirklichung.* Der Christ wolle zwar für die Menschen da sein, sei aber zu oft selber zu wenig Mensch. Er wolle gutwillig andere retten und habe selber nie richtig schwimmen gelernt. Er verkünde die Erlösung der Welt, die Bedingtheit der Umwelt aber erkenne er nicht. Er habe große Programme der Liebe, seine eigene Vorprogrammierung aber durchschaue er nicht. Er kümmere sich um die Seele der Anderen, die Komplexe seiner eigenen Psyche aber verkenne er. Solche Überbewertung und Überforderung

273

von Nächstenliebe, Dienst, Hingabe führe denn nur zu leicht zum Scheitern, zu Resignation und Frustration.

Normen des Menschlichen

In der Tat: Ist nicht der *Mangel an Menschsein* der Grund, weswegen das Christsein so oft nicht für voll genommen wird? Ist nicht der Mangel an echter, voller Menschlichkeit gerade bei offiziellen Repräsentanten und Exponenten der Kirchen der Grund, weswegen das Christsein als echte menschliche Möglichkeit missachtet oder zurückgewiesen wird? Ist nicht eine *optimale Entfaltung der einzelnen Person* anzustreben: eine Humanisierung der ganzen Person in allen ihren Dimensionen, auch der Trieb- und Gefühlsschichten? Das Christsein müsste durch Menschsein abgedeckt sein. Nicht auf Kosten, sondern zugunsten des Menschlichen muss das Christliche zur Geltung gebracht werden.

Dieses Menschliche aber ist heute mehr denn je in seinem *gesellschaftlichen Wandel* zu sehen. Früher hat die christliche Moraltheologie die Kriterien des Menschseins und die Normen des menschlichen Handelns einfach aus einer unveränderlichen allgemeinen Menschennatur scheinbar evident und stringent deduziert. Und hat sie als ewig gültig dann auch entsprechend apodiktisch vertreten. In unserer zunehmend vom Menschen selbst auf Zukunft hin geplanten und gestalteten Geschichte einer dynamisierten Gesellschaft aber, so erkennt auch immer deutlicher die theologische Ethik, ist das unmöglich geworden. Man kann nicht mehr von einem tradierten und einfach passiv akzeptierten System ewiger, starrer, unwandelbarer sittlicher Normen ausgehen. Vielmehr muss immer wieder neu bei der konkreten dynamischen, wandelbaren, komplexen Wirklichkeit des Menschen und der Gesellschaft eingesetzt werden. Und zwar so, wie diese vielschichtige Wirklichkeit heute nach

strengen wissenschaftlichen Methoden möglichst vorurteils-
los auf ihre Sachgesetzlichkeiten und Zukunftsmöglichkei-
ten hin untersucht worden ist. Zu komplex ist das moderne
Leben geworden, als dass man bei der Bestimmung ethischer
Normen (etwa bezüglich wirtschaftlicher Macht, Sexualität,
Aggressivität) in naiver Wirklichkeitsblindheit von den wissenschaftlich gesicherten empirischen Data und Einsichten
absehen dürfte. Keine Ethik also ohne engen Kontakt mit
den Humanwissenschaften: mit Psychologie, Soziologie,
Verhaltensforschung, Biologie, Kulturgeschichte und mit der
philosophischen Anthropologie. Die Humanwissenschaften
bieten eine wachsende Fülle von gesicherten anthropologi-
schen Erkenntnissen und handlungsrelevanten Informatio-
nen: überprüfbare Entscheidungshilfen, die freilich letzte
Fundierungen und Normierungen des menschlichen Ethos
nicht zu ersetzen vermögen.

Nur relativ wenige Menschen, darin irrt man wohl nicht,
sind fähig, die unübersehbaren modernen Informations-
und Kommunikationsmöglichkeiten so zu nützen, dass sie
zu einem völlig eigenständigen kritischen Verhalten in der
Gesellschaft kommen. Und selbst der kritischste und eigen-
ständigste Mensch richtet sich nicht einfach nach Normen,
die er allein rational gefunden und begründet hat. Kein
Mensch fängt ja bei null an. Und dies nicht nur wegen seiner
Umweltbestimmtheit, seinem Vorprogrammiert- und Trieb-
gesteuertsein: Er steht in einer Gemeinschaft, in einer Tradition. Schon vor ihm versuchten Menschen, in ihren vielfältigen Verhältnissen menschenwürdig zu leben. Normatives
menschliches Verhalten wird wesentlich durch Menschen
vermittelt, und das geschieht in echt menschlicher Weise
durch Worte, Taten, Handlungsvollzüge und Haltungen, die
nicht von allgemeinen Wahrheiten abgeleitet werden können, sondern sich sehr konkret aus einer komplexen Spannung zwischen intellektueller Überlegung und unmittelba-

rem Engagement ergeben: immer ein riskiertes Ethos, dessen Tragfähigkeit sich an den Folgen, an den »Früchten« messen lässt. Was hier auf vielfältigste Weise expliziert und illustriert werden könnte, soll nur mit einem Satz festgehalten werden: *Das Wissen um das Gute, seine Normen, Modelle, Zeichen, wird dem Einzelnen sozial vermittelt.*

Deshalb kann denn auch weder eine philosophische noch eine theologische Ethik ein Ethos einfach schaffen und es als verpflichtend einer Allgemeinheit auferlegen. Als Wissenschaft kann philosophische und theologische Ethik Raum und Grenzen abstecken, sie kann Hindernisse ausräumen, Erfahrungen aufarbeiten, Vorurteile aufklären, wahres und falsches, echtes und heuchlerisches Ethos in die Krise führen. Sie kann helfen, die Rezeption neuer ethischer Normen vernünftig zu steuern. Sie kann, indem sie die vielfältigen Erkenntnisse der Humanwissenschaften integriert, neue Impulse, Fragen und Möglichkeiten anbieten, aufgrund deren menschliches Ethos neue Dimensionen gewinnt, der Gegenwart und der heraufkommenden Zukunft besser und schneller gerecht wird. Aber durch alles dies sollen und können die Freiheit der Zustimmung, die Kraft der Erfahrung und erst recht die Macht des überzeugenden Wortes nicht ersetzt werden, vielmehr werden sie provoziert.

Sollte also ein Mensch nicht gut daran tun, die Erfahrungen und Maximen einer Gemeinschaft, der großen humanen und religiösen Traditionen, des Erfahrungsschatzes seiner eigenen Väter zu nutzen, um seine eigenen Probleme, die Fragen seiner eigenen Lebensgestaltung, Normen und Motivationen zu erhellen?

Aus der persönlichen Verantwortung für sein Tun und für seine Lebensmaximen wird der Mensch sich nie herausstehlen können. Aber gerade deshalb ist es für ihn außerordentlich wichtig zu entscheiden, von wem er sich etwas sagen lässt, von *wem* er sich *das Entscheidende* sagen lässt.

Der Christ, das ist aus allem Vorausgegangenen völlig deutlich, lässt sich auch für das praktische Handeln das Entscheidende von *Jesus Christus* sagen. Und »folgt ihm nach«. Aber:

Was meint Nachfolge?

Nicht etwa nur historisch, sondern auch sachlich bleiben christliche Verkündigung und christliches Handeln an seine Person gebunden. Den Platonismus mag man als Lehre von Platon und seinem Leben lostrennen, den Marxismus als System von Marx und seinem Tod. Bei Jesus von Nazaret aber, so sahen wir von Anfang bis Ende, bildet die Lehre mit seinem Leben und Sterben, mit seinem Geschick derart eine Einheit, dass ein abstrahierter allgemeiner Ideengehalt nicht mehr wiedergibt, worum es wirklich ging. Schon für den irdischen Jesus und erst recht für den in Gottes Leben eingegangenen und von Gott Bestätigten kommen Person und Sache voll zur Deckung:
– Wäre das Ende seiner Verkündigung, seines Verhaltens, seiner Person einfach das Fiasko, das Nichts und nicht Gott, so wäre sein Tod die Desavouierung seiner Sache: es wäre dann auch nichts mit seiner Sache, die die Sache Gottes (und nur so die Sache des Menschen) zu sein beansprucht.
– Ist aber sein Ende das ewige Leben mit Gott, so ist und bleibt er selber in Person das lebendige Zeichen dafür, dass auch seine Sache Zukunft hat, Einsatz erwartet, *Nachfolge* verdient. Es darf dann niemand behaupten, er glaube an Jesus, den Lebendigen, ohne sich in Taten zu seiner Sache zu bekennen. Und es kann auch umgekehrt niemand seine Sache betreiben, ohne zu ihm faktisch in eine Beziehung der Nachfolge und Gemeinschaft zu treten.
Nachfolge unterscheidet die Christen von anderen Schülern und Anhängern großer Männer, insofern für die Chris-

ten eine letzte Verwiesenheit an diese Person, nicht nur ihre Lehre, sondern auch ihr Leben, Sterben und neues Leben, gegeben ist. Kein Marxist oder Freudianer würde das für seinen Lehrer beanspruchen wollen. Obwohl Marx und Freud ihre Werke persönlich verfasst haben, können diese auch ohne eine besondere Bindung an ihre Person studiert und befolgt werden. Ihre Werke, ihre Lehre sind von ihrer Person grundsätzlich ablösbar. Die Evangelien, die »Lehre« (Botschaft) Jesu aber, versteht man in ihrer eigentlichen Bedeutung erst, wenn man sie im Lichte seines Lebens, Sterbens und neuen Lebens sieht: seine »Lehre« ist im ganzen Neuen Testament von seiner Person nicht ablösbar. Jesus ist so für die Christen gewiss ein Lehrer, aber auch zugleich entschieden mehr als ein Lehrer: er ist *in Person die lebendige, maßgebende Verkörperung seiner Sache.*

»Nachfolgen« – im Neuen Testament gibt es bezeichnenderweise nur das Tätigkeitswort – meint ein »Hinterihmhergehen«, jetzt freilich nicht mehr äußerlich mit ihm quer durchs Land ziehen wie zu Jesu Lebzeiten, aber doch im Zeichen der gleichen Gefolgschaft und Jüngerschaft in Beziehung zu ihm treten, sich auf Dauer an ihn anschließen und sein Leben nach ihm ausrichten. Das heißt Nachfolge: *sich auf ihn und seinen Weg einlassen und nach seiner Wegweisung seinen eigenen Weg* – jeder hat seinen eigenen – *gehen.* Diese Möglichkeit wurde von Anfang an als die große Chance angesehen: kein Müssen, sondern ein Dürfen. Eine echte Berufung also zu einem solchen Lebensweg, eine wahre Gnade, die nichts voraussetzt als das eine, dass man sie vertrauend ergreift und sein Leben danach einstellt.

Auch Kreuzesnachfolge?

Missbrauchtes Kreuz: Leider ist gerade dieses Tiefste und Stärkste im Christentum in Verruf gekommen durch die

»Frommen«, die, wie Nietzsche höhnte, als »Dunkler und Munkler und Ofenhocker« krumm »zum Kreuze kriechen« und alt und kalt geworden alle »Morgen-Tapferkeit« verloren haben. Und so meint denn »zu Kreuze kriechen« im heutigen Sprachgebrauch so etwas wie klein beigeben, sich nicht trauen, nachgeben, stumm den Nacken beugen, sich ducken, unterwerfen, ergeben. Und »sein Kreuz tragen« meint dann ebenfalls sich ergeben, sich demütigen, sich verkriechen, sich nicht mucksen, die Fäuste in die Tasche stecken ... Das Kreuz, ein Zeichen für Schwächlinge und Duckmäuser. Dies war doch wohl nicht gemeint, wenn Paulus das Kreuz zwar für die Heiden einen Unsinn und die Juden einen Skandal, für die Glaubenden aber eine »Gotteskraft« nannte!

Offizielle Verkündiger des Wortes haben zu einem nicht geringen Teil die Schuld, wenn die »Frommen« das Kreuz als Entwürdigung des Menschen missverstehen. Wie viel Schindluder hat man mit dem Kreuz getrieben! Wozu musste das Kreuz in den Kirchen alles herhalten! Wie oft hat man die Lasten kirchlicher Lehren (Beispiel: Verbot der Empfängnisverhütung) und Tradition (Beispiel: Zölibat) als gottgewollte Kreuze zu rechtfertigen versucht und hat in all dem die Gegner ihrer autoritären Kirchenleitung – die eigenen Pfarrer, Kapläne, Laien und Theologen – der »Entleerung des Kreuzes« verdächtigt. Das Kreuz als Holzhammer ...

Missverstandenes Kreuz: Nicht weniger schwerwiegend als die primitiven Entstellungen der Kreuzesnachfolge sind die subtileren Missverständnisse der Kreuzespredigt:

– Kreuzesnachfolge meint *nicht folgenlose kultische Anbetung*, keine tausendfach gedankenlos repetierten Kreuz-Zeichen, keine Kruzifixe als pure Traditions- und Schmuckstücke, keine fromme Vereinnahmung für kommerzielle Zwecke.

– Kreuzesnachfolge meint auch *nicht mystische Versenkung*: kein in Gebet und Meditation verkrampftes privatisiertes Miterleiden auf gleicher Ebene, kein Einswerden mit Jesu seelisch-leiblichen Schmerzen in frommer Anbetung und Verniedlichung.

– Kreuzesnachfolge meint schließlich *nicht buchstäbliche Nachahmung* des Lebensweges Jesu, meint nicht getreue Kopie des Modells seines Lebens, Verkündigens und Sterbens, nicht die gleichen Schmerzen, Leiden und die gleichen Wunden geschlagen bekommen.

Verstandenes Kreuz: Kreuzesnachfolge meint, nicht Jesu Kreuz, sondern das eigene Kreuz auf sich zu nehmen, im Risiko der eigenen Situation und in der Ungewissheit der Zukunft seinen eigenen Weg zu gehen. Am Kreuz hängen viele: nicht nur gescheiterte Revolutionäre, Gefangene, zum Tod Verurteilte, nicht nur die unheilbar Kranken, die völligen Versager, die Lebensmüden und die an sich selbst und an der Welt Verzweifelten. Am Kreuz hängen viele: von Sorgen gequält und von Mitmenschen geplagt, von Ansprüchen erdrückt und von Langeweile ausgehöhlt, von Angst gepresst und von Hass vergiftet, von Freunden vergessen und von den Medien verschwiegen … Ja, hängt nicht jeder an seinem eigenen Kreuz?

Oft ist Schweigen angebrachter angesichts des unartikulierbaren Leidens. Wie oft einem die Antworten im Munde stecken bleiben, wie schwer der Trost zu buchstabieren ist, hat jeder in seinem eigenen Leben erfahren können angesichts von Krankheit und Tod, angesichts all der Fragen des Warum und Wozu. Doch gerade auch die Erfahrung dieser extremen menschlichen Situationen drängt zum Wort, drängt zur klärenden, tröstenden, verarbeitenden Sprache. Trauerarbeit tut not, und sie ist bei aller materiellen und seelischen Hilfe wesentlich sprachlich strukturiert. Der Christ steht vom Kreuz Christi her nicht stumm da, ohne Antwort, obwohl gerade hier vor allem Formelhaften zu warnen ist. Der Christ steht nicht stumm da, wenn er den Gekreuzigten sprechen lässt. Was hat er zu sagen? Inwiefern soll er helfen?

1. *Das Leid nicht suchen, sondern ertragen*: Jesus hat das Leid nicht gesucht, es wurde ihm aufgezwungen. Wer immer selbstquälerisch Schmerz und Leid geradewegs herbeisehnt oder gar sich selber zufügt, ist nicht auf der Linie der Kreuzesnachfolge Jesu. Schmerz ist und bleibt Schmerz, Leid ist und bleibt Leid: das soll man nicht umdeuten, ihm gar masochistisch Lust abgewinnen wollen. Leid und Schmerz sind und bleiben ein Angriff auf den Menschen. Wer mit Jesus gehen will, der nehme nicht Jesu Kreuz auf sich, auch nicht irgendein Kreuz, sondern sein eigenes Kreuz auf sich und folge ihm nach. Nicht in mönchischer Askese oder in romantischem Heroismus außerordentliches Leid suchen, ist christlich. Sondern – was wegen seiner öfteren Wiederkehr meist schwieriger ist als ein heroischer Akt – das *gewöhnliche*, das normale, das alltägliche und gerade hier dann freilich oft übergroße Leid ertragen: das ist dem an den Gekreuzigten Glaubenden aufgetragen. Also das *Kreuz des Alltags*! Wie wenig erbaulich und selbstverständlich das gemeint ist, wird jedem klar, der erfahren hat, wie oft der Mensch sich vor seinem eigenen Kreuz, all seinen täglichen Verpflichtungen, Forderungen, Ansprüchen, Versprechen in Familie und Beruf zu drücken oder sein Kreuz abzuschieben oder zu verdrängen versucht. Von daher wird das Kreuz Jesu zu einem Kriterium für selbstkritisches Erkennen und selbstkritisches Handeln.

2. *Das Leid nicht nur ertragen, sondern bekämpfen*: Eine stoische Lebensapathie, die ein möglichst affektloses Ertragen der eigenen Leiderfahrungen und das überlegene Vorbeiziehenlassen fremden Leids ohne innere Anteilnahme als Ideal verkündet, steht ebenfalls nicht auf der Linie der Kreuzesnachfolge Jesu. Sowohl seinem eigenen wie fremdem Leid gegenüber hat Jesus seinen Schmerz nicht unterdrückt. Zeichenhaft ist er gegen die Mächte des Bösen, der Krankheit und des Todes in der so gar nicht heilen Welt

angegangen. Die Botschaft Jesu kulminiert in der Nächstenliebe, unvergesslich eingeprägt in der Parabel von der Pflege
des unter die Räuber Gefallenen und im kritischen Maßstab
des Endgerichts: Einsatz für die Hungernden, Dürstenden,
Nackten, die Fremden, Kranken und Gefangenen. Von daher
hat die junge Glaubensgemeinschaft die tatkräftige Sorge um
die Leidenden von Anfang an als eine besondere Aufgabe
erkannt. Nie wird der Christ Argumente seines Glaubens
dafür bemühen, um sich von der tätigen Mitarbeit in der
Gesellschaft zu dispensieren und, statt die gesellschaftliche
Wirklichkeit zu verändern, auf ein Jenseits zu vertrösten.
Der Glaube an Gott, das Gebet, das immer Grundlage seiner
Arbeit sein wird, werden nie ein Refugium sein dürfen für
einen defaitistischen, dem Leid gegenüber resignierenden
oder auch nur himmlisch träumenden Christen. Nüchternheit und Realistik in der Einschätzung der immer beschränk-
ten persönlichen und gesellschaftlichen Möglichkeiten für
die Änderung von Verhältnissen sind notwendig, um den
Christen im Bekämpften des Leides vor einem leidverges-
senen Pragmatismus und einem illusionären Aktionismus
zu bewahren.

3. *Das Leid nicht nur bekämpfen, sondern verarbeiten*: Vom
Kreuz Jesu Christi her wird den Menschen die Möglichkeit
eröffnet, das Leid und seine Ursachen nicht nur punktuell
aufzulösen und zu beseitigen, sondern auch positiv zu ver-
wandeln und zu verarbeiten. Auch wer sich auf Jesu Weg
einlässt und im Alltag sein eigenes Kreuz nüchtern auf sich
nimmt, kann das Leid nicht schlechthin besiegen und beseitigen. Aber er kann es im Glauben durchstehen und bewältigen. Nie wird er dann vom Leid einfach erdrückt und im
Leid verzweifelt untergehen. Wenn Jesus im äußersten Leid
der Menschen- und Gottesverlassenheit nicht unterging,
dann wird auch der, der in vertrauendem Glauben sich an
ihn hält, nicht untergehen. Denn ihm ist im Glauben Hoff-

nung gegeben: dass das Leid nicht einfach das Definitive, das Letzte ist. Das Letzte ist auch für ihn ein Leben ohne Leid, das freilich weder er selbst noch die menschliche Gesellschaft je verwirklichen werden, sondern das er von der Vollendung, vom geheimnisvollen ganz Anderen, von seinem Gott erwarten darf: alles Leid definitiv aufgehoben in ewigem Leben.

Des Menschen Dasein, in welchem Gesellschafts- und Wirtschaftssystem auch immer, ist ein durchkreuztes, ein durch das Kreuz – durch Schmerz, Sorge, Leid und Tod – bestimmtes Geschehen. Erst vom Kreuze Jesu her aber bekommt das durchkreuzte Dasein des Menschen einen Sinn. Nachfolge ist immer, manchmal verborgen, manchmal offenkundig, leidende Nachfolge, Kreuzesnachfolge. Lässt sich der Mensch darauf ein? Unter seinem Kreuz ist er Jesus dem Gekreuzigten, seinem Herrn, am nächsten. In seiner eigenen Passion ist er in die Passion Jesu Christi gestellt. Und gerade dies ermöglicht ihm in allem Leid eine letzte souveräne Überlegenheit. Denn kein Kreuz der Welt kann das *Sinn-Angebot* widerlegen, das im Kreuz des zum Leben Erweckten ergangen ist: dass auch das Leid, dass auch äußerste Bedrohung, Sinnlosigkeit, Nichtigkeit, Verlassenheit, Einsamkeit und Leere von einem mit dem Menschen solidarischen Gott umfangen sind und so dem Glaubenden ein Weg zwar *nicht am Leid vorbei*, wohl *aber durch das Leid hindurch* eröffnet ist. Gerade so ist er bereit zum Kampf gegen das Leid und seine Ursachen, im Leben des Einzelnen wie in der menschlichen Gesellschaft.

Damit ist schon deutlich geworden, dass eine historische Person zumindest in solchem leidvollen Zusammenhang anders zu überzeugen vermag als eine unpersönliche Idee, ein abstraktes Prinzip, eine allgemeine Norm, ein rein gedankliches System.

Konkrete Person statt abstraktes Prinzip

1. Als konkrete geschichtliche Person besitzt Jesus eine *Anschaulichkeit*, die ewigen Ideen, abstrakten Prinzipien, allgemeinen Normen, gedanklichen Systemen abgeht.

Ideen, Prinzipien, Normen, Systemen fehlen die Bewegtheit des Lebens, die bildliche Fassbarkeit und der unerschöpfliche, nicht auszudenkende Reichtum der empirisch-konkreten Existenz. Bei aller Klarheit und Bestimmtheit, Einfachheit und Stabilität, Denkbarkeit und Aussagbarkeit erscheinen Ideen, Prinzipien, Normen, Systeme losgelöst, abstrahiert vom Konkret-Einzelnen und deshalb einfarbig und entrealisiert: Aus der Abstraktion folgen oft Undifferenziertheit, Starrheit und relative Inhaltsleere, alles angekränkelt durch die Blässe des Gedankens.

Eine konkrete Person aber regt nicht nur das Denken und den kritisch-rationalen Diskurs an, sondern immer neu auch Phantasie, Einbildungskraft und Emotionen, Spontaneität, Kreativität und Innovation, kurz alle Schichten des Menschen. Eine Person kann man malen, ein Prinzip nicht. Eine Person ermöglicht, in eine unmittelbare existentielle Beziehung zu ihr zu treten: Von ihr kann man erzählen und nicht nur über sie räsonieren, argumentieren, diskutieren und theologisieren. Und wie keine Geschichte durch abstrakte Ideen ersetzt werden kann, so kein Erzählen durch Proklamieren und Appellieren, keine Bilder durch Begriffe, kein Ergriffenwerden durch Begreifen. Die Person lässt sich nicht auf eine Formel bringen.

Nicht ein Prinzip, nur eine lebendige Gestalt kann anziehend, im tiefsten und umfassendsten Sinn des Wortes »attraktiv« sein: verba docent, exempla trahunt, Worte lehren, Beispiele reißen mit. Nicht umsonst spricht man von einem »leuchtenden« Vorbild. Die Person macht eine Idee, ein Prinzip sichtbar: sie verleiblicht, »verkörpert« diese Idee, dieses Prinzip, dieses Ideal. Der Mensch »weiß« dann nicht nur davon, er sieht es »anschaulich« vorgelebt. Es wird ihm zwar nicht eine abstrakte Norm vorgeschrieben, wohl aber ein konkretes Maß gesetzt. Es werden ihm nicht nur einzelne Richtlinien gegeben, sondern es wird ihm eine konkrete Zusammenschau des Ganzen seines Lebens ermöglicht. So soll er nicht nur ein allgemeines »christliches« Programm, Gesetz, Ideal übernehmen oder nur eine allgemeine »christliche« Lebensgestaltung realisieren, sondern er kann zu diesem Christus Jesus selber Vertrauen fassen und sein Leben nach seinem Maß einzurichten versuchen. Dann erweist sich Jesus, mit allem, was er maßgebend ist und bedeutet, als weit mehr denn nur als ein »leuchtendes Vorbild«, vielmehr als das wahre »Licht der Welt«.

2. Als konkrete geschichtliche Person besitzt Jesus eine *Vernehmbarkeit*, der gegenüber Ideen, Prinzipien, Normen und Systeme als stumm erscheinen.

Ideen, Prinzipien, Normen und Systeme haben weder Wort noch Stimme. Sie können nicht rufen, nicht berufen. Sie können weder ansprechen noch in Anspruch nehmen. Aus sich haben sie keine Autorität. Sie sind angewiesen auf jemanden, der ihnen Autorität verschafft. Sonst bleiben sie unbeachtet und folgenlos.

Eine konkrete geschichtliche Person hat ihren unverwechselbaren Eigennamen. Und der Name Jesus – oft mit Mühe und in Scheu ausgesprochen – kann eine Macht, einen Schutz, eine Zuflucht, einen Anspruch bedeuten: weil er gegen alle Unmenschlichkeit, Unterdrückung, Unwahrhaftigkeit und Ungerechtigkeit für Menschlichkeit, Freiheit, Gerechtigkeit, Wahrheit und Liebe steht. Eine konkrete geschichtliche Person hat Wort und Stimme. Sie kann rufen und berufen: Und die Nachfolge Jesu Christi beruht wesentlich auf einem Aufgerufensein durch seine Gestalt und ihren Weg, also auf einer – heute durch Menschenwort vermittelten – Berufung. Eine konkrete geschichtliche Person kann ansprechen und in Anspruch nehmen: Und die Nachfolge Jesu Christi führt wesentlich zum Gefordertsein durch seine Person und ihr Geschick, zur Verpflichtung auf einen bestimmten Weg. Durch das vermittelte Wort kann sich eine geschichtliche Person auch über den Abstand der Jahrhunderte vernehmen lassen. Und der Mensch mit seiner vernehmenden Vernunft ist aufgerufen, in verstehendem Glauben vom Wort Jesu Christi geleitet, eine Deutung des Menschenlebens zu versuchen und dieses Menschenleben zu gestalten.

Nicht ein Prinzip, nur eine lebendige Gestalt kann in umfassender Weise *fordernd* wirken: Nur sie kann einladen, auffordern, herausfordern. Die Person Jesu Christi zeichnet sich nicht nur durch Anschaulichkeit und Leuchtkraft aus, sondern auch durch praktische Richtungsweisung. Sie kann die Personmitte eines Menschen zur freien existentiellen Begegnung provozieren, sie kann jenes Grund- und Gottvertrauen aktivieren, aus welchem heraus der Mensch fähig wird, sich »von Herzen« auf Einladung und Anspruch dieser Person einzulassen. Sie weckt den Wunsch, entsprechend handeln zu können, und zeigt einen gangbaren Weg zur Verwirklichung im Alltag. Und sie verfügt über jene Autorität und jenen Vertrauensvorschuss, der auch dann nach ihr handeln lässt, wenn im Einzelfall nicht immer voll rational bewiesen werden kann, warum ein solches Verhalten sinnvoll und wertvoll ist. So erweist sich denn Jesus mit allem, was er ist und bedeutet, nicht nur als »das Licht«, sondern als das unter den Menschen wohnende »Wort« Gottes.

3. Als konkrete geschichtliche Person zeigt Jesus eine *Realisierbarkeit*, wogegen Ideen oft als unerreichbare Ideale, Normen als unrealisierbare Gesetze, Prinzipien und Systeme als wirklichkeitsferne Utopien erscheinen.

Ideen, Prinzipien, Normen und Systeme sind selber nicht die Wirklichkeit, die zu regulieren und zu ordnen sie da sind. Sie bieten nicht Verwirklichung, sie verlangen nach ihr. Aus sich haben sie keine Realität in der Welt, sie sind angewiesen auf jemanden, der sie realisiert.

Eine geschichtliche Person aber ist von unbestreitbarer Realität, auch wenn sie verschieden interpretiert werden kann. Dass Jesus existiert hat, dass er eine sehr bestimmte Botschaft verkündet, ein sehr bestimmtes Verhalten gezeigt, dass er bestimmte Ideale verwirklicht, ein sehr bestimmtes Geschick erlitten und durchgestanden hat, lässt sich nicht bestreiten. Bei seiner Person und seinem Weg geht es nicht um eine vage Möglichkeit, sondern um eine historische Wirklichkeit. Und anders als eine Idee oder Norm kann eine historische Person nicht schlechthin »überholt« werden durch eine andere: Sie ist unersetzbar ein für alle Mal sie selbst. Mit dem Blick auf die historische Person Jesu darf der Mensch wissen, dass sein Weg zu gehen und durchzuhalten *ist*. Es wird hier also nicht einfach ein Imperativ auferlegt: Du sollst den Weg gehen und dich rechtfertigen, dich befreien! Es wird ein Indikativ vorausgesetzt: Er *ist* den Weg gegangen, und du *bist* – im Blick auf ihn – gerechtfertigt, befreit.

Nicht ein Prinzip, nur eine lebendige Gestalt kann in dieser umfassenden Weise *ermutigend* wirken. Nur sie kann in dieser Weise die Möglichkeit der Realisierung bezeugen. Nur sie kann in dieser Weise zu Befolgung anregen: indem sie das Vertrauen ermöglicht und stärkt, den Weg auch gehen zu können; indem sie den Zweifel an der eigenen Kraft zum guten Handeln zerstreut. Damit ist freilich ein neues Maß gesetzt worden: nicht nur ein äußeres Ziel, ein zeitloses Ideal, eine allgemeine Verhaltensnorm, sondern eine Wirklichkeit, eine erfüllte Verheißung, die nur vertrauensvoll angenommen werden soll. Normen haben eine Tendenz zum Minimum, Jesus zum Maximum – aber doch derart, dass der Weg zumutbar und dem Menschen gemäß bleibt. So erweist sich denn Jesus selber in allem, was er ist und bedeutet, für den Menschen nicht nur als »Licht« und »Wort«, sondern geradezu als »der Weg, die Wahrheit und das Leben«.

Also wirkt Jesus als die maßgebende konkrete Person: in ihrer Anschaulichkeit, Vernehmbarkeit und Realisierbarkeit, anziehend, fordernd, ermutigend. Und ist nun mit diesem »Licht« und diesem »Wort«, mit diesem »Weg«, dieser »Wahrheit« und diesem »Leben« nicht schon klar ausgesagt, was für christliches Handeln, für christliche Ethik das Entscheidende ist: das Kriterium des Christlichen, das unterscheidend Christliche, das viel diskutierte »Proprium Christianum«? Und wie verhält sich dieses zum allgemein Menschlichen, zum »universalen Humanum«?

Christliches Ethos und Weltethos

Auch in der Ethik sucht man vergeblich nach dem unterscheidend Christlichen, wenn man es abstrakt in irgendeiner Idee oder einem Grundsatz, wenn man es einfach in irgendeiner Gesinnung, einem Sinnhorizont, einer neuen Disposition oder Motivation sucht. Handeln aus »Liebe« etwa oder in »Freiheit«, Handeln im Horizont einer »Schöpfung« oder »Vollendung« – das können schließlich auch andere, Juden, Moslems, Humanisten verschiedenster Art. Das Kriterium des Christlichen, das unterscheidend Christliche – das gilt wie für die Dogmatik so konsequenterweise auch für die Ethik – ist nicht ein abstraktes Etwas, auch nicht eine Christusidee, eine Christologie oder ein christozentrisches Gedankensystem, sondern ist *dieser konkrete Jesus als der Christus, als der Maßgebende.*

Es ist durchaus legitim, der autonomen Findung oder auch Übernahme ethischer Normen nachzuspüren und die verschiedenen Bezüge zu anderen Normsystemen festzustellen. Es ist so auch legitim, im Ethos Jesu verschiedenen Traditionen nachzugehen, und sinnvoll, hilfreich, ja, mit dem Blick auf die heutige globalisierte Welt sogar notwendig, die *Gemeinsamkeiten* mit anderen, jüdischen oder griechischen, indischen oder chinesischen, Lehrern zu konstatieren und zu reflektieren: Nicht nur einfache ethische Weisungen (etwa Klugheitsregeln), sondern auch bestimmte hochethische Forderungen und besonders die Goldene Regel sind von Jesus keineswegs erstmalig vorgebracht worden, sondern finden sich auch anderswo, schon fünf Jahrhunderte vor Christus beim chinesischen Weisen Konfuzius. Auf diesem empirischen Befund gründet die Idee eines *globalen Menschheitsethos oder Weltethos.*

Auch bei Jesus findet sich schon der Unterschied zwischen einem alle verpflichtenden Grundethos und dem besonderen Ethos der Nachfolge: Er setzt das »Halten der Gebote« voraus; die vier ethischen Weisungen eines Weltethos werden von ihm dem reichen Jüngling gegenüber ausdrücklich genannt. Aber was diesem noch »fehlt«, um »vollkommen« zu sein, ist, die besondere Herausforderung der Nachfolge anzunehmen, wie sie in der Bergpredigt breit entfaltet wird. Der einzigartige Kontext der ethischen Forderungen Jesu ist nicht zu übersehen. Diese sind keine einsamen Höhepunkte und Spitzensätze in einem Wust ethisch wertloser Sätze, allegorischer und mystischer Spekulationen und Spielereien, spitzfindiger Kasuistik und erstarrten Ritualismus. Erst recht darf die Radikalität und Totalität Jesu in seinen Forderungen nicht übersehen werden: die Reduktion und Konzentration der Gebote auf ein Einfaches und Letztes (Dekalog, Grundformel der Gottes- und Nächstenliebe), die Universalität und Radikalisierung der Nächstenliebe im Dienen ohne Rangordnung, Vergeben ohne Ende, Verzichten ohne Gegenleistung, in der Feindesliebe. Dabei entscheidend ist: Man versteht dies alles nicht in seiner vollen Bedeutung, wenn man es nicht im *Ganzen von Person und Geschick Jesu sieht*. Was heißt das?

Man kann in der Musik Wolfgang Amadeus Mozarts die Wurzeln seines Stils und alle die Abhängigkeiten von Leopold Mozart, von Schobert, Johann Christian Bach, Sammartini, Piccini, Paisiello, Haydn und manchen anderen feststellen, aber damit hat man noch nicht das *Phänomen Mozart* erklärt. Man kann bei ihm, der sich mit der gesamten musikalischen Umwelt und der gesamten verfügbaren musikalischen Tradition intensiv auseinandergesetzt hat, in erstaunlicher Universalität und differenziertem Gleichgewicht alle Stile und Gattungen der Musik seiner Zeit finden, man kann »deutsch« und »italienisch«, kann Homophones und Polyphones, Gelehrtes und Galantes, Fortspinnung und Kontrast analysieren und kann sich trotzdem die Einsicht in das Neue, Einzigartige, das spezifisch Mozartsche verbauen: das Neue, Einzigartige, spezifisch Mozartsche ist das *Ganze* in seiner höheren und in der Freiheit des Geistes wurzelnden Einheit, ist *Mozart selbst* in seiner Musik.

Und so können auch in Jesu Ethos alle möglichen Traditionen und Parallelen eruiert und wieder komponiert werden, aber damit hat man noch nicht das *Phänomen Jesus* erklärt. Und man kann Vorrang und Universalität der Liebe bei Jesus betonen und kann im Vergleich etwa mit der jüdischen Ethik die Radikalität der Theozentrik, der Konzentration, Intensität, Verinnerlichung des Ethos Jesu herausarbeiten und zugleich den neuen Sinnhorizont und die neuen Motivationen abheben und hat damit das Neue, Einzigartige an Jesus noch immer nicht deutlich gefasst. Das Neue, Einzigartige an Jesus ist das *Ganze* in seiner Einheit, ist dieser *Jesus selbst* in seinem Wirken und Werk.

Doch ist man auch so noch erst bei der Bestimmung des »unterscheidend Jesuanischen« und noch nicht – wo die

Analogie mit Mozart endet – bei der Bestimmung des »unterscheidend Christlichen«, was freilich im »unterscheidend Jesuanischen« gründet. Dieses *unterscheidend Christliche* bekommt man auch und gerade für die christliche Ethik nicht zu Gesicht, wenn man nur auf Jesu Verkündigung, die Bergpredigt (Ethos), schaut und diese dann geradewegs – als ob dazwischen nichts geschehen wäre – in die heutige Zeit übersetzt. Zwischen dem historischen Jesus der Bergpredigt und dem Christus der Christenheit aber stehen in der Dimension des Handelns Gottes Tod und Auferweckung, ohne die der verkündigende Jesus nie zum verkündigten Jesus Christus geworden wäre. Gerade das unterscheidend Christliche also ist das *Ganze* in seiner Einheit, ist dieser *Christus Jesus selbst* als der Verkündigende und der Verkündigte, als der Gekreuzigte und Lebendige.

Jegliche Reduktion der Sache Jesu Christi auf eine exklusiv verstandene Sache Jesu, die auf die Dimension Gottes in diesem Geschehen verzichten zu können glaubt, verzichtet auf letzte Verbindlichkeit. Auch christliche Ethik ist dann dem ethischen Beliebigkeitspluralismus ausgesetzt. Und selbst eine »Ethik des Neuen Testaments« erreicht nur mühsam nachträglich eine Einheit, wenn sie Jesus, Urgemeinde, Paulus, übriges Neues Testament – gleichsam vier neue Evangelisten – nacheinander abhandelt, als ob hier von einem Nebeneinander – theologisch und historisch! – je die Rede sein dürfte. Auch jede christliche Ethik hat zu beachten, dass ihr Fundament gelegt *ist*, und das ist nicht einfach das Liebesgebot oder das kritische Verhältnis zur Welt oder die Gemeinde oder die Eschatologie, sondern allein der Christus Jesus.

Das eine Licht und die vielen Lichter

Jesus Christus und nur er ist für Christen – nach den Worten des Johannes-Evangeliums – »*das Licht der Welt*«, »das Licht der Menschen«, »der Weg, die Wahrheit und das Leben«.

Ohne in einen Schwarz-Weiß-Dualismus zu verfallen, ohne einer billigen Licht-Finsternis-Simplizität wie in Qumran (»Kinder des Lichts« gegen die »Kinder der Finsternis«) zu huldigen, so ist doch dieser Christus als das Licht für Christen nach wie vor die große Hoffnung. Sie erlaubt es auch weiterhin, unprätentiös ohne Selbstgerechtigkeit den Weg der Nachfolge zu suchen. Denn von ihm her weiß ich: Die Geschichte auch des Christentums darf man nicht einfach als eine Geschichte von Schurken und Verbrechern, als eine »Kriminalgeschichte« erzählen, was auf die Dauer langweilt. Man muss sie sachgemäß erzählen als eine spannungsgeladene hell-dunkle Geschichte, in der das Wesen des Christentums trotz allen Unwesens immer wieder durchbricht.

Ungezählten in allen Kontinenten hat Jesus Christus auch in neuester Zeit Licht und Hoffnung gegeben. Ungezählte, deren Namen in keiner Kirchengeschichte verzeichnet ist. Sie bilden die Glaubensbewegung der zahllosen unbekannten Frauen und Männer durch die Jahrhunderte, die sich an dem Mann aus Nazaret orientieren: nicht so sehr Kirchengeschichte als vielmehr Christengeschichte. Von dem Einen haben sie gelernt, dass diejenigen selig sind, die arm sind vor Gott, die keine Gewalt anwenden, die hungern und dürsten nach der Gerechtigkeit, die barmherzig sind, Frieden stiften und um der Gerechtigkeit willen verfolgt werden. Von ihm haben sie gelernt, was dieser Ellbogengesellschaft von Egoisten so sehr fehlt: Rücksicht zu nehmen und zu teilen, vergeben zu können und zu bereuen, Schonung und Verzicht zu üben und Hilfestellung zu geben.

An den Christen hängt es bis auf den heutigen Tag, ob das Christentum, indem es sich wirklich nach seinem Christus richtet und sich von ihm das Licht, die Strahlkraft, den Geist geben lässt, eine geistige Heimat, ein Zuhause des Glaubens, der Hoffnung und der Liebe zu bieten vermag. Solche Christen zeigen immer wieder im Alltag der Welt, dass *hohe Ideale auch gelebt* werden können. Ja, dass von der Tiefe ihres Christusglaubens her gerade auch Leid und Schuld, Verzweiflung und Angst überwunden werden können. Dieser vertrauende Glauben an Christus, der Licht vom Licht ist, ist dabei keine bloße Vertröstung auf ein Jenseits, sondern eine Basis für Engagement, Protest und Widerstand gegen Unrechtsverhältnisse hier und heute, getragen und gestärkt von der Hoffnung auf Gottes Reich.

Doch dieses eine Licht wird, wenn es neutestamentlich verstanden wird, den Menschen erleuchten, aber nie so blenden, dass er andere Lichter in der Welt nicht mehr zu sehen vermag. Solus Christus! Christus allein genügt – alles andere ist für den Glauben unnütz, unwert, uninteressant? Manche evangelische Theologen haben es bisweilen so weit ins Extreme getrieben, unter ihnen einer der größten: Karl Barth. Was hat er nicht Großartiges geschrieben in Band IV/3 seiner monumentalen »Kirchlichen Dogmatik« über Christus als das eine Licht, neben dem es keine anderen Lichter geben könne, was von allen Christen ernstgenommen zu werden verdient. Aber selbst Karl Barth musste im Laufe seines langen Lebens einsehen, dass diese Ausschließlichkeit der Absicht Gottes mit der Menschheit nicht entspricht. Christliche Ausschließlichkeit führt zu Intoleranz. Und Intoleranz ist unchristlich, weil sie dem Geist Jesu Christi widerspricht. Deshalb hat schon Karl Barth schließlich in diesem letzten vollendeten Band seiner Dogmatik offen zugegeben, dass es *neben dem einen Licht auch andere Lichter* gibt: neben dem einen Wort Gottes auch noch andere Worte, neben der einen

Wahrheit Gottes noch andere Wahrheiten. Dass also Jesus Christus weder in die Buchdeckel der Bibel noch in die Mauern der Kirche eingeschlossen ist, weil Gott als der Gott aller Menschen auch außerhalb der Kirchenmauern wirkt.

Man wird es nicht bestreiten können: Nach der Hebräischen Bibel und dem Neuen Testament können *auch Nicht-Juden und Nicht-Christen den wirklichen Gott erkennen*, ist Gott auch ihnen nahe. Und wenn auch Jesus Christus für Christen als das Licht das entscheidende Kriterium aller Rede von Gott ist, so kommen wir doch nicht darum herum zu sehen:

– Für Juden ist dieses Licht eindeutig die *Tora*, wie sie in den fünf Büchern Mose niedergelegt ist.

– Für Hunderte Millionen von Menschen auf dieser Erde in Vergangenheit und Gegenwart ist Gautama der »*Buddha*«, der »Erwachte«, der »Erleuchtete« und so das große »Licht«.

– Für Hunderte Millionen von Muslimen in Vergangenheit und Gegenwart ist der *Koran* das »Licht«, das ihren Weg erleuchtet, ist es der vom einen Gott erleuchtete Prophet Mohammed gewesen, der diese Botschaft des Koran auf eine überzeugende Weise persönlich verkörpert.

Ich könnte so fortfahren; für alle großen Weltreligionen habe ich Ähnliches nachgewiesen. Für Christen stellt sich deshalb die Frage: Wie verhalten sich nun zueinander Jesus Christus als »unser Licht« und die vielen anderen »Lichter«, die von anderen Menschen erkannt werden? Kann man das »eine Licht« und die anderen Lichter miteinander vereinbaren? Die Antwort lautet: Ja, weil diese Vereinbarkeit dem Geiste Jesu Christi entspricht. Denn wenn wir diese Frage als Christen beantworten, dann müssen wir auf den Juden *Jesus von Nazaret* schauen, auf seine konkreten Verhaltensweisen, seine Orientierungen in den umstrittenen Fragen. Der Nazarener hat nicht über die Religionen seiner damaligen Welt meditiert und philosophiert; er zeigte keine religionswissenschaftlichen Kenntnisse. Vielmehr hat er, wie ich berichtet habe, *Menschen anderen Glaubens* in anderer Weise behandelt: Er hat sie *als Menschen respektiert und sie in ihrer Würde gelten lassen.* Ja, in konkreten einzelnen Beispielen hat er gezeigt, wie man mit Menschen anderen Glaubens umgehen solle: Er, der von einer hebräischen Mutter geboren war, war voll Freude über den Glauben einer syrophönizischen Frau und eines römischen Offiziers, er nahm die ihn suchenden Griechen freundlich auf und stellte seinen jüdischen Landsleuten provozierend den samaritanischen Häretiker als unvergessliches Beispiel der Nächstenliebe hin. Er würde uns heute die Begegnung mit anderen Menschen ans Herz legen und in diesen Begegnungen *christliche Weltverantwortung neu entdecken lehren.*

So kann denn Jesus Christus auch vor dem heutigen Welthorizont durchaus Orientierung bieten, kann Maßstab, kann Lebensmodell sein.

Grundmodell einer Lebensschau und Lebenspraxis

Zwei naheliegenden Missverständnissen ist nun sogleich vorzubeugen:

Ein Erstes: Jesus Christus wurde als historische Gestalt in ihrer Anschaulichkeit, Vernehmbarkeit, Realisierbarkeit herausgestellt. Trotz aller Anschaulichkeit, Vernehmbarkeit, Realisierbarkeit jedoch werden Jesu Person und Sache keineswegs von vornherein jedem fraglos so einsichtig und zwingend evident, dass der Mensch gar nicht mehr Nein sagen könnte. Im Gegenteil: Gerade in seiner Anschaulichkeit wirkt er derart anziehend, in seiner Vernehmbarkeit derart fordernd, in seiner Realisierbarkeit derart ermutigend, dass der Mensch sich vor eine klare und unausweichliche Entscheidung gestellt sieht, die eben nur eine *Entscheidung des*

Glaubens sein kann: dieser Botschaft zu vertrauen, sich auf seine Sache einzulassen, seinem Weg nachzufolgen.

Ein Zweites: Auch für den, der sich im Glauben für ihn, seine Sache und seinen Weg entschieden hat, wird Jesus nicht zur bequemen Generalantwort auf sämtliche ethischen Fragen des alltäglichen Lebens, wie etwa Geburten geregelt, Kinder erzogen, Macht kontrolliert, die Mitbestimmung und die Fließbandarbeit organisiert oder wie die Umwelt sauber gehalten werden soll. Er ist kein beliebiges, in allen Einzelheiten simpel zu kopierendes Modell, sondern ein je nach Zeit, Ort und Person in unendlich vielen Weisen zu realisierendes *Grund-Modell*. Er wird ja auch in den Evangelien nirgendwo mit Tugend-Adjektiven charakterisiert, sondern vielmehr in seinen Aktionen und Relationen beschrieben. Was er ist, zeigt sich in dem, was er tut. Dieser Jesus Christus erlaubt Nachfolge in Entsprechung, in Korrelation zu ihm selbst, aber keine Imitation, keine Kopien seiner selbst.

Lässt sich ein Mensch auf Jesus als den Maßgebenden ein, lässt er sich von der Person Jesu Christi als dem *Grundmodell einer Lebensschau und Lebenspraxis* bestimmen, so formt das allerdings den ganzen Menschen um. Jesus Christus ist ja nicht nur ein äußeres Ziel, eine vage Dimension, eine allgemeine Verhaltensregel, ein zeitloses Ideal. Er bestimmt und beeinflusst Leben und Verhalten des Menschen nicht nur von außen, sondern von innen her. Nachfolge Christi bedeutet nicht nur Information, sondern Formation: nicht nur eine Oberflächenänderung, sondern eine Änderung des Herzens und von daher die Änderung des ganzen Menschen. Also geradezu Formung eines *neuen Menschen*: eine Neuschöpfung im freilich je verschiedenen, individual wie sozial bedingten Kontext des eigenen Lebens in seiner Besonderheit und Eigenartigkeit, ohne alle Uniformierung.

Ja, so könnte man Jesu einzigartige Bedeutung für das menschliche Handeln zusammenfassend umschreiben: Er selbst mit seinem Wort, seinen Taten, seinem Geschick, er selbst in Anschaulichkeit, Vernehmbarkeit und Realisierbarkeit ist *in Person* die *Einladung*, der *Appell*, die *Herausforderung* für den Einzelnen und die Gesellschaft. Als das maßgebende Grundmodell einer Lebensschau und Lebenspraxis liefert er fern aller Gesetzlichkeit und Kasuistik einladende, verpflichtende und herausfordernde *Beispiele, Zeichentaten, Orientierungsmaßstäbe, Leitwerte, Musterfälle*. Und gerade so beeindruckt und beeinflusst, verändert und verwandelt er die glaubenden Menschen und damit die menschliche Gesellschaft. Dem Einzelnen wie der Gemeinschaft, die sich auf ihn einlassen, vermittelt und ermöglicht Jesus ganz konkret:

– Eine neue *Grundorientierung* und *Grundhaltung*, eine neue Lebenseinstellung, zu der Jesus herausgefordert und deren Konsequenzen er aufgezeigt hat: Derjenige Mensch oder diejenige Menschengemeinschaft darf und kann anders, echter, menschlicher leben, die als konkretes Leitbild und Lebensmodell für ihr Verhältnis zu Mensch, Welt und Gott diesen Jesus Christus vor sich haben. Er ermöglicht eine Identität und innere Kohärenz im Leben.

– Neue *Motivationen*, neue Motive des Handelns, die von Jesu »Theorie« und »Praxis« abgelesen werden können: Von ihm her ist es möglich, die Frage zu beantworten, warum der Mensch gerade so und nicht anders handeln, warum er nicht hassen, sondern lieben soll, warum er – worauf selbst Freud keine Antwort wusste – auch dann noch ehrlich, schonungsbereit und womöglich gütig sein soll, wenn er dadurch zu Schaden kommt und durch die Unverlässlichkeit und Brutalität anderer zum »Amboss« wird.

– Neue *Dispositionen*, neue konsistente Einsichten, Tendenzen, Intentionen, die im Geist Jesu Christi gefasst und durchgehalten werden: Nicht nur für vereinzelte und vorübergehende Momente, sondern auf Dauer werden hier

Bereitwilligkeit erzeugt, Haltungen geschaffen, Qualifikationen vermittelt, die das Verhalten zu steuern vermögen: Dispositionen des unprätentiösen Engagements für die Mitmenschen, der Solidarisierung mit den Benachteiligten, des Kampfes gegen ungerechte Strukturen; Dispositionen der Dankbarkeit, Freiheit, Großzügigkeit, Selbstlosigkeit, Freude, aber auch des Schonens, Verzeihens und Dienens; Dispositionen, die sich auch in Grenzsituationen bewähren, in der Opferbereitschaft aus der Fülle des Sichverschenkens, im Verzicht auch da, wo man es nicht nötig hätte, in der Leistungsbereitschaft um der größeren Sache willen.

– Neue *Aktionen*, neue Taten im Kleinen oder Großen, die in der Nachfolge Jesu Christi gerade auch dort ansetzen, wo niemand hilft: nicht nur allgemeine gesellschaftsverändernde Programme, sondern konkrete Zeichen, Zeugnisse, Zeugen der Menschlichkeit und der Vermenschlichung des Menschen wie der menschlichen Gesellschaft.

– Einen neuen *Sinnhorizont* und eine neue Zielbestimmung in der letzten Wirklichkeit, in der Vollendung von Mensch und Menschheit in Gottes Reich, die nicht nur das Positive des Menschenlebens, sondern auch das Negative zu tragen vermögen: Im Licht und in der Kraft Jesu Christi wird nicht nur für Leben und Handeln, sondern auch für Leiden und Sterben des Menschen, wird nicht nur für die Erfolgsgeschichte, sondern auch für die Leidensgeschichte der Menschheit dem Glaubenden ein letzter Sinn angeboten.

Menschsein aufgehoben im Christsein

Kurz und direkt gefragt: *Warum soll man Christ sein?* Ebenso kurz und direkt geantwortet: *Um wahrhaft Mensch zu sein!*

Das heißt prinzipiell: Kein Christsein auf Kosten des Menschseins. Aber auch umgekehrt: Kein Menschsein auf Kosten des Christseins. Kein Christsein neben, über oder unter dem Menschsein: Der Christ soll kein gespaltener Mensch sein.

Das Christliche ist also kein Überbau und kein Unterbau des Menschlichen, sondern es ist im besten Sinn des Wortes – bewahrend, verneinend und übersteigend – die *»Aufhebung« des Menschlichen*. Christsein bedeutet also eine »Aufhebung« der anderen Humanismen: Sie werden bejaht, sofern sie das Menschliche bejahen. Sie werden verneint, sofern sie das Christliche, den Christus selber, verneinen. Sie werden überstiegen, sofern das Christsein das Menschlich-Allzumenschliche sogar in aller Negativität voll einzubeziehen vermag.

Christen sind nicht weniger Humanisten als alle Humanisten. Aber sie sehen das Menschliche, das wahrhaft Menschliche, das Humane, sie sehen den Menschen und seinen Gott, sehen Humanität, Freiheit, Gerechtigkeit, Leben, Liebe, Frieden, Sinn von diesem Jesus her, der für sie der konkret Maßgebende, der Christus ist. Von ihm her meinen sie nicht einen beliebigen Humanismus vertreten zu können, der einfach alles Wahre, Gute, Schöne und Menschliche bejaht. Sondern einen wahrhaft *radikalen Humanismus*, der auch das Unwahre, Ungute, Unschöne und Unmenschliche zu integrieren und zu bewältigen vermag: nicht nur alles Positive, sondern auch – und hier entscheidet sich, was ein Humanismus taugt – alles Negative, selbst Leiden, Schuld, Tod, Sinnlosigkeit.

Im Blick auf ihn, den Gekreuzigten und Lebendigen, vermag der Mensch auch in der Welt von heute nicht nur zu handeln, sondern auch zu leiden, nicht nur zu leben, sondern auch zu sterben. Und es leuchtet ihm auch dort noch Sinn auf, wo die reine Vernunft kapitulieren muss, auch in sinnloser Not und Schuld, weil er sich auch da, weil er sich im Positiven wie im Negativen von Gott gehalten weiß. So schenkt der Glaube an Jesus den Christus Frieden mit Gott und mit sich selbst, überspielt aber nicht die Probleme der Welt. Er macht den Menschen wahrhaft menschlich, weil wahrhaft mitmenschlich: bis zum Letzten offen für den Anderen, der ihn gerade braucht, den »Nächsten«.

So haben wir gefragt: Warum soll man Christ sein? Man wird es nun gut verstehen, wenn ich am Ende die Antwort nochmals auf die knappe zusammenfassende Formel bringe:

In der Nachfolge Jesu Christi
kann der Mensch in der Welt von heute
wahrhaft menschlich leben, handeln, leiden und sterben:
in Glück und Unglück, Leben und Tod
gehalten von Gott und hilfreich den Menschen.

Der Autor dieses Buches

HANS KÜNG, in eine katholische Familie hineingeboren, ist im katholischen Schweizer Städtchen Sursee aufgewachsen und hat in der katholischen Stadt Luzern sein Gymnasium absolviert.

Er hat dann volle sieben Jahre in Rom im elitären Päpstlichen Collegium Germanicum et Hungaricum gelebt und an der Päpstlichen Universitas Gregoriana seine philosophischen und theologischen Studien absolviert und hat schließlich, zum Priester geweiht, in der Petersbasilika seine erste Eucharistiefeier zelebriert und vor der Gemeinschaft der päpstlichen Schweizergardisten seine erste Predigt gehalten.

Er wurde mit seiner Dissertation über den reformierten Theologen Karl Barth am Institut Catholique in Paris zum Doktor der Theologie promoviert. Nach zwei Jahren Seelsorge in Luzern wurde er 1960 mit 32 Jahren Professor der katholischen Theologie an der Universität Tübingen.

Er nahm als von Johannes XXIII. ernannter Experte 1962–1965 am Zweiten Vatikanischen Konzil teil, lehrte zwei Jahrzehnte Theologie in der Katholisch-Theologischen Fakultät Tübingen, gründete und leitete das Institut für ökumenische Forschung der Universität.

Er erfuhr aber 1979 unter einem anderen Papst die Inquisition am eigenen Leib, behielt jedoch trotz des Entzugs der kirchlichen Lehrbefugnis Lehrstuhl und Institut (aus der Katholischen Fakultät ausgegliedert).

Er hielt seiner Kirche drei weitere Jahrzehnte in kritischer Loyalität unerschütterliche Treue und blieb, vielfach ausgezeichnet, bis auf den heutigen Tag Professor der ökumenischen Theologie und katholischer Priester »in good standing« (zu allen Amtshandlungen ermächtigt).

Er hat das Papsttum als pastorales Petrusamt in der katholischen Kirche stets bejaht, doch zugleich unverdrossen dessen radikale Reform nach dem Maßstab des Evangeliums gefordert.

So blieb die katholische Glaubensgemeinschaft trotz aller Erfahrungen mit der Unbarmherzigkeit des römischen Systems bis heute seine geistige Heimat, deren Maßstab jedoch durch alle Zeiten bis auf den heutigen Tag Jesus, seine Botschaft, sein Verhalten, sein Geschick sein soll.

Bücher des Autors zur Vertiefung

Rechtfertigung. Die Lehre Karl Barths und eine katholische Besinnung, Johannes/Benziger 1957; Serie Piper 674, München 1986.

Konzil und Wiedervereinigung. Erneuerung als Ruf in die Einheit, Herder 1960.

Strukturen der Kirche, Herder 1962; Serie Piper 762, München 1987.

Die Kirche, Herder 1967; Serie Piper 161, München 1977.

Unfehlbar? Eine Anfrage, Benziger 1970; Ullstein-Taschenbuch 34512, Frankfurt/M.-Berlin-Wien 1980; Erweiterte Neuausgabe: Unfehlbar? Eine unerledigte Anfrage, Serie Piper 1016, München 1989, mit einem aktuellen Vorwort von Herbert Haag.

Fehlbar? Eine Bilanz, Benziger 1973.

Christ sein, Piper 1974; Serie Piper 1736, München 1993.

Die Hoffnung bewahren. Schriften zur Reform der Kirche, Benziger 1990; Serie Piper 1467, München 1994.

Das Christentum. Wesen und Geschichte, Piper 1994; Serie Piper 2940, München 1999.

Kleine Geschichte der katholischen Kirche, Berliner Taschenbuch Verlag 2001.

Die Frau im Christentum, Piper 2001.

Erkämpfte Freiheit. Erinnerungen, Piper 2002, Serie Piper 4135, München 2008.

Umstrittene Wahrheit. Erinnerungen, Piper 2007; Serie Piper 5387, München 2009.

Was ich glaube, Piper 2009; Serie Piper 6390, München 2010.

Ist die Kirche noch zu retten?, Piper 2011.